2023

中国农产品贸易发展报告

CHINA AGRICULTURAL TRADE DEVELOPMENT REPORT

农 业 农 村 部 国 际 合 作 司
农业农村部农业贸易促进中心

中 国 农 业 出 版 社
北 京

图书在版编目（CIP）数据

中国农产品贸易发展报告. 2023 / 农业农村部国际合作司，农业农村部农业贸易促进中心编. —北京：中国农业出版社，2023.8
ISBN 978-7-109-31037-7

Ⅰ.①中… Ⅱ.①农… ②农… Ⅲ.①农产品贸易－贸易发展－研究报告－中国－2023 Ⅳ.①F752.652

中国国家版本馆 CIP 数据核字（2023）第 154040 号

中国农业出版社出版
地址：北京市朝阳区麦子店街 18 号楼
邮编：100125
责任编辑：赵　刚
版式设计：杨　婧　　责任校对：周丽芳
印刷：北京通州皇家印刷厂
版次：2023 年 8 月第 1 版
印次：2023 年 8 月北京第 1 次印刷
发行：新华书店北京发行所
开本：889mm×1194mm　1/16
印张：13.5
字数：225 千字
定价：160.00 元

主要撰写人员

（按姓氏笔画排序）

马建蕾	马景源	王　丹	王　军	王东辉
尤星宇	邓冠聪	田　甜	田江帅	史　越
史雯慧	四方旸	刘　兰	刘　岩	刘　柒
刘　博	刘文泽	刘芳菲	刘丽佳	刘武兵
刘祖昕	刘淑慧	孙　玥	远　铜	李　亭
李　莹	李　婷	李　楠	李子晔	李蔚青
杨　静	杨妙曦	杨海成	吴　薇	邹　慧
冷淦潇	宋丹丹	宋建章	张红玲	张利霞
张明杰	张明霞	张钟元	张胜利	张晓颖
张菱健	张翼鹏	陈宁陆	陈屿廷	赵　贞
赵　政	赵可轩	赵学尽	胡惠芳	柳苏芸
侯　瑶	秦天放	秦韶聪	徐偲日	徐智琳
郭浩成	黄　飞	黄昕炎	符绍鹏	康骏璞
梁　勇	董　程	蒋丹婧	韩　啸	谢众民
霍春悦				

序　言

2022年，新冠肺炎疫情对全球经贸活动的影响得到缓解，但俄乌冲突爆发和通货膨胀压力攀升等因素阻碍了全球经贸复苏的进程，世界经济增长放缓，全球贸易虽保持增长但增幅较上年大幅回落。中国国内生产总值（GDP）同比增长3%，货物进出口总额增长7.7%。受俄乌冲突影响，年内世界农产品价格呈现前期剧烈上涨、后期缓慢回落的态势。中国农产品贸易总额比上年增长10%，达3 343.2亿美元。其中，进口额、出口额及贸易逆差均再创历史新高，进口额2 360.6亿美元，增长7.4%；出口额982.6亿美元，增长16.5%；贸易逆差1 378亿美元，扩大1.7%。粮棉油糖肉奶等大宗产品进口均“价涨量跌”，其中，粮食（包括谷物、豆类和薯类）进口量1.5亿吨，下降10.7%；棉花进口量202.6万吨，下降13.6%，为三年来新低；食用植物油进口量创六年来新低，至726.4万吨，下降35.8%；食糖进口量五年来首降，至527.5万吨，下降6.9%；猪肉进口量174.3万吨，下降51.2%；奶粉进口量132.5万吨，下降15.6%。传统优势出口农产品中，蔬菜出口额创历史新高，达172.2

亿美元，增长 9.2%，仍为中国第一大顺差农产品；水产品首次出现逆差，进出口额分别增长 31.5%和 5%；水果连续五年呈贸易逆差状态，出口额 69.2 亿美元，逆差 87.7 亿美元，扩大 24.8%；茶叶出口额 22.7 亿美元，下降 10.3%。

此外，随着中美一阶段协议结束，中国自美大宗农产品进口量大幅下降。其中，大豆进口量 2 953.3 万吨，下降 8.5%；玉米 1 486.2 万吨，下降 25%；小麦 62.6 万吨，下降 77.1%；猪肉及杂碎 39.1 万吨，下降 47%。

年内《区域全面经济伙伴关系协定》（RCEP）的生效实施，拉动中国对 RCEP 成员国农产品贸易额创历史新高。贸易额达 1 057 亿美元，增长 12.8%，高于中国与全球农产品贸易额增速 2.7 个百分点。

《中国农产品贸易发展报告 2023》详细介绍了 2022 年中国农产品贸易情况，在分品种、分地区阐释农产品贸易变化情况的同时，总结了农业贸易谈判、贸易救济和贸易促进的总体进展，回顾了主要贸易伙伴及世界农产品贸易情况。

在本书编写过程中，农业农村部领导、部内相关司局和有关专家给予了大力支持和帮助。谨向所有关心本书出版的各界人士表示衷心的感谢！

编委会

2023 年 6 月

目　录

分论

专论

附录

总论

2022年国内外经贸环境变化

世界经济

2022年，新冠肺炎疫情仍在全球范围流行，但很多国家逐步放宽了对人员和物品流动的管控，疫情对全球经贸活动的干扰得到缓解。然而，乌克兰危机爆发导致相关地区基础设施和生产能力受损，全球供应链受阻，加之欧美等国对俄罗斯实施多种制裁，引发国际市场原油、谷物等大宗产品价格在短期内暴涨，各国面临的通货膨胀压力随之加大。美欧力图通过加息抑制通货膨胀，政府、银行和企业债务困境日益凸显，财政政策和货币政策更加难以协调。这些情况阻碍了全球经贸从新冠肺炎疫情影响下复苏的进程，这使得为亚太地区经济发展注入新活力的《区域全面经济伙伴关系协定》（RCEP）开始运行并成为年内最突出的亮点。

根据国际货币基金组织（IMF）发布的数据，2022年世界经济增长放缓，全球国内生产总值（GDP）同比增长3.4%（表1），较上年回落2.8个百分点。分类型看，发达经济体增长2.7%，新兴市场和发展中经济体增长4%。主要发达经济体中，美国增长2.1%，欧元区国家增长3.5%，日本增长1.1%，仍为最低。主要新兴经济体中，印度增长6.8%，增速最高；中国和巴西分别增长3%和2.9%；俄罗斯下降2.1%，跌幅低于预期。

年内全球贸易虽然保持增长，但增幅比上年大幅回落。根据世界贸易组织（WTO）数据，全球商品贸易量同比增长2.7%，较上年回落6.7个百分点。出口方面，仅中东的增速加快，其余地区的增速均放缓，其中亚洲的增速回落幅度最大。进口方面，中东也是增速提高的唯一地区，亚洲和独联体由上年的大幅增长转为下降，其中独联体降幅达13.5%（表2）。

表1 2021—2022年世界经济增长情况

单位：%

年　份	2021	2022
世界经济	6.2	3.4
发达经济体	5.4	2.7
美　国	5.9	2.1
欧元区国家	5.3	3.5
日　本	2.1	1.1
新兴市场和发展中经济体	6.7	4.0
新兴和发展中亚洲	7.4	4.4
新兴和发展中欧洲	6.9	0.8
拉丁美洲和加勒比	7.0	4.0
中东和中亚	4.5	5.3
撒哈拉以南非洲	4.7	3.9

数据来源：国际货币基金组织（IMF）《世界经济展望》，2023年4月。

表2 2021—2022年分区域商品贸易量变化情况

单位：%

区　域	出　口		进　口	
	2021	2022	2021	2022
世　界	9.4	2.7	—	—
亚　洲	13.1	0.6	10.5	−0.4
中南美洲	5.8	1.9	25.6	4.2
非　洲	3.5	0.7	6.4	5.6
独联体	−3.0	−4.9	9.1	−13.5
中　东	−2.4	9.9	8.3	9.4
北美洲	6.5	4.2	12.5	6.0
欧　洲	8.1	2.7	8.5	5.2

数据来源：世界贸易组织（WTO），2023年4月。

世界农产品市场

受乌克兰危机爆发的影响，上半年国际农产品市场价格出现剧烈波动。俄乌两国不仅在全球农业生产和贸易上占有重要地位，而且是化肥、能源等农业生产资料的重要供给者。尽管俄罗斯和乌克兰 7 月曾就黑海港口农产品外运问题分别与土耳其和联合国签署协议，但由于俄罗斯受到美西方的金融制裁，其粮食、化肥出口受到阻碍。一些国家出于维护本国粮食安全的考虑，实施了针对粮油糖肉等大宗农产品的出口限制措施或紧急采购措施，国际食品价格随之出现急剧上涨。与此同时，欧盟暂停执行对包括粮食在内的乌克兰商品进口关税和进口配额，这一做法虽然有助于缓解国际市场粮价上涨压力，但也对乌克兰周边国家的粮食市场造成冲击。

根据联合国粮农组织（FAO）数据，2021/2022 年度，全球谷物产量 28.1 亿吨，同比增长 1.2%；消费量 28 亿吨，增长 1.4%；出口量 4.8 亿吨，增长 0.3%；期末库存 8.5 亿吨，增长 2.1%（表 3）。谷物库存消费比由上年的 29.9%增加至 30.7%，其中小麦由 37.9%减少至 37.7%，大米由 37.2%增加至 37.7%，粗粮由 23.3%增加至 24.6%，全球粮食供求仍保持基本平衡。

表 3　近年世界谷物生产、使用、库存和贸易

单位：百万吨、%

谷物		年度 2019/2020	年度 2020/2021	年度 2021/2022	2021/2022 年度同比增长	谷物		年度 2019/2020	年度 2020/2021	年度 2021/2022	2021/2022 年度同比增长
生产	谷物	2713.7	2776.8	2811.0	1.2	出口	谷物	439.5	480.5	482.1	0.3
	小麦	759.7	775.1	778.0	0.4		小麦	183.7	189.4	195.7	3.2
	大米	503.6	517.9	524.4	1.2		大米	45.8	52.2	55.8	6.5
	粗粮	1450.5	1483.7	1508.7	1.7		粗粮	210.0	238.9	230.5	−3.6
使用	谷物	2710.6	2759.6	2797.9	1.4	期末库存	谷物	828.1	836.5	854.2	2.1
	小麦	747.5	761.9	773.0	1.4		小麦	284.6	292.7	293.8	0.4
	大米	501.2	510.1	521.4	2.2		大米	187.5	194.1	196.0	1.0
	粗粮	1462.0	1487.6	1503.5	1.1		粗粮	356.0	349.8	364.4	4.0

数据来源：联合国粮农组织（FAO）《作物前景和粮食形势报告》，2023 年 3 月。

年内世界农产品价格呈现前期上升、后期回落的局面。根据世界银行（WB）数据，农产品价格同比上涨 12.3%，其中食品价格上涨 16.9%，创历史新高。分品类看，谷物价格上涨 20.3%，油料油脂价格上涨 13.2%，工业原料农产品价格上涨 6.7%。农业投入品价格涨幅更大，能源价格上涨 58.5%，化肥价格上涨 61.2%（图 1）。

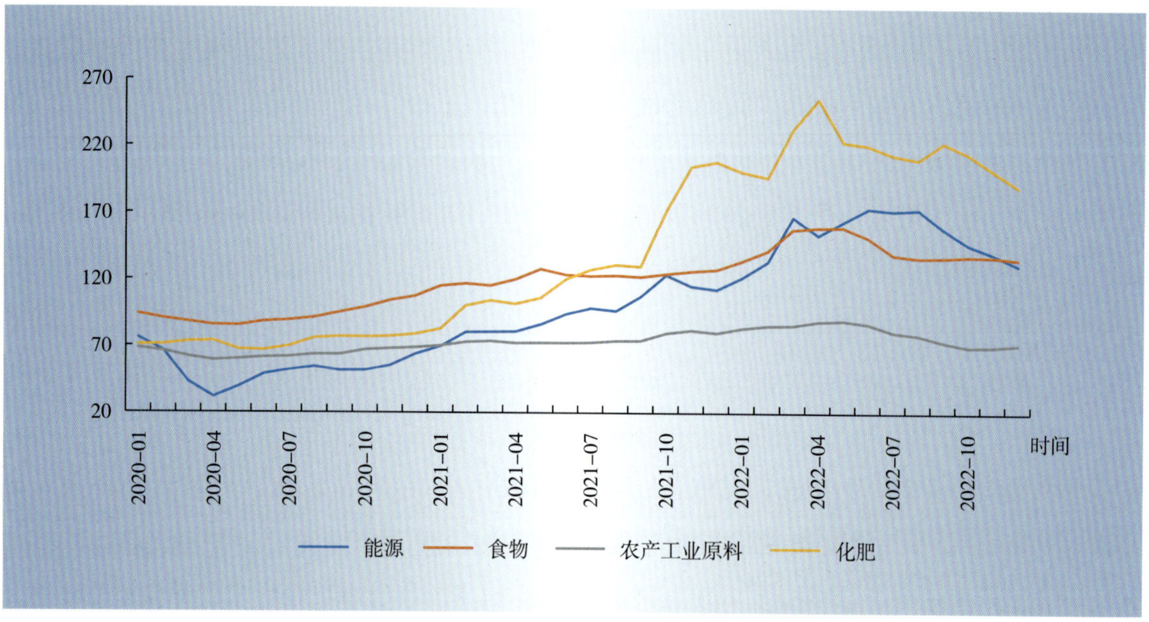

图 1　2020—2022 年国际市场初级产品价格指数变化

数据来源：世界银行（WB）。价格指数以 2010 年为 100。

年内主要农产品价格普遍呈现先上涨、后回落的变化态势（图 2）。美国 1 号硬粒红小麦海湾离岸价由年初的每吨 374 美元急剧上涨至 5 月的最高价 522 美元，其后高位波动，12 月收于 386 美元。美国 2 号黄玉米海湾离岸价由 1 月的 277 美元攀升到 4 月的峰值 348 美元，其后维持高位波动，12 月收于 302 美元。5%碎米率大米曼谷离岸价小幅波动上升，1 月为 427 美元，12 月收于年内最高的 467 美元。美国大豆鹿特丹港到岸价大体呈现倒 U 形变化态势，由 1 月的 606 美元上涨至 6 月的年内最高价 737 美元，12 月收于 646 美元。荷兰豆油出厂价由 1 月的 1 470 美元急剧上涨至 5 月的最高价 1 963 美元，随后回落到 12 月的年内最低价 1 409 美元。

棉花 Cotlook A 远东指数价格也呈倒 U 形变化，由 1 月的每吨 2 911 美元上涨至 5 月的最高价 3 610 美元，随后逐步下跌至 12 月的 2 224 美元。食糖价格相对平稳，1 月为 402 美元，4 月上涨至最高的 433 美元，12 月收于 417 美元。牛肉价格波动下跌，1 月为 5 972 美元，3 月上涨至最高的 6 249 美元，12 月收于 4 871 美元。鸡肉价格在快速上涨后回落，1 月为 2 882 美元，5 月上涨至最高的 3 704 美元，12 月收于 3 307 美元。

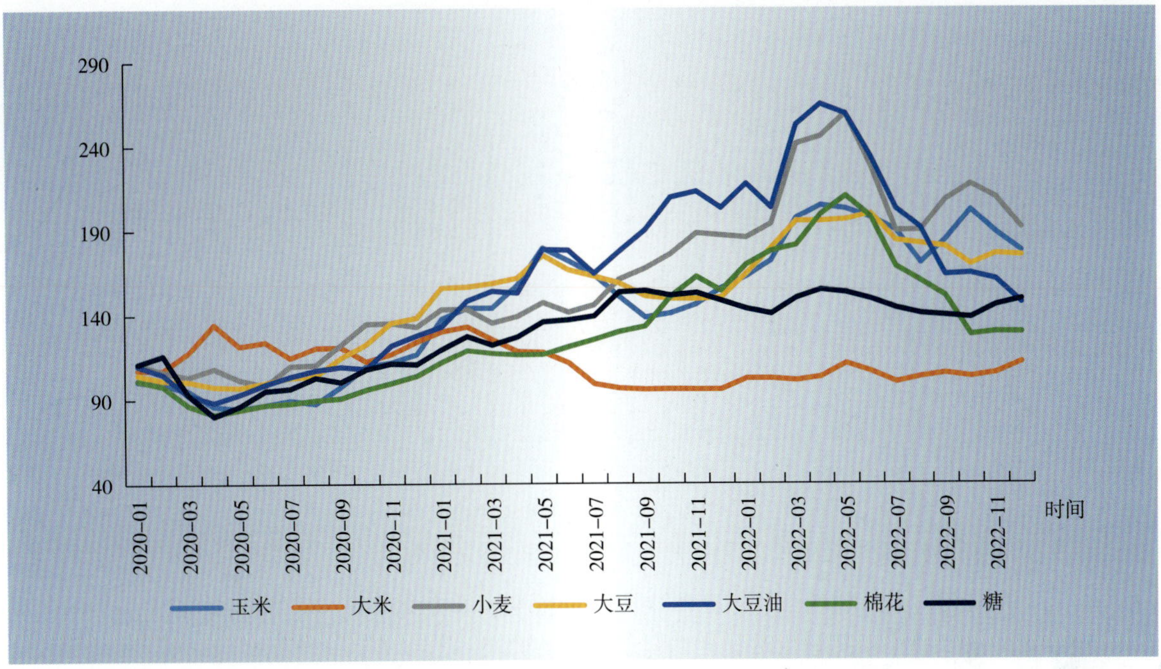

图2 2020—2022年国际市场主要农产品价格指数变化

数据来源：世界银行（WB）。各商品的价格指数均以2019年平均价格为100。

中国宏观经济[①]

2022年，面对国内外复杂局面，中国政府统筹国内国际两个大局，统筹疫情防控和经济社会发展，统筹发展和安全，加大宏观调控力度，稳定经济增长，提升发展质量，实现了就业物价总体平稳，粮食安全、能源安全和人民生活得到有效保障，经济社会大局保持稳定。

2022年，国内生产总值121万亿元，同比增长3%。其中，第一产业增加值8.8万亿元，增长4.1%；第二产业增加值48.3万亿元，增长3.8%；第三产业增加值63.9万亿元，增长2.3%。人均国内生产总值85 698元，增长3%。居民消费价格上涨2%，其中食品烟酒价格上涨2.4%。全国居民人均可支配收入36 883元，增长5%，扣除价格因素，实际增长2.9%，城乡居民收入差距继续缩小。

全年货物贸易总额42.1万亿元，同比增长7.7%。其中，出口24万亿元，增长10.5%；进口18.1万亿元，增长4.3%。货物贸易顺差5.9万亿元，增加1.5万亿元（图3）。年末国家外汇储备3.1万亿美元，减少1 225亿美元。

① 除特别注明外，本报告正文和图表中引用的中国经济数据均未包括香港特别行政区、澳门特别行政区和台湾地区。

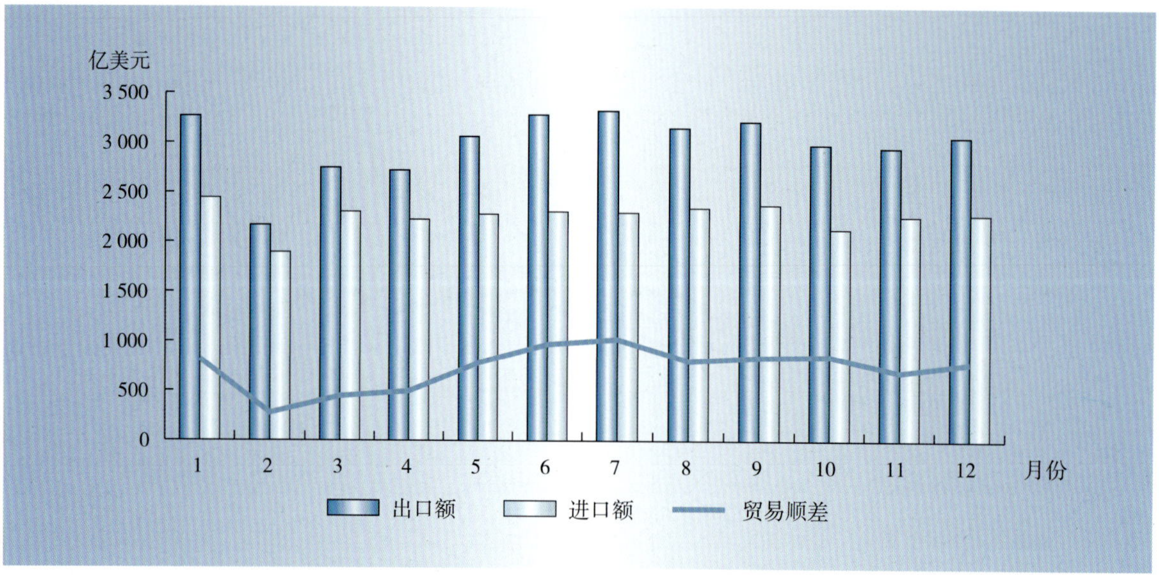

图 3　2022 年中国货物贸易发展变化情况

数据来源：中国海关。

年内人民币对主要国际货币走势不一。对美元汇率 1—3 月基本平稳，4—11 月中旬显著贬值，其后转为升值；对欧元汇率 1—9 月波动升值，其后转为贬值；对日元汇率 1—10 月波动升值，其后转为贬值（图 4）。12 月与上年同期平均汇率相比，人民币对美元贬值 9.8%，对欧元贬值 2.6%，对日元升值 8.2%。根据国际结算银行（BIS）数据，年内人民币实际有效汇率呈现小幅波动升值态势，月平均汇率与上年相比升值 1%。

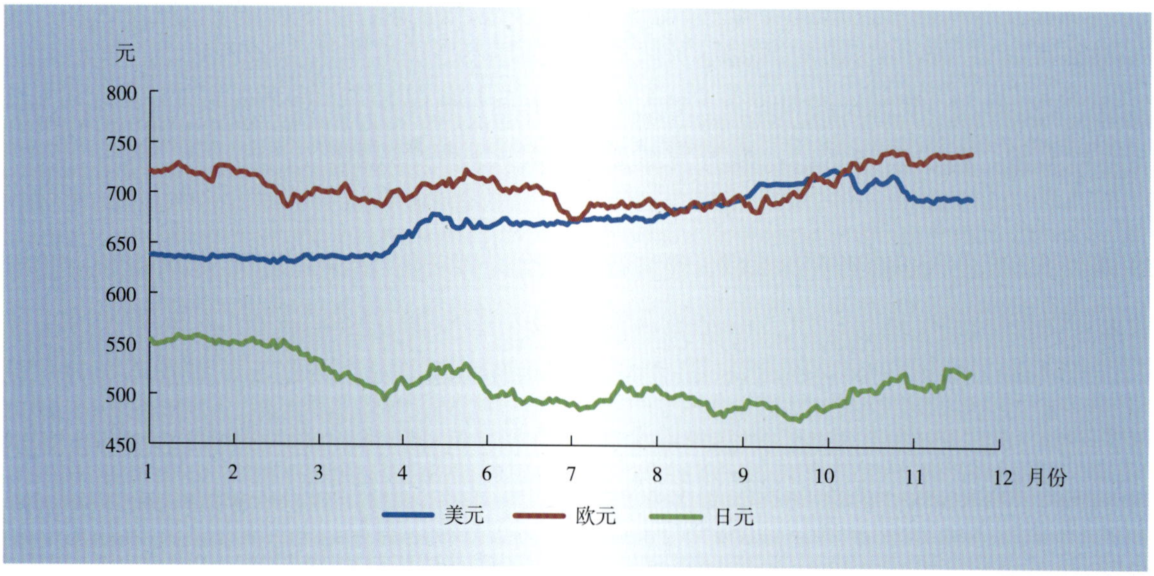

图 4　2022 年人民币汇率变化

数据来源：国家外汇管理局。汇率采取直接标价法，为 100 美元或欧元及 1 万日元折合人民币数量。

中国农业和农村经济

年内中国政府继续全面推进乡村振兴，深化农村改革，提升乡村治理效能，在有效防控农村地区新冠疫情传播的同时，牢牢守住了保障国家粮食安全和不发生规模性返贫两条底线，农业生产能力进一步提高，粮食和重要农产品供给充足，农民收入实现较快增长，脱贫攻坚成果持续巩固，为中国经济社会大局稳定提供了基础支撑。

在相关政策引导下，大豆和油料种植面积大幅增加，粮食种植面积与上年基本持平。经济作物中，棉花种植面积下降，油料和糖料种植面积增加。畜牧业生产保持良好的发展势头，猪肉、牛肉、羊肉、禽肉、禽蛋和牛奶等产品的产量均增长。渔业生产继续稳定发展，养殖水产品和捕捞水产品产量均增长（表4）。

表4 2022年中国主要农产品生产情况

单位：万吨、千公顷、%

产品	产量	同比增长	播种面积	同比增长
粮食	68 653	0.5	118 330	0.6
谷物	63 324	0.1	—	—
稻谷	20 849	−2.0	29 450	−1.6
小麦	13 772	0.6	23 520	−0.2
玉米	27 720	1.7	43 070	−0.6
棉花	598	4.3	3 000	−0.9
油料	3 653	1.1	13 140	0.3
糖料	11 444	−0.1	1 470	0.8
茶叶	335	5.7	—	—
肉类	9 227	3.8	—	—
猪肉	5 541	4.6	—	—
牛肉	718	3.0	—	—
羊肉	525	2.0	—	—
禽肉	2 443	2.6	—	—
禽蛋	3 456	1.4	—	—
牛奶	3 932	6.8	—	—
水产品	6 869	2.7	—	—
养殖水产品	5 568	3.2	—	—
捕捞水产品	1 301	0.4	—	—

数据来源：中国国家统计局（2023）。

年内农村劳动力非农就业继续保持增长，但增速明显下滑。全国农民工总量29 562万人，同比增长1.1%。其中，外出农民工17 190万人，增长0.1%；本地农民工12 372万人，增长2.4%。全国农民工人均月收入4 615元，增长4.1%。农村居民人均可支配收入20 133元，增长6.3%，扣除价格因素，实际增长4.2%。脱贫县农村居民人均可支配收入15 111元，增长7.5%，扣除价格因素，实际增长5.4%。

中国农业贸易政策环境

（一）全面推进乡村振兴

年初，中共中央、国务院发布《关于做好2022年全面推进乡村振兴重点工作的意见》，指出要从容应对百年变局和世纪疫情，推动经济社会平稳健康发展，必须着眼国家重大战略需要，稳住农业基本盘、做好“三农”工作，持续全面推进乡村振兴，确保农业稳产增产、农民稳步增收、农村稳定安宁，明确提出要牢牢守住保障国家粮食安全和不发生规模性返贫两条底线。

国务院2021年底发布的《“十四五”推进农业农村现代化规划》（以下简称《规划》）明确，到2025年，农业基础更加稳固，乡村振兴战略全面推进，农业农村现代化取得重要进展；展望2035年，乡村全面振兴取得决定性进展，农业农村现代化基本实现。在粮食安全方面，《规划》强调完善稻谷、小麦最低收购价政策和玉米、大豆生产者补贴政策，完善粮食主产区利益补偿机制；在产业布局方面，《规划》提出以农业农村资源为依托，以农民为主体，培育壮大现代种养业、乡村特色产业、农产品加工流通业、乡村休闲旅游业、乡村新型服务业、乡村信息产业等，形成特色鲜明、类型丰富、协同发展的乡村产业体系。

（二）大力促进内外贸一体化发展

国务院办公厅于2022年1月19日发布了《关于促进内外贸一体化发展的意见》，指出中国内外贸一体化发展存在调控体系不够完善，统筹利用两个市场、两种资源的能力不够强，内外贸融合发展不够顺畅等问题，还不能完全适应构建新发展格局的需要。文件确定的2025年发展目标有：内外贸法律法规、监管体制、经营资质、质量标准、检验检疫、认证认可等衔接更加有效，市场主体内外贸一体化发展水平进一步提升，内外联通网络更加完善，政府管理服务持续优化，内外贸一体化调控体系更加健全，实现内外贸高效运行、融合发展。

中共中央、国务院于3月25日发布了《关于加快建设全国统一大市场的意见》，指出建设全国统一大市场是构建新发展格局的基础支撑和内在要求。该文件提出了多方面措施，涉及强化市场基础制度规则统一，推进市场设施高标准联通，打造统一的要素和资源市场，推进商品和服务市场高水平统一，推进市场监管公平统一，进一步规范不当市场竞争和市场干预行为。

（三）有效促进外贸保稳提质

针对年初外部环境复杂化和本土疫情多点频发对外贸活动造成干扰的局面，中国政府多个部门出台了改善企业风险应对能力、推动外贸平稳发展的措施。交通运输部、商务部等10部门于2022年4月20日联合发布了《关于进一步加大出口退税支持力度促进外贸平稳发展的通知》，就减轻出口企业负担、提高资金流转效率等方面出台了15项措施，以促进外贸平稳发展。5月26日，国务院办公厅发布了《关于推动外贸保稳提质的意见》，提出了加强外贸企业生产经营保障，促进外贸货物运输保通保畅，增强海运物流服务稳外贸功能等13条政策措施。同一天，商务部、中国人民银行、国家外汇管理局公布了《关于支持外经贸企业提升汇率风险管理能力的通知》，进一步细化了加快提升外贸企业应对汇率风险能力的具体要求，涉及完善汇率避险产品服务，支持中小银行合作办理人民币对外汇衍生品服务，进一步便利企业在跨境贸易投资中使用人民币。8月，农业农村部发布了《关于认定2022年农业国际贸易高质量发展基地的通知》，在上年基础上新增认定116个农业国际贸易高质量发展基地（以下简称“国贸基地”），并要求各级农业农村部门进一步加强对国贸基地工作的组织领导，培育打造产业集聚度高、生产标准高、出口附加值高、品牌认可度高、综合服务水平高的农业对外贸易骨干力量，充分发挥国贸基地示范引领作用，更好地为农业产业提质发展提供有力支撑。

（四）稳步扩大对外市场开放

RCEP于2022年1月起对包括中国在内的10个签约国生效，2月起对韩国生效，3月起对马来西亚生效，5月起对缅甸生效。为了充分利用RCEP落地提供的机遇，商务部等6部门1月制定了《关于高质量实施〈区域全面经济伙伴关系协定〉（RCEP）的指导意见》，列出的重点任务有：利用好协定市场开放承诺和规则，推动贸易投资高质量发展；促进制造业升级，提升产业竞争力；推进国际标准合作和转化，提升标准对产业发展的促进作用；完善金融支持和配套政策体系；因地制宜用好RCEP规则，提升营商环境；持续深入做好面向企业的配套服务。

1月，中国—柬埔寨自由贸易协定正式生效实施。根据协定安排，双方货物贸易零关税产品税目比例均将达到90%以上，双方还将在服务贸易、投资、“一带一路”倡议、电子商务、经济技术等领域加强合作。4月，中国政府和新西兰政府双边自贸协定升级议定书正式生效，在电子商务、竞争政策、政府采购、环境与贸易等方面扩展了内容。7月，中国与尼加拉瓜签署了自贸协定早期收获安排，生效后中尼双方将立即对列入早收清单中的产品实施零关税，双方还共同宣布正式启动双边全面自贸协定谈判。同月，中国和乌拉圭自贸协定联合可行性研究也宣告完成，双方确定将尽早启动正式谈判。中国—海湾阿拉伯国家合作委员会（海合会）自贸协定谈判继续取得进展。按照与新西兰的自贸协定，中国从2022年起不再对自新西兰进口的鲜奶、黄油及乳酪产品实施特殊保障措施。

年内，中国按照与有关国家或地区已签署并生效的自贸协定或优惠贸易安排，继续对原产于28个国家或地区的部分进口货物实施协定税率；按照RCEP，对已生效缔约方的原产货物实施协定第一年税率；按照中国—柬埔寨自贸协定，对原产于柬埔寨的部分进口货物实施协定第一年税率；对与中国建交并完成换文手续的安哥拉共和国等44个最不发达国家实施特惠税率。

（五）积极参与全球应对粮食安全危机的行动

由于俄罗斯和乌克兰均是国际农产品市场的重要参与方，乌克兰危机爆发使全球粮食安全受到重大冲击。针对这种局面，WTO、FAO、世界粮食计划署（WFP）等国际机构深入探讨了如何应对全球粮食安全危机，并制定了相关决策。2022年6月，经过长达4年的孕育，WTO成功召开第12届部长级会议（MC12），会议发布了《MC12成果文件》，这是WTO成员在2015年肯尼亚内罗毕第10届部长级会议后，时隔7年再次达成协商一致的成果文件。经过各成员密集谈判和艰苦努力，MC12既达成了已谈判21年的《渔业补贴协定》，也就近期国际社会关注的热点问题进行了积极回应，在粮食安全和应对新冠疫情等方面取得了积极成果，充分证明了多边体制的生命力。《渔业补贴协定》旨在通过制定新的补贴规则，约束有害渔业补贴，助力海洋渔业资源可持续发展；《关于紧急应对粮食安全问题的部长宣言》中，各成员承诺采取措施便利农产品贸易、改善全球粮食和农产品市场运转条件，鼓励向贫弱国家提供粮食援助，帮助最不发达国家和粮食净进口发展中国家提高农业生产能力；《关于世界粮食计划署购粮免除出口禁止或限制的部长决定》中，成员承诺不对WFP人道主义粮食采购实施出口禁止或限制措施。MC12取得的成果超出预期，成为多边主义一次关键而重要的胜利，表明了各成员对多边贸易体制的积极态度，提振了国际社会对多边贸易体制的信心。9月举行的上海合作组织成员国元首理事会第22次会议也就维护国际粮食安全、维护供应链安全稳定多元化等发布了相关声明和文件。

2022年中国农产品贸易发展

进出口规模

2022年，尽管中国和世界经济增长均显著放缓，中国农产品贸易①仍实现了强劲增长。年内农产品出口额982.6亿美元，同比增长16.5%；进口额2 360.6亿美元，增长7.4%；贸易逆差1 378亿美元，扩大1.7%。

从月度同比增速看，出口额1—7月基本保持在20%以上，其后逐步减缓，12月仅为3.4%；进口额呈现较大幅度波动，除3月下降1%外，其余各月均增长，第四季度增幅显著提高（图5）。

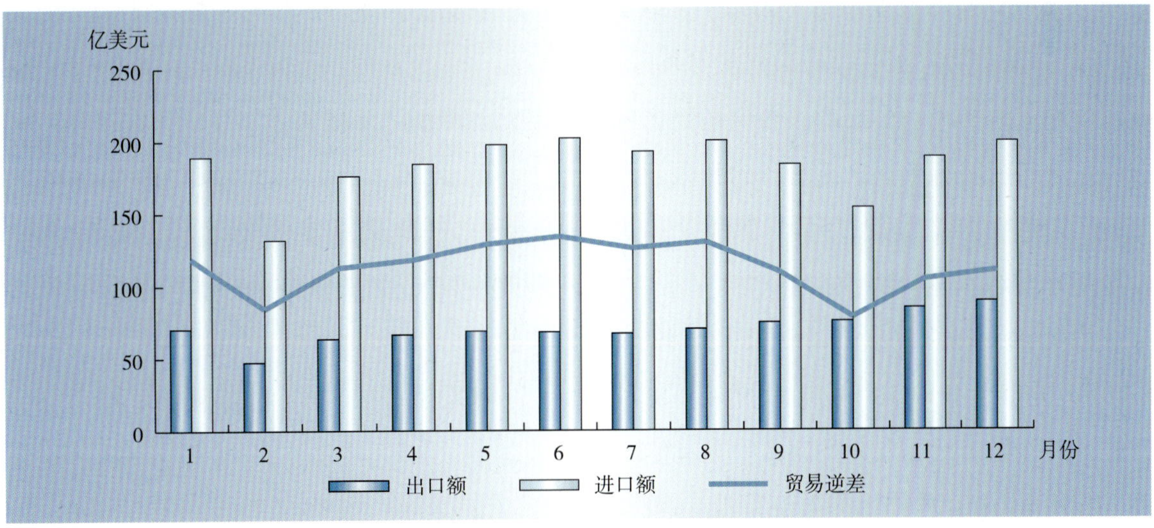

图5　2022年中国农产品对外贸易发展变化情况

① 中国农产品进出口额、出口额和进口额数据来源为中国海关总署。分产品、分地区和分国别贸易数据按农业农村部农产品分类口径整理。

产品结构

分大类看，出口额居前五位的农产品依次为水产品、蔬菜、水果、畜产品和饮品类；进口额居前五位的农产品依次为油籽、畜产品、水产品、谷物和水果（图 6）。

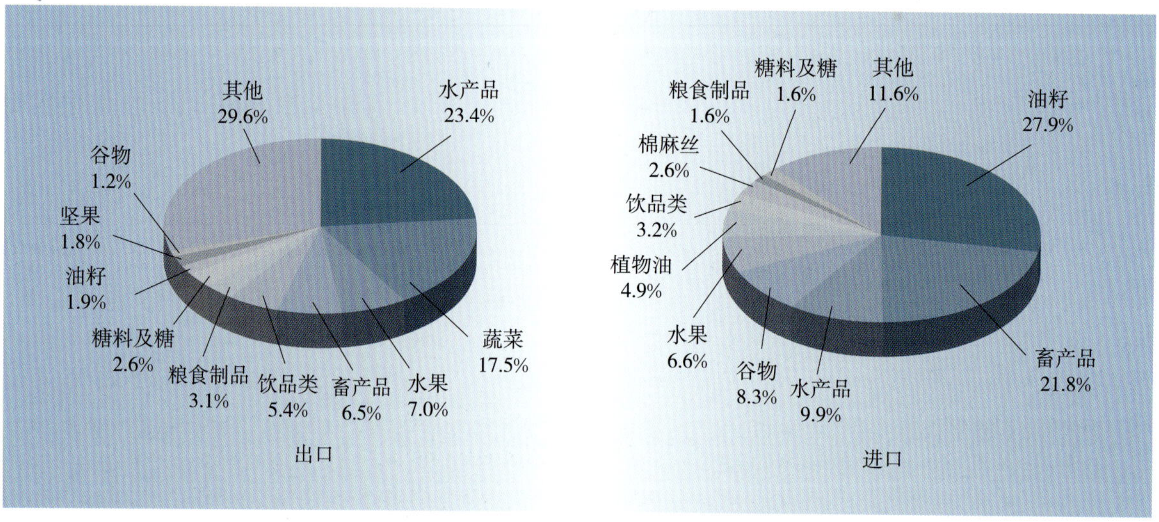

图 6　2022 年中国农产品进出口结构

谷物进出口量均下降。全年出口 244.2 万吨，同比下降 6.8%；进口 5 320.4 万吨，下降 18.6%；贸易逆差 184.6 亿美元，缩小 2.2%。分品种看，稻谷产品出口量额均降、进口量额大幅增长；小麦产品出口量额大幅增长，进口量略有增长；玉米产品和大麦产品进出口量额均较大幅度下降；高粱产品出口量略有下降、进口量小幅增长。

食用油籽出口量 100.7 万吨，增长 8.2%；进口量 9 610.9 万吨，下降 5.8%。逆差 641.1 亿美元，在大类商品中排首位。

食用植物油出口量 17.7 万吨，增长 45.3%；进口量 726.4 万吨，下降 35.8%。逆差 92.2 亿美元，减少 21.5 亿美元。

棉花出口量 3.4 万吨，增加 2.5 倍；进口量 202.6 万吨，下降 13.6%。逆差 51.9 亿美元，增加 10.2 亿美元。

食糖出口量 18 万吨，增长 47.8%；进口量 527.5 万吨，下降 6.9%。逆差 24.5 亿美元，增加 2.4 亿美元。

蔬菜出口额 172.2 亿美元，增长 9.2%；进口额 9.6 亿美元，下降 19.3%。顺差 162.6 亿美元，在大类商品中保持首位。

水果出口额 69.2 亿美元，下降 7.9%；进口额 156.9 亿美元，增长 7.9%。逆差 87.7 亿美元，增加 17.7 亿美元。

坚果出口额 17.6 亿美元，下降 0.7%；进口额 26.8 亿美元，下降 8.7%。逆差 9.2 亿美元，减少 2.4 亿美元。

畜产品出口额64.1亿美元，增长6.3%；进口额515.5亿美元，下降1.5%。逆差451.4亿美元，减少11.7亿美元。

水产品出口额230.3亿美元，增长5%；进口额237.1亿美元，增长31.5%。首次由顺差转为逆差。

市场结构

中国对除非洲外的其余地区出口均增长，其中对欧洲、北美洲和大洋洲出口增幅超过30%；自除欧洲外的其余地区进口均增长，其中自南美洲、大洋洲和亚洲进口增幅超过10%。

对亚洲继续保持顺差，顺差110.7亿美元，同比增加3.8亿美元。对其他地区均为逆差，其中对南美洲的逆差增加120亿美元，对欧洲的逆差减少101.2亿美元（表5）。

表5　2022年中国农产品贸易区域分布

单位：亿美元、%

区域	贸易额				同比增长		占比	
	进出口	出口额	进口额	差额	出口	进口	出口	进口
合计	3 343.2	982.6	2 360.6	−1 378.0	16.5	7.4	100.0	100.0
亚洲	1 099.0	604.8	494.1	110.7	9.9	11.4	61.6	20.9
欧洲	483.9	169.4	314.5	−145.1	37.6	−14.9	17.2	13.3
北美洲	637.0	131.0	505.9	−374.9	32.8	3.9	13.3	21.4
非洲	88.1	36.1	52.0	−15.8	−1.0	3.2	3.7	2.2
大洋洲	253.1	20.8	232.3	−211.6	31.7	11.9	2.1	9.8
南美洲	782.1	20.4	761.7	−741.3	6.9	18.9	2.1	32.3

从国别（地区）贸易看，前五大出口市场依次为中国香港、日本、美国、韩国和越南，合计占出口总额的44.8%，同比下降1.4个百分点。对前五大市场的出口均增长，其中对美国增长37.8%，对韩国增长17.2%。

前五大进口来源地依次为巴西、美国、泰国、新西兰和澳大利亚，合计占进口总额的55.2%，同比提高5.3个百分点。自前五大来源地的进口均增长，其中自澳大利亚增长21%，自巴西增长15.6%（图7）。

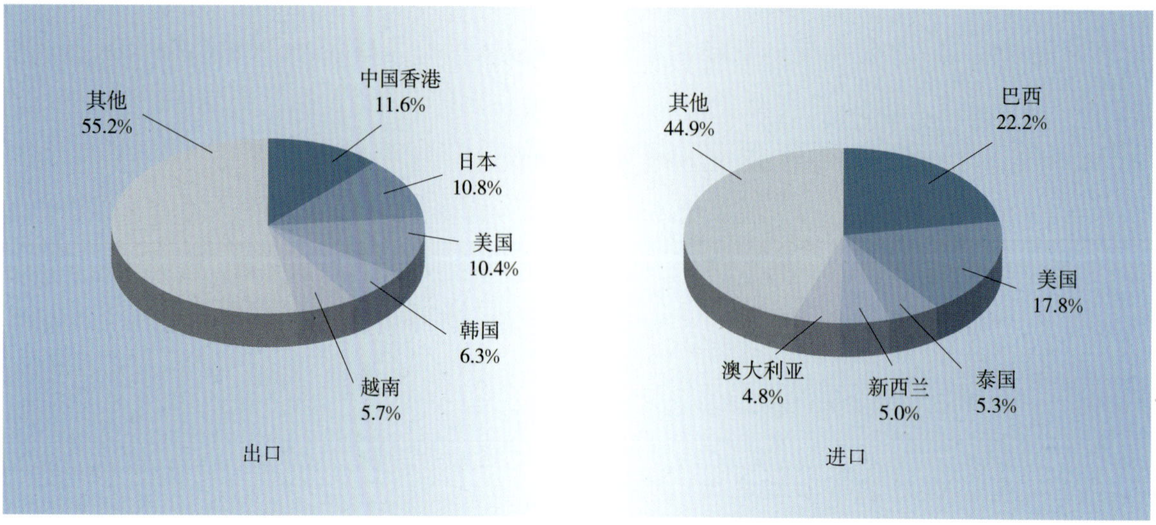

图7　2022年中国农产品出口市场和进口来源地结构

对中国香港、日本、韩国、菲律宾和中国台湾的顺差排前五位，分别为105.8亿美元、88.7亿美元、48.3亿美元、16.8亿美元和16.4亿美元。对巴西、美国、新西兰、澳大利亚和泰国的逆差排前五位，分别为519.8亿美元、318亿美元、115.1亿美元、98.7亿美元和77亿美元。

年内中国与自贸伙伴①间的双边贸易实现较快增长。中国与已签自贸协定伙伴间农产品贸易额合计1 317.1亿美元，占当年农产品贸易总额的39.4%。与东盟农产品贸易继续扩大，出口237.4亿美元，进口369.8亿美元，同比分别增长10.3%和17.4%。与RCEP其他成员国间农产品贸易开局良好，出口423.9亿美元，进口633.1亿美元，分别增长10.2%和14.6%。与“一带一路”沿线65个国家农产品贸易维持稳步发展势头，出口339.1亿美元，进口555.9亿美元，分别增长15.2%和10%。

贸易方式

一般贸易出口额840.1亿美元，占出口总额的85.5%；进料加工贸易出口额75.3亿美元，占7.7%，来料加工贸易出口额20.2亿美元，占2.1%。一般贸易进口额2 090.9亿美元，占进口总额的88.6%；海关特殊监管区域物流货物119.2亿美元，占5%；保税监管场所进出境货物70.1亿美元，占3%；进料加工贸易进口额57.4亿美元，占2.4%。

① 包括2022年RCEP协定生效成员。

国内进出口地区结构

农产品出口额排前五位的省（自治区、直辖市）依次为山东、广东、福建、浙江和江苏，合计占出口总额的 62.4%。出口额增长的有 27 个省（自治区、直辖市），其中广东、四川和新疆的增幅超过 30%；出口额下降的有 4 个省（自治区、直辖市），其中云南、青海和宁夏的降幅超过 20%。农产品进口额排前五位的省（自治区、直辖市）依次为广东、上海、北京、江苏和山东，合计占进口总额的 59.7%。进口额下降的有 7 个省（自治区、直辖市），降幅较大的有西藏和甘肃（图 8）。

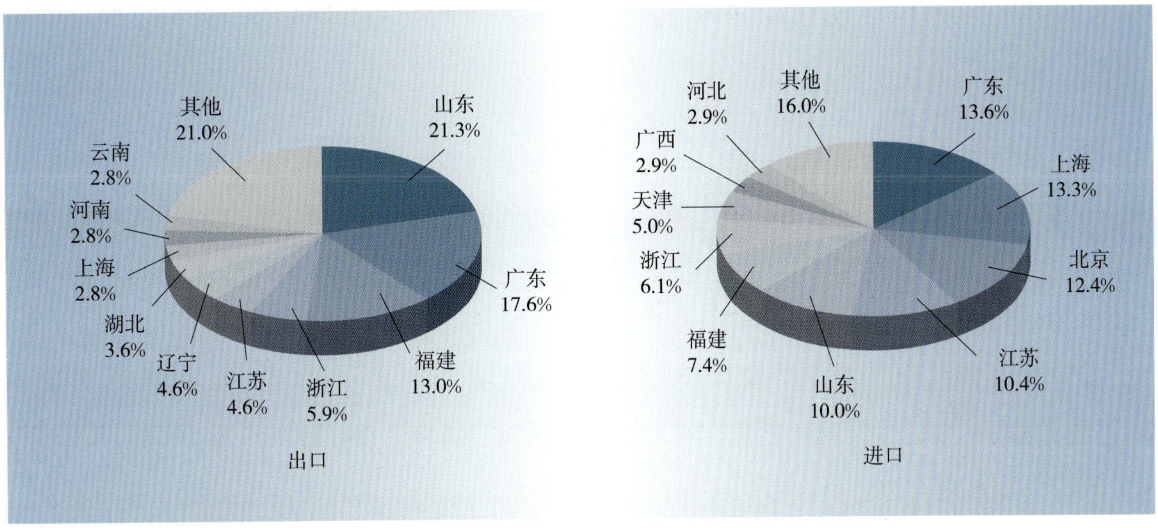

图 8　2022 年中国各省（自治区、直辖市）农产品进出口所占比重

9 个省（自治区、直辖市）为农产品贸易顺差。顺差居前五位的省（自治区、直辖市）分别为湖北 19.4 亿美元、河南 11.7 亿美元、贵州 5.1 亿美元、新疆 2.6 亿美元和甘肃 1.9 亿美元。逆差居前五位的省（自治区、直辖市）分别为上海 286.7 亿美元、北京 276.8 亿美元、江苏 200.4 亿美元、广东 148.7 亿美元和天津 107.3 亿美元。

农产品贸易地位

农产品出口额和进口额占全国货物贸易出口额和进口额的比例分别为 2.7% 和 8.7%，同比分别上升 0.2 个百分点和 0.5 个百分点。农产品出口额和进口额与第一产业增加值的比值分别为 7.4%和 17.8%，分别上升 0.8 个百分点和 0.7 个百分点。

2023年农产品贸易发展前景展望

2023年农产品贸易发展环境

（一）国际环境

2023年国际经贸发展面临的风险和不确定性可能进一步增大。从近期看，陷入僵局的乌克兰危机仍有进一步升级的可能，预计美国与其盟国将继续实施对俄罗斯的多种制裁措施。更严重的是，美国将美元武器化削弱了其他国家对美元的信任度，全球范围“去美元化”势头加强，这反过来又会压缩美国财政政策和货币政策的选择空间。预计美国政府不仅不会在终结中美贸易摩擦上主动采取行动，而且会出于国内政治需要继续强化针对中国的贸易投资限制。在这一背景下，地缘政治冲突热点可能继续增多，全球资源流向会更加偏离社会经济发展需要，国际贸易会在更大程度上偏离由比较优势决定的格局，全球供应链组织和运行会更多地受非经济因素干扰，国际金融体系的脆弱性会更加凸显，国际货币基金组织（IMF）、世界贸易组织（WTO）等多边机构的权威会进一步削弱。这些因素势必会制约2023年全球经济贸易增长。可预见的一个亮点是，包括中国在内的很多国家对新冠疫情防控措施做了调整，社会经济活动受疫情的干扰将下降，这为全球经贸发展提供了有利契机。

IMF 2023年4月预测，2023年全球经济将增长2.8%，其中发达经济体增长1.3%，新兴市场和发展中经济体增长3.9%，比上年实际分别低0.6、1.4和0.1个百分点；全球商品和劳务贸易量增长2.4%，比上年实际低2.7个百分点，其中发达经济体进口量和出口量分别增长1.8%和3%，比上年实际分别低4.8和2.2个百分点，新兴市场和发展中经济体进口量和出口量分别增长3.3%和1.6%，比上年实际分别低0.2和2.5个百分点。经济疲软将扭转大宗商品价格上涨势头，预期原油价格下跌24.1%，非能源大宗商品价格下跌

2.8%。WTO 4月也做出预测，年内世界货物贸易总量增长预期将从上年的2.7%下降到1.7%。

考虑到上述地缘政治因素和宏观经济因素，年内国际市场农产品价格发生大幅波动的风险仍较大，最不发达国家也将继续面临粮食安全风险。

（二）国内环境

2023年，中国经济贸易发展继续面临复杂局势和艰巨挑战，内部经济恢复的基础尚不牢固，需求收缩、供给冲击、预期转弱三重压力仍然较大，外部环境动荡对中国经济发展的影响加深。针对上述情况，中国政府决定，2023年要坚持稳中求进工作总基调，完整、准确、全面贯彻新发展理念，加快构建新发展格局，着力推动高质量发展，更好统筹疫情防控和经济社会发展，更好统筹发展和安全，全面深化改革开放，大力提振市场信心，把实施扩大内需战略同深化供给侧结构性改革有机结合起来，突出做好稳增长、稳就业、稳物价工作，有效防范化解重大风险，推动经济运行整体好转，实现质的有效提升和量的合理增长。年内中国政府将加大宏观政策调控力度，加强各类政策协调配合，形成共促高质量发展合力。积极的财政政策要加力提效，稳健的货币政策要精准有力，产业政策要发展和安全并举，科技政策要聚焦自立自强，社会政策要兜牢民生底线。

中国将进一步扩大对外开放，以更大力度吸引和利用外资，提升贸易投资合作质量和水平，加大现代服务业领域开放力度，落实好外资企业国民待遇，保障外资企业依法平等参与政府采购、招投标、标准制定，加大知识产权和外商投资合法权益的保护力度。中国明确宣布，将积极推动加入全面与进步跨太平洋伙伴关系协定（CPTPP）和数字经济伙伴关系协定（DEPA）等高标准经贸协议，主动对照相关规则、规制、管理、标准，深化国内相关领域改革。

针对农业农村工作，中国政府将锚定建设农业强国目标，坚决守牢确保粮食安全、防止规模性返贫等底线，扎实推进乡村发展、乡村建设、乡村治理等重点工作，全面推进乡村振兴，加快农业农村现代化，建设宜居宜业和美乡村，为全面建设社会主义现代化国家开好局起好步打下坚实基础。针对提高粮油生产能力，中国将启动以大豆、玉米为重点的主要粮油作物单产提升工程，继续扩种大豆油料。深入实施农产品进口多元化战略也列入年内的工作任务。

中国农产品贸易发展形势展望

年内中国经济可望反弹，但提振国内市场需求仍有难度，海外市场需求则可能较疲软。在中国农业生产能力稳步提高的背景下，国内市场供求结构性偏差将是影响贸易格局的主导因素，可能呈现进出口规模总体趋稳、产品和区域贸易结构视情况调整的局面。无论是从近期还是从中长期看，中国进口农产品将趋于高端化，出口竞争模式也将加快由低价向优质转变。需要关注的重大因素主要包括：一是地缘政治冲突造成的全球农产品贸易和粮食安全风险，二是全球经济增速放缓可能导致的外部需求相对萎缩，三是美国调整宏观经济政策可能导致的国际金融市场动荡和美元汇率波动，四是RCEP落地给中国带来的优化农产品贸易格局和供应链布局的机遇。

年内根据与新西兰的自贸协定，中国将停止对自新西兰进口的除奶粉外的乳制品实施特殊保障措施，这将使新西兰产品有更好机会进入中国市场。随着中国与澳大利亚的政治关系趋于缓和，中澳双边农产品贸易发展前景转好。RCEP降税进程进入第二年，再加上协定从1月2日起对印度尼西亚生效，从6月2日起对菲律宾生效，这一世界最大的自贸区将进入全面实施阶段。由于RCEP既包括了日本、韩国、越南、马来西亚、泰国等中国农产品主要出口市场，也包括了澳大利亚、新西兰、泰国、印度尼西亚等重要进口来源地，这使得中国可以在扩大高端农产品出口的同时以较低成本进口农产品，同时也有助于推进进口多元化战略。考虑到当前国际政治和经济因素演变态势，农业企业需要特别注意加强对汇率风险的管理。

分论

分 产 品 贸 易

谷 物

（一）贸易概况

2022 年，中国谷物逆差同比小幅缩小。出口量 244.2 万吨，下降 6.8%；出口额 12 亿美元，增长 2%。进口量 5 320.4 万吨，下降 18.6%；进口额 196.6 亿美元，下降 1.9%。净进口量 5 076.2 万吨，下降 19.1%；逆差 184.6 亿美元，下降 2.2%。

1. 产品结构

谷物出口以稻谷产品和小麦产品为主，合计占谷物出口总量的 96.7%、出口总额的 91.7%；进口主要是玉米产品、高粱产品、小麦产品、稻谷产品和大麦产品，合计占谷物进口总量的 99%、进口总额的 98.7%（表 6）。

表 6 2022 年中国主要谷物品种贸易情况

单位：万吨、亿美元、%

产 品	出口量	进口量	净进口量	净进口量同比增长	出口额	进口额	净进口额	净进口额同比增长
稻谷产品	221.5	619.4	397.9	58.1	10.3	26.6	16.3	35.8
玉米产品	0.1	2 062.1	2 062.0	−27.3	0.0	71.1	71.0	−11.1
高粱产品	0.4	1 014.0	1 013.7	7.7	0.0	37.4	37.4	23.8
小麦产品	14.6	995.9	981.3	1.3	0.7	38.4	37.7	24.4
大麦产品	0.0	576.0	576.0	−53.8	0.0	20.5	20.5	−42.3

稻谷产品。出口量 221.5 万吨，下降 9.5%，占谷物出口总量的 90.7%；出口额 10.3 亿美元，下降 0.2%。进口量 619.4 万吨，增长 24.8%，占谷物进口总量的 11.6%；进口额 26.6 亿美元，增长 19.2%。

玉米产品。出口量 1 446.8 吨，下降 81.2%；出口额 410 万美元，下降 47.3%。进口量 2 062.1 万吨，下降 27.3%，占谷物进口总量的 38.8%；进口额 71.1 亿美元，下降 11.1%。

高粱产品。出口量 3 596.6 吨，下降 1.1%；出口额 307.6 万美元，增长 2.1%。进口量 1 014 万吨，增长 7.7%，占谷物进口总量的 19.1%；进口额 37.4 亿美元，增长 23.7%。

小麦产品。出口量 14.6 万吨，增长 74.5%，占谷物出口总量的 6%；出口额 7 048.1 万美元，增长 63.9%。进口量 995.9 万吨，增长 2%，占谷物进口总量的 18.7%；进口额 38.4 亿美元，增长 24.7%。

大麦产品。出口量 43.5 吨，下降 51.3%；出口额 5.3 万美元，下降 51.8%。进口量 576 万吨，下降 53.9%，占谷物进口总量的 10.8%；进口额 20.5 亿美元，下降 42.2%。

2. 贸易区域

出口市场。中国谷物前五大出口市场依次为埃及、土耳其、韩国、塞拉利昂和巴布亚新几内亚，合计出口 129.5 万吨，占谷物出口总量的 53%，同比增加 15.1 个百分点。其中，对埃及、土耳其、塞拉利昂和巴布亚新几内亚出口量分别增长 92.5%、87.3%、3.2%和 25.8%，对韩国出口量下降 13.4%。

进口来源地。前五大进口来源地依次为美国、澳大利亚、乌克兰、阿根廷和加拿大，合计进口 4 306.1 万吨，占谷物进口总量的 80.9%，同比下降 4.4 个百分点。其中，自美国、乌克兰、加拿大进口量分别下降 25%、51.9%和 42.2%，自澳大利亚和阿根廷进口量分别增长 93.6%和 22.8%（表 7）。

表 7　2022 年中国谷物主要出口市场和进口来源地

单位：万吨、%

出口市场	出口量	同比增长	占谷物出口量比重	进口来源地	进口量	同比增长	占谷物进口量比重
埃及	48.1	92.5	19.7	美国	2 182.4	−25.0	41.0
土耳其	22.6	87.3	9.2	澳大利亚	781.6	93.6	14.7
韩国	20.6	−13.4	8.5	乌克兰	551.1	−51.9	10.4
塞拉利昂	19.6	3.2	8.0	阿根廷	437.7	22.8	8.2
巴布亚新几内亚	18.6	25.8	7.6	加拿大	353.3	−42.2	6.6

分品种看，稻谷产品主要出口埃及、土耳其、韩国、塞拉利昂和巴布亚新几内亚，进口主要来自印度、巴基斯坦、越南、泰国和缅甸。小麦产品主要出口中国香港、朝鲜、中国澳门、泰国和阿富汗，进口主要来自澳大利亚、加拿大、法国、美国和俄罗斯。大麦产品进口主要来自阿根廷、加拿大、法国、乌克兰和哈萨克斯坦。高粱产品进口主要来自美国、阿根廷、澳大利亚、缅甸和尼日利亚。玉米产品进口主要来自美国、乌克兰、缅甸、保加利亚和俄罗斯（表8、表9）。

表8　2022年中国谷物产品主要出口市场

单位：万吨、%

稻谷产品				小麦产品			
出口市场	出口量	同比增长	占稻谷产品出口量比重	出口市场	出口量	同比增长	占小麦产品出口量比重
埃及	48.1	92.5	21.7	中国香港	7.3	7.8	49.9
土耳其	22.6	87.3	10.2	朝鲜	5.6	5 562.8	37.9
韩国	19.7	−12.9	8.9	中国澳门	0.5	3.7	3.3
塞拉利昂	19.6	3.2	8.8	泰国	0.2	−3.7	1.4
巴布亚新几内亚	18.6	25.8	8.4	阿富汗	0.2	−26.9	1.3

表9　2022年中国谷物产品主要进口来源地

单位：万吨、%

大麦产品				高粱产品			
进口来源地	进口量	同比增长	占大麦产品进口量比重	进口来源地	进口量	同比增长	占高粱产品进口量比重
阿根廷	238.9	37.7	41.5	美国	633.0	−3.3	62.4
加拿大	173.1	−51.4	30.1	阿根廷	198.8	8.7	19.6
法国	98.4	−73.0	17.1	澳大利亚	181.3	75.1	17.9
乌克兰	24.7	−92.3	4.3	缅甸	1.0	64.7	0.1
哈萨克斯坦	18.7	66.5	3.2	尼日利亚	0.0	—	0.0

（续）

玉米产品				小麦产品			
进口来源地	进口量	同比增长	占玉米产品进口量比重	进口来源地	进口量	同比增长	占小麦产品进口量比重
美　国	1 486.5	−25.0	72.1	澳大利亚	572.2	108.9	57.5
乌克兰	526.4	−36.1	25.5	加拿大	179.0	−29.5	18.0
缅　甸	19.4	522.3	0.9	法　国	170.4	19.9	17.1
保加利亚	14.7	1.4	0.7	美　国	62.6	−77.0	6.3
俄罗斯	9.5	6.0	0.5	俄罗斯	4.0	−33.3	0.4

3. 价格变动

（1）中国谷物进出口价格

2022 年，中国出口谷物的平均价格①为每吨 492 美元，同比上涨 9.5%。其中，大米、小麦、高粱出口价格均上涨。谷物进口平均价格为每吨 370 美元，上涨 20.4%。除大米进口价格下跌外，主要品种进口价格均大幅上涨（表 10）。

表 10　2022 年中国主要谷物进出口价格

单位：美元/吨、%

产　品	出口平均价格	同比上涨	进口平均价格	同比上涨
谷　物	492	9.5	370	20.4
小　麦	509	10.9	383	22.3
大　麦	1 786	−11.6	356	25.0
玉　米	—	—	344	22.1
大　米	432	11.2	426	−4.1
高　粱	855	3.6	369	15.0

（2）中国谷物进出口价格与国际市场价格比较

2022 年，国际大米价格同比回落，但第四季度出现反弹。泰国 5%破碎率大米全年均价每吨 437 美元，下跌 4.6%；越南 5%破碎率大米全年均价每吨 405 美元，下跌 9.2%。中国大米进口均价每吨 426 美元，下跌 4.1%；出口均价每吨 432 美元，上涨 11.2%（图 9）。

① 出口平均价格＝出口总额/出口总量；进口平均价格＝进口总额/进口总量。下同。

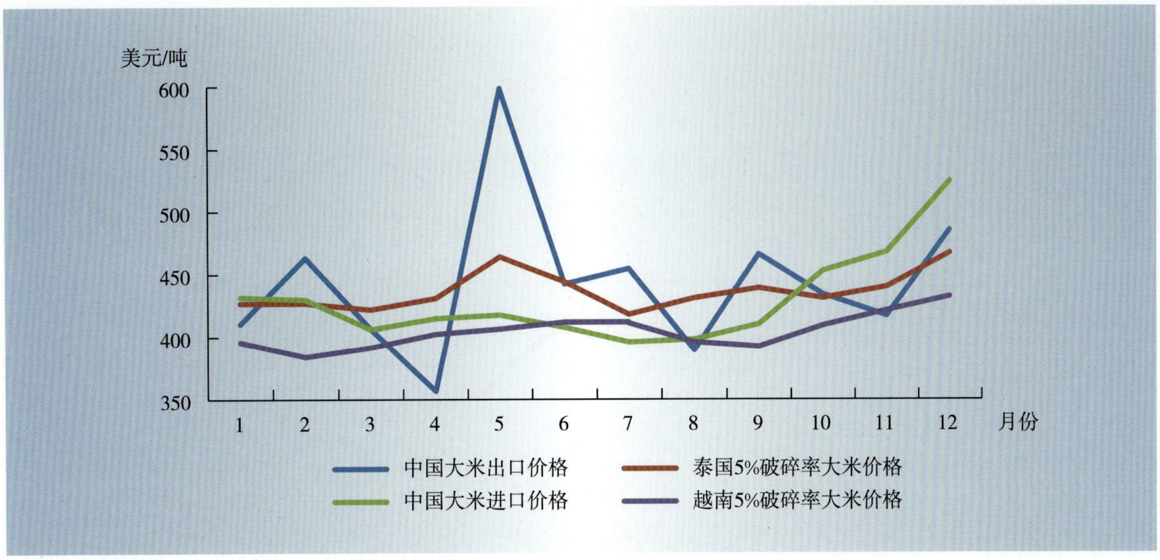

图9　2022年中国大米进出口价格与国际大米市场价格比较

数据来源：泰国和越南大米价格来自世界银行商品价格数据库，中国大米进出口价格根据中国海关数据计算。

国际小麦价格大幅上涨。美国硬红冬麦全年均价每吨430美元，上涨52.5%。中国小麦进口均价每吨383美元，上涨22.3%（图10）。

国际玉米价格涨势显著。国际玉米全年均价每吨319美元，上涨22.7%。中国玉米进口均价每吨344美元，上涨22.1%（图11）。

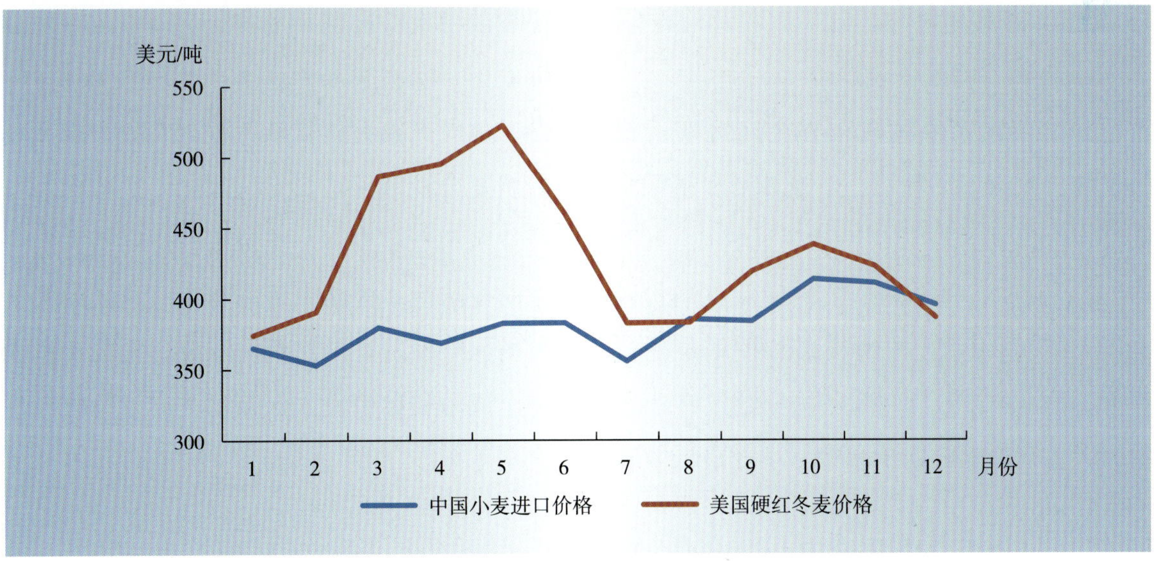

图10　2022年中国小麦进口价格与国际小麦市场价格比较

数据来源：美国小麦价格来自世界银行商品价格数据库，中国小麦进口价格根据中国海关数据计算。

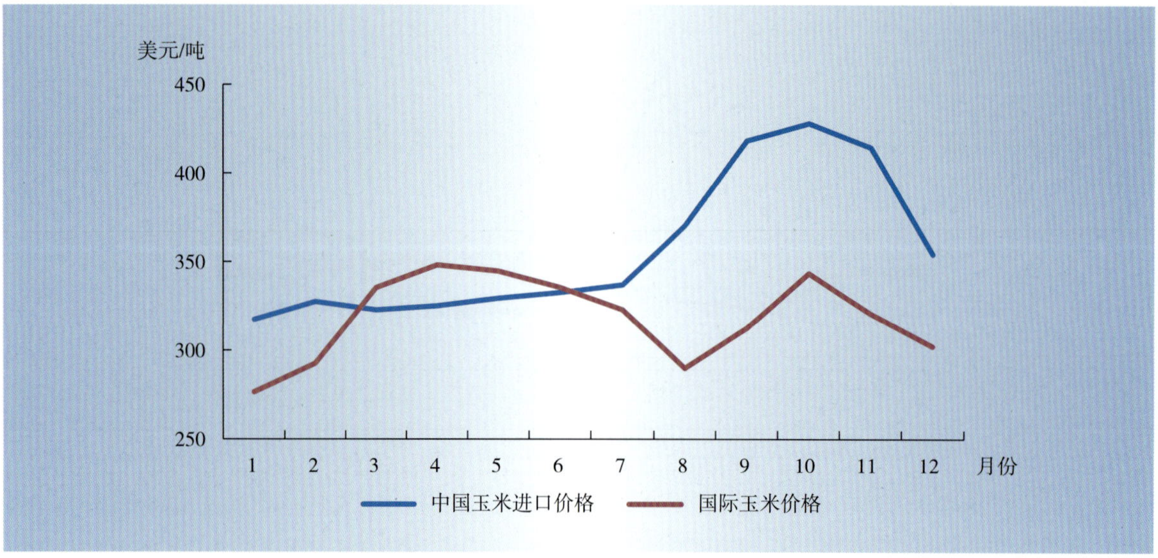

图 11　2022 年中国玉米进口价格与国际玉米市场价格比较

数据来源：国际玉米价格来自世界银行商品价格数据库，中国玉米进口价格根据中国海关数据计算。

4. 自给率①变动

2022 年，中国粮食产量 68 653 万吨，同比增加 368 万吨。其中，谷物产量 63 324 万吨，净进口量 5 076 万吨，自给率为 92.6%，增加 1.6 个百分点。

（二）政策变化

1. 上调谷物最低收购价

2022 年国家继续在稻谷主产区实行最低收购价政策，早籼稻、中晚籼稻和粳稻最低收购价分别为每 50 千克 124 元、129 元和 131 元。其中，每千克早籼稻最低收购价较上年上调 0.04 元，中晚籼稻和粳稻最低收购价上调 0.02 元。2022 年国家继续在小麦主产区实行最低收购价政策，小麦最低收购价为每 50 千克 115 元，每千克小麦最低收购价上调 0.04 元。

2. 实施粮食生产一揽子支持政策

2022 年中央财政综合实施补贴、奖励、金融等一揽子政策措施，包括向实际种粮农民发放一次性补贴，支持新建 1 亿亩②高标准农田，实施玉米大豆生产者补贴和稻谷补贴，加大产粮大县奖励力度，实施玉米大豆带状复合种植补贴，支持建设一批粮食油料产业园和产业集群，支持粮食作物重大病虫害防控防治，提高中西部和东北地区的粮食种植保险保费补贴比例，实现三大粮食作物完全成本和种植收入保险对主产省产粮大县全覆盖等。

① 自给率：按当年生产总量/当年总供给量（当年生产总量＋当年净进口量，假设库存量为常数基本不变）×100%计算。下同。

② 亩为非法定计量单位，1 亩＝1/15 公顷，下同。

3. 出台粮食流通环节相关规定

2022年2月14日至3月15日，国家发展改革委就《粮食质量安全监管办法（征求意见稿）》向社会公开征求意见。《粮食质量安全监管办法（征求意见稿）》将实行收购和储存环节粮食质量安全风险监测制度，拟规定完善粮食流通环节的质量安全管理制度。此外，2022年11月23日，国家发展改革委公布《粮食流通行政执法办法》，自2023年1月1日起施行。

4. 地区冲突干扰粮食贸易

俄罗斯和乌克兰是全球主要粮食出口国，乌克兰危机一方面影响乌克兰粮食产量，另一方面导致俄乌粮食出口受阻，造成国际粮食价格大幅上涨。2022年7月，联合国主导土耳其、俄罗斯、乌克兰签署了黑海港口外运协议。该协议部分恢复了乌克兰的粮食出口，为缓解粮食危机发挥了作用，但预计乌克兰危机对粮食贸易的影响仍将持续。

干 豆

2022年，中国干豆出口量18.9万吨，同比下降10.3%；出口额3.4亿美元，下降6.5%。进口量259万吨，下降1.9%；进口额17.5亿美元，增长47%。逆差14.1亿美元，扩大72%。

（一）产品结构

干豆出口以绿豆、红小豆和芸豆为主，合计占干豆出口量的79.9%、出口额的85.3%；进口主要是豌豆和绿豆，合计占干豆进口量的87.5%、进口额的83.4%（表11）。

绿豆。出口量6.9万吨，同比下降11.8%，占干豆出口量36.5%；出口额1.4亿美元，下降9.1%，占干豆出口额41.2%。进口量64.9万吨，增加1.2倍，占干豆进口量25.1%；进口额6亿美元，增加1.1倍，占干豆进口额34.3%。

红小豆。出口量4.1万吨，同比增长5.7%，占干豆出口量21.7%；出口额0.8亿美元，增长9.3%，占干豆出口额23.5%。进口量2.9万吨，增加1.3倍，占干豆进口量1.1%；进口额0.3亿美元，增加1.2倍，占干豆进口额1.7%。

芸豆。出口量4.1万吨，同比下降33.5%，占干豆出口量21.7%；出口额0.7亿美元，下降23.8%，占干豆出口额20.6%。进口量4.2万吨，增长82.8%，占干豆进口量1.6%；进口额0.3亿美元，增长74.5%，占干豆进口额1.7%。

豌豆。出口量0.8万吨，同比增加2.1倍，占干豆出口量4.2%；出口额0.1亿美元，增加2.1倍，占干豆出口额2.9%。进口量161.8万吨，下降26.4%，占干豆进口量62.5%；进口额8.6亿美元，增长9.9%，占干豆进口额49.1%（表11）。

表 11　2022 年中国主要干豆产品贸易情况

单位：万吨、亿美元、%

产　品	出口量	进口量	净进口量	净进口量同比增长	出口额	进口额	净进口额	净进口额同比增长
干　豆	18.9	259.0	240.1	−1.2	3.4	17.5	14.1	71.6
绿　豆	6.9	64.9	58.0	173.7	1.4	6.0	4.5	278.5
红小豆	4.1	2.9	−1.2	51.6	0.8	0.3	−0.5	22.7
芸　豆	4.1	4.2	0.1	102.2	0.7	0.3	−0.4	43.2
豌　豆	0.8	161.8	161.0	−26.7	0.1	8.6	8.5	9.0

（二）贸易区域

出口市场。前五大出口市场依次为日本、韩国、缅甸、中国台湾和美国，合计出口 11.2 万吨，同比下降 7.9%，占干豆出口量的 59.3%。

进口来源地。前五大进口来源地依次为加拿大、缅甸、澳大利亚、乌兹别克斯坦和印度，合计进口 242.9 万吨，同比下降 1.2%，占干豆进口量 93.8%（表 12）。

表 12　2022 年中国干豆主要出口市场和进口来源地

单位：万吨、%

出口市场	出口量	同比增长	占出口量比重	进口来源地	进口量	同比增长	占进口量比重
日　本	5.6	23.8	29.6	加 拿 大	140.1	−31.9	54.1
韩　国	2.6	−15.7	13.7	缅　甸	57.7	445.7	22.3
缅　甸	1.1	437.0	5.8	澳大利亚	23.5	125.9	9.1
中国台湾	1.0	−14.7	5.3	乌兹别克斯坦	13.6	29.5	5.2
美　国	0.9	−33.4	5.0	印　度	8.0	21.1	3.1

绿豆主要出口日本、印度尼西亚、美国、韩国和加拿大，合计占出口量的 89.1%；进口主要来自缅甸、乌兹别克斯坦、澳大利亚、埃塞俄比亚和印度尼西亚，合计占进口量的 98.5%。

红小豆主要出口韩国、日本、马来西亚、中国香港和新加坡，合计占出口量的 91.2%；进口全部来自缅甸、泰国、越南和俄罗斯。

芸豆主要出口印度、意大利、阿联酋、希腊和也门，合计占出口量的 48.7%；进口全部来自缅甸、加拿大和美国。

豌豆主要出口缅甸、中国台湾、泰国、中国香港和利比里亚，合计占出口量的

98.3%（表13）。进口主要来自加拿大、澳大利亚、法国、阿根廷和美国，占进口量的99.8%（表14）。

表13　2022年中国干豆产品主要出口市场

单位：万吨、%

绿豆				红小豆			
出口市场	出口量	同比增长	占绿豆出口量比重	出口市场	出口量	同比增长	占红小豆出口量比重
日　本	3.7	15.9	54.0	韩　国	1.9	−9.2	45.7
印度尼西亚	0.9	781.1	12.5	日　本	1.3	88.4	32.7
美　国	0.8	−36.1	11.1	马来西亚	0.2	−16.0	5.4
韩　国	0.6	−10.0	8.1	中国香港	0.2	−7.2	3.9
加拿大	0.2	−20.2	3.4	新加坡	0.1	−13.1	3.5
芸豆				豌豆			
出口市场	出口量	同比增长	占芸豆出口量比重	出口市场	出口量	同比增长	占豌豆出口量比重
印　度	0.5	−73.9	11.5	缅　甸	0.6	320.5	74.4
意大利	0.5	−29.4	11.3	中国台湾	0.1	89.3	17.2
阿联酋	0.4	28.7	9.2	泰　国	0.0	981.1	4.4
希　腊	0.4	99.4	9.1	中国香港	0.0	15.7	1.3
也　门	0.3	−34.3	7.6	利比里亚	0.0	—	1.0

表14　2022年中国干豆产品主要进口来源地

单位：万吨、%

绿豆				红小豆			
进口来源地	进口量	同比增长	占绿豆进口量比重	进口来源地	进口量	同比增长	占红小豆进口量比重
缅　甸	37.1	429.2	57.1	缅　甸	1.6	560.2	55.8
乌兹别克斯坦	13.6	29.5	20.9	泰　国	0.6	4.2	21.2
澳大利亚	9.0	49.9	13.9	越　南	0.5	181.5	17.7
埃塞俄比亚	3.2	8.8	5.0	俄罗斯	0.2	—	5.3
印度尼西亚	1.0	−13.4	1.6				

（续）

芸豆				豌豆			
进口来源地	进口量	同比增长	占芸豆进口量比重	进口来源地	进口量	同比增长	占豌豆进口量比重
缅　甸	3.5	643.9	82.6	加拿大	139.7	−31.6	86.4
加拿大	0.4	−65.8	9.6	澳大利亚	14.5	230.1	8.9
美　国	0.3	−49.9	7.8	法　国	3.7	−8.1	2.3
				阿根廷	2.4	1 324.5	1.5
				美　国	1.1	−82.5	0.7

（三）价格变动

2022年，绿豆出口均价每吨2 057美元，同比上涨3.1%；进口均价每吨918美元，下跌5.8%。

红小豆出口均价每吨2 059美元，同比上涨3.4%；进口均价每吨1 037美元，下跌3.3%。

豌豆出口均价每吨694美元，同比上涨1.1%；进口均价每吨529美元，上涨49.3%。

其他干豆出口均价每吨1 564美元，同比上涨8.1%；进口均价每吨916美元，上涨8.9%。

薯　类

2022年，中国薯类进口大幅增长，进口量712.3万吨，同比增长28.3%；进口额20.5亿美元，增长31.5%。薯类出口量2.2万吨，下降9.7%；出口额1 331.2万美元，下降12%（表15）。

表15　2022年中国薯类产品贸易情况

单位：吨、万美元、%

产品	出口量	进口量	净进口量	净进口量同比增长	出口额	进口额	净进口额	净进口额同比增长
木　薯	46.7	7 110 072.0	7 110 025.3	28.6	1.3	203 672.4	203 671.1	32.8
甘　薯	21 819.8	407.5	−21 412.3	−10.5	1 265.1	19.0	−1 246.1	−11.6
马铃薯	326.6	12 163.6	11 837.0	−49.2	64.8	1 647.5	1 582.7	−41.4

（一）产品结构

中国主要进口木薯和马铃薯，出口甘薯。

木薯。木薯是主要进口品种。进口量711万吨，同比增长28.6%，占薯类进口量的99.8%；进口额20.4亿美元，增长32.8%。

甘薯。甘薯是主要出口品种。出口量2.2万吨，同比下降8.9%，占薯类出口量的98.3%；出口额1 265.1万美元，下降10.3%。

马铃薯。进口量1.2万吨，下降49%；进口额1 647.5万美元，下降41.2%。

（二）贸易区域

出口市场。薯类出口市场较为集中，前五大出口市场依次为越南、中国澳门、中国香港、日本和荷兰，合计出口2.1万吨，占薯类出口量的92.4%。越南是中国最大的薯类出口市场，出口量1.6万吨，同比下降7.1%，占出口量的71.4%。

进口来源地。中国薯类前五大进口来源地依次为泰国、越南、老挝、柬埔寨和荷兰，合计进口711.6万吨，占薯类进口量的99.9%。泰国是中国最大的薯类进口来源地，进口649.3万吨，同比增长32.8%，占进口量的91.2%（表16）。

表16　2022年中国薯类主要出口市场和进口来源地

单位：吨、%

出口市场	出口量	同比增长	占出口量百分比	进口来源地	进口量	同比增长	占进口量百分比
越　　南	15 836.3	-7.1	71.4	泰　　国	6 492 504.4	32.8	91.2
中国澳门	1 595.1	18.8	7.2	越　　南	570 407.3	1.8	8.0
中国香港	1 350.9	13.4	6.1	老　　挝	2 545.2	—	0.4
日　　本	946.8	13.9	4.3	柬 埔 寨	2 109.6	-70.2	0.3
荷　　兰	775.0	-28.5	3.5	荷　　兰	6 128.0	-34.5	0.1

分品种看，木薯进口主要来自泰国和越南，自两国进口木薯706.3万吨，占木薯进口量的99.3%。甘薯主要出口越南，占甘薯出口量的72.6%。马铃薯主要出口韩国、菲律宾和俄罗斯，合计占马铃薯出口量的93.2%。马铃薯进口来源地较为分散，主要来自荷兰、比利时、德国和丹麦等国（表17）。

表 17 2022 年中国薯类产品主要出口市场和进口来源地

单位：吨、%

产　品	出口市场	出口量	同比增长	占出口量百分比	进口来源地	进口量	同比增长	占进口量百分比
木　薯	中国澳门	46.7	237.4	100.0	泰　国	6 492 504.4	32.8	91.3
甘　薯	越　南	15 836.3	−7.1	72.6	越　南	570 407.3	1.8	8.0
马铃薯	韩　国	210.6	−27.1	64.5	老　挝	407.3	—	100.0
	菲律宾	53.6	98.5	16.4	荷　兰	6 128.0	−34.5	50.4
	俄罗斯	40.0	—	12.2	比利时	2 087.7	−54.7	17.2
	塞内加尔	18.0	—	5.5	德　国	1 759.8	−16.5	14.5
					丹　麦	1 165.5	33.9	9.6

（三）价格变动

2022 年，甘薯出口均价每吨 580 美元，同比下跌 1.6%。木薯进口均价每吨 287 美元，上涨 3.3%。马铃薯进口均价每吨 1 355 美元，上涨 15.2%；出口均价每吨 1 985 美元，上涨 9.7%（表 18）。

表 18 2022 年中国薯类产品进出口价格

单位：美元/吨、%

产　品	出口均价	同比上涨	进口均价	同比上涨
木　薯	272	−13.6	287	3.3
甘　薯	580	−1.6	466	−7.5
马铃薯	1 985	9.7	1 355	15.2

棉　花

（一）贸易概况

2022 年，中国棉花进口量 202.6 万吨，同比下降 13.6%；进口额 53 亿美元，增长 26.4%。出口量 3.4 万吨，增加 2.5 倍；出口额 1.1 亿美元，增加 3.8 倍。逆差 51.9 亿美元，扩大 24.5%。

1. 产品结构

棉花贸易的主要产品是原棉（亦称未梳棉），进口量 192.7 万吨，同比下降 10.1%，占棉花进口量的 95.1%，增加 3.6 个百分点。原棉出口量 3.4 万吨，增加 2.6 倍，占棉花出口量的 98.3%，增加 3.3 个百分点。其他棉花进口量 9 万吨，下降 54%。

2. 贸易区域

进口来源地。前五大进口来源地依次为美国、巴西、印度、土耳其和贝宁，合计进口185万吨，占棉花进口量的91.3%。其中，自美国进口114.1万吨，同比增长34.8%；自巴西进口59.7万吨，下降12.2%；自印度进口4.9万吨，下降89.5%（表19）。

出口市场。主要出口周边国家，依次为孟加拉国、越南和印度。其中，对孟加拉国出口1.5万吨，对越南出口1万吨。

表19 2022年中国棉花主要进口来源地

单位：万吨、亿美元、%

进口来源地	进口量	同比增长	进口额	同比增长	占中国棉花进口的比重	
					进口量	进口额
全　球	202.6	−13.6	53.0	26.4	—	—
美　国	114.1	34.8	30.6	89.9	56.3	57.7
巴　西	59.7	−12.2	15.5	26.2	29.5	29.2
印　度	4.9	−89.5	1.1	−86.6	2.4	2.1
土耳其	3.4	−52.3	0.5	−6.3	1.7	0.9
贝　宁	2.9	−18.4	0.8	10.5	1.4	1.5

3. 贸易方式

进口以一般贸易、海关特殊监管区域物流货物（以下简称物流货物）和保税监管场所进出境货物为主，分别进口131.2万吨、34.4万吨和23.3万吨，分别占棉花进口量的64.8%、17%和11.5%（表20）。

出口以物流货物和保税监管场所进出境货物为主，分别占棉花出口量的61.3%和34.7%，合计占96%。

表20 2022年中国棉花进口主要贸易方式

单位：万吨、亿美元、%

贸易方式	进口量	同比增长	进口额	同比增长
贸易方式合计	202.6	−13.6	53.0	26.4
一般贸易	131.2	29.3	33.7	105.3
物流货物	34.4	−49.3	9.3	−28.2
保税监管场所进出境货物	23.3	−44.0	5.9	−25.8
进料加工贸易	12.7	−43.8	3.8	−13.0

4. 价格变动

根据 Cotlook A（FE）棉价指数，2022 年国际棉价总体大幅波动，1 月每吨 20 665 元，5 月涨至每吨 25 635 元，此后逐月回落，6 月至 9 月分别为 25 428 元、21 672 元、20 573 元、19 570 元，10 月达到全年最低点 17 023 元，11 月、12 月维持在 17 500 元左右。全年均价每吨 21 114.5 元，同比上涨 28.1%。

2022 年中国棉花进口均价为每吨 17 551 元，同比上涨 46.2%。各种贸易方式中，一般贸易、物流货物和保税监管场所进出境货物方式进口的棉花均价分别为每吨 17 260 元、18 213 元和 17 101 元。

2022 年全年中国进口棉价指数（FC Index M）1%税后价与中国棉花价格指数（3128B）平均价差为每吨 2 059 元。1—3 月中国棉花价格指数高于中国进口棉价指数，随着国外棉花价格小幅上涨，国内棉价下跌，中国进口棉花价格指数高出中国棉花价格指数，国内外棉花价差于 6 月达到全年最高点，为每吨 5 169 元。下半年国内外棉价均下降，内外棉价差收窄，12 月价差为每吨 2 433 元。

2022 年中国棉花年度出口均价为每吨 20 801 元，同比上涨 35.7%。

（二）政策变化

为落实党中央、国务院关于深化“放管服”改革、促进跨境贸易便利化有关要求，8 月，棉花进口配额管理系统在中国国际贸易“单一窗口”网站正式上线，棉花进口配额（关税、滑准税配额）有关事项均通过该系统线上办理。

食用油籽

2022 年中国食用油籽进口量 9 610.9 万吨，同比下降 5.8%。其中，大豆、油菜籽、芝麻和花生①进口量下降，亚麻籽、棉籽和葵花籽进口量增长。食用油籽出口量 100.7 万吨，增长 8.2%。其中，葵花籽、花生、大豆出口量增长，芝麻出口量下降。食用油籽进出口价格均上涨。食用油籽进口额 658.4 亿美元，增长 13.3%，占农产品进口总额的 27.9%，是中国最主要的进口农产品；出口额 17.3 亿美元，增长 11.2%。逆差 641.1 亿美元，扩大 13.4%。

（一）产品结构

2022 年，主要进口产品有大豆、油菜籽和芝麻等，主要出口产品有葵花籽和花生等。

1. 主要进口产品

食用油籽进口以大豆为主，大豆进口量占食用油籽进口总量的 94.8%。大豆、油菜籽和芝麻进口量减额增，花生进口量额双减，亚麻籽、棉籽和葵花籽进口量额双增（表 21）。

① 花生包含未焙炒或未烹煮的花生和加工花生。

表 21 2022 年中国进口食用油籽产品结构

单位：万吨、亿美元、%

产　品	进口量	同比增长	进口额	同比增长	占食用油籽进口比重	
					进口量	进口额
大　豆	9 108.1	−5.6	612.4	14.3	94.8	93.0
油菜籽	196.1	−25.9	15.6	2.0	2.0	2.4
芝　麻	107.1	−8.8	16.3	5.9	1.1	2.5
花　生	66.6	−33.7	6.5	−36.8	0.7	1.0
亚麻籽	61.5	52.4	4.1	61.7	0.6	0.6
棉　籽	45.4	231.3	1.9	265.7	0.5	0.3
葵花籽	19.5	77.9	1.2	44.3	0.2	0.2

2. 主要出口产品

食用油籽出口以葵花籽和花生为主，两种产品出口量额双增，合计占比均超食用油籽出口量额的 80%。大豆出口量额双增，芝麻出口量减额增（表 22）。

表 22 2022 年中国出口食用油籽产品结构

单位：万吨、亿美元、%

产　品	出口量	同比增长	出口额	同比增长	占食用油籽出口比重	
					出口量	出口额
葵花籽	44.5	4.2	6.8	15.9	44.2	39.3
花　生	38.1	2.9	7.6	0.5	37.8	43.9
大　豆	12.1	61.0	1.4	63.0	12.0	8.1
芝　麻	5.0	−5.4	1.2	3.6	5.0	6.9

（二）贸易区域

进口来源地。中国食用油籽进口来源地较为集中。大豆进口主要来自巴西、美国和阿根廷，进口量合计占比 96.2%。油菜籽进口九成以上来自加拿大。花生进口八成以上来自苏丹和塞内加尔。芝麻进口主要来自非洲国家（表 23）。

表 23 2022 年中国食用油籽主要进口来源地

单位：万吨、亿美元、%

产　品	进口来源地	进口量	同比增长	进口额	同比增长
大　豆	全　球	9 108.1	−5.6	612.4	14.3
	巴　西	5 439.4	−6.5	373.2	12.4
	美　国	2 953.3	−8.6	191.1	13.0
	阿根廷	365.0	−2.6	24.3	13.0
油菜籽	全　球	196.1	−25.9	15.6	2.0
	加拿大	186.8	−23.4	15.1	5.2
	俄罗斯	7.1	−31.5	0.4	−21.8
	蒙古国	2.2	83.1	0.1	198.4
花　生	全　球	66.6	−33.7	6.5	−36.8
	苏　丹	36.2	−11.2	3.9	−17.2
	塞内加尔	18.1	−44.8	1.6	−54.1
	美　国	8.9	−53.5	0.6	−50.4
芝　麻	全　球	107.1	−8.8	16.3	5.9
	尼日尔	21.0	−29.4	3.2	−13.4
	苏　丹	17.1	14.9	2.6	37.0
	多　哥	11.4	−31.0	1.7	−21.2

出口市场。中国食用油籽出口量 100.7 万吨，主要产品出口市场分散（表 24）。

表 24 2022 年中国食用油籽主要出口市场

单位：万吨、万美元、%

产　品	出口市场	出口量	同比增长	出口额	同比增长
花　生	全　球	38.1	2.9	7.6	0.5
	日　本	5.8	−0.6	1.3	−5.6
	印度尼西亚	4.2	31.1	0.8	27.1
	韩　国	3.5	−3.0	0.7	−2.9
	菲律宾	3.4	25.5	0.7	22.1
	泰　国	2.5	31.6	0.4	31.4
	荷　兰	2.0	−13.7	0.4	−15.6

（续）

产 品	出口市场	出口量	同比增长	出口额	同比增长
葵花籽	全 球	44.5	4.2	6.8	15.9
	伊 朗	6.1	77.6	0.8	98.8
	伊拉克	5.4	−3.6	0.8	10.1
	阿联酋	5.2	111.6	0.7	137.1
	俄罗斯	5.0	146.0	0.6	155.2
	越 南	3.0	52.6	0.5	73.6
大 豆	全 球	12.1	61.0	1.4	63.0
	韩 国	8.1	112.7	1.0	102.6
	日 本	1.8	−4.1	0.2	7.9
	朝 鲜	0.5	−24.1	0.0	−32.8

（三）价格变动

进口价格。食用油籽进口均价同比上涨20.3%。其中，油菜籽进口均价涨幅超30%，大豆进口均价涨幅超20%，芝麻进口均价涨幅超10%。从大豆月度价格变化看，7月进口均价最高，每吨727美元，比1月（年内最低价）高123美元，涨幅为20.3%（图12）。

出口价格。食用油籽出口均价同比上涨2.8%。葵花籽、油菜籽和亚麻籽出口均价涨幅超过10%（表25）。花生出口均价小幅下跌。

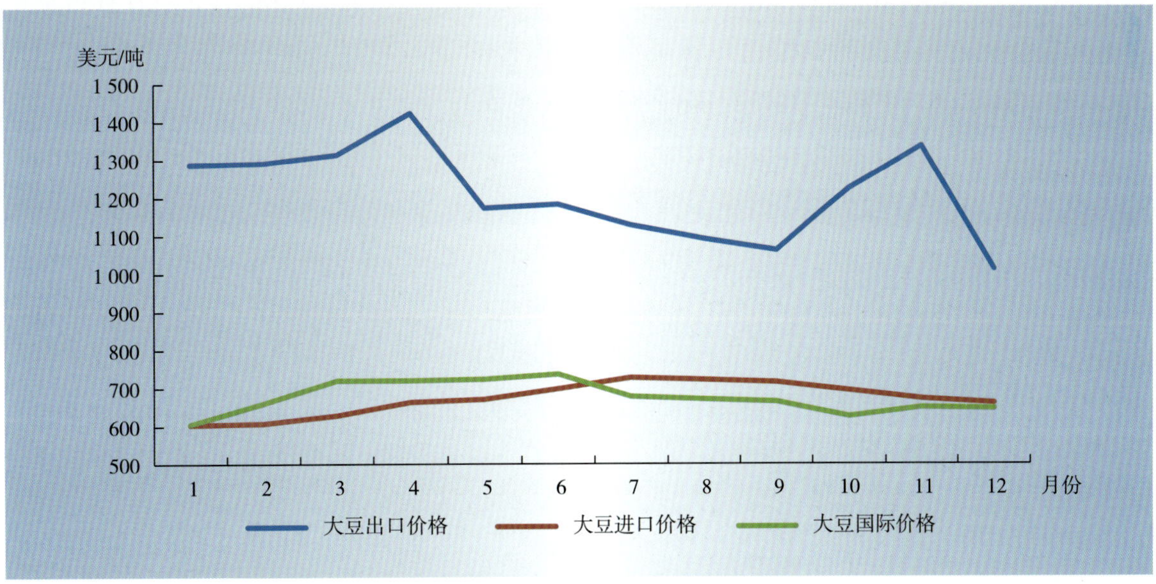

图12　2022年大豆月度进出口价格

数据来源：国际价格来源于世界银行商品数据库，进出口价格根据中国海关数据计算。

表 25　2022 年中国主要食用油籽产品进出口价格

单位：美元/吨、%

产　品	进口均价	同比上涨	出口均价	同比上涨
大　豆	672	21.1	1 172	1.2
油菜籽	798	37.7	5 841	17.3
芝　麻	1 524	16.0	2 345	9.4
花　生	984	−4.7	2 001	−2.3
葵花籽	602	−18.9	1 527	11.3
亚麻籽	660	6.1	1 793	15.4

（四）自给率变动

2022 年，全国大豆种植面积 1.54 亿亩，同比增加 2 743 万亩，增长 22.2%；产量首次迈上 2 000 万吨台阶，达 2 028.5 万吨，增加 389 万吨，增长 23.7%。进口量 9 108.1 万吨，下降 5.6%。自给率为 18.5%，增加 3 个百分点。

食用植物油

2022 年，中国食用植物油出口量显著增长，进口量下降，贸易逆差收窄。出口量 17.7 万吨，同比增长 45.3%；出口额 3.3 亿美元，增长 66.2%。进口量 726.4 万吨，下降 35.8%；进口额 95.5 亿美元，下降 17.5%。净进口 708.7 万吨，下降 36.7%；逆差 92.2 亿美元，缩小 19%。

（一）产品结构

食用植物油出口以豆油、玉米油、棕榈油和花生油为主，合计占食用植物油出口量的 87%和出口额的 78.8%；进口以棕榈油、菜籽油、葵花油和红花油为主，合计占食用植物油进口量的 91%和进口额的 87.4%（表 26）。

表 26　2022 年中国食用植物油贸易情况

单位：万吨、亿美元、%

产　品	出口量	进口量	净进口量	净进口量同比增长	出口额	进口额	净进口额	净进口额同比增长
食用植物油	17.7	726.4	708.7	−36.7	3.3	95.5	92.2	−19.0
棕榈油	1.7	494.4	492.7	−22.6	0.2	58.4	58.2	−1.9
菜籽油	0.2	106.1	105.9	−50.8	0.1	16.5	16.4	−31.2
葵花油和红花油	0.6	60.5	59.9	−53.2	0.1	8.6	8.5	−36.9
豆　油	10.7	34.4	23.7	−77.4	1.7	4.8	3.1	−68.4
花生油	1.1	23.1	22.0	−18.7	0.3	4.4	4.1	−20.9
玉米油	1.9	0.0	−1.9	104.3	0.4	0.0	−0.4	143.6

棕榈油①。出口量1.7万吨，同比增长8.3%，占食用植物油出口量的9.6%；出口额2 283.2万美元，增长40.1%。进口量494.4万吨，下降22.5%，占食用植物油进口量的68.1%；进口额58.4亿美元，下降1.7%。

菜籽油。出口量0.2万吨，同比增长41.1%；出口额598万美元，增长89.3%。进口量106.1万吨，下降50.7%，占食用植物油进口量的14.6%；进口额16.5亿美元，下降31%。

葵花油和红花油。出口量0.6万吨，同比增加1.4倍；出口额1 410.3万美元，增加1.8倍。进口量60.5万吨，下降52.8%，占食用植物油进口量的8.3%；进口额8.6亿美元，下降36.1%。

豆油。出口量10.7万吨，同比增长51.1%，占食用植物油出口量的60.5%；出口额1.7亿美元，增长86.8%。进口量34.4万吨，下降69.3%；进口额4.8亿美元，下降54.8%。

花生油。出口量1.1万吨，同比增长7.2%，占食用植物油出口量的6.2%；出口额2 683.5万美元，增长4%。进口量23.1万吨，下降17.8%；进口额4.4亿美元，下降19.7%。

玉米油。出口量1.9万吨，同比增加1倍，占食用植物油出口量的10.7%；出口额3 996.5万美元，增加1.4倍。进口量218.5吨，下降8.1%；进口额48.1万美元，增长4.7%。

（二）贸易区域

出口市场。前五大出口市场依次为中国香港、朝鲜、马来西亚、韩国和阿联酋，出口量合计14.9万吨，占食用植物油出口量的84.2%。其中，对阿联酋、朝鲜、马来西亚和中国香港出口量同比分别增加120.8倍、2.6倍、76.6%和18.3%，对韩国出口量下降23.3%。

进口来源地。前五大进口来源地依次为印度尼西亚、马来西亚、俄罗斯、乌克兰和巴西，进口量合计638.9万吨，占食用植物油进口量的88%。自前五大进口来源地进口量均下降（表27）。

表27　2022年中国食用植物油主要出口市场和进口来源地

单位：万吨、%

出口市场	出口量	同比增长	占食用植物油出口量比重	进口来源地	进口量	同比增长	占食用植物油进口量比重
中国香港	5.5	18.3	31.1	印度尼西亚	335.1	−28.7	46.1
朝　鲜	4.1	259.7	23.2	马来西亚	158.9	−4.8	21.9
马来西亚	4.0	76.6	22.6	俄罗斯	84.3	−4.2	11.6
韩　国	0.7	−23.3	4.0	乌克兰	33.8	−65.6	4.7
阿联酋	0.6	12 083.7	3.4	巴　西	26.8	−41.9	3.7

① 棕榈油包含棕榈硬脂。

分产品看，豆油主要出口中国香港、朝鲜和马来西亚。玉米油主要出口中国香港、阿联酋和阿曼。棕榈油主要出口朝鲜、中国香港和蒙古国，进口主要来自印度尼西亚、马来西亚。菜籽油进口主要来自俄罗斯、加拿大和阿联酋。葵花油和红花油进口主要来自乌克兰、俄罗斯和哈萨克斯坦（表 28、表 29）。

表 28　2022 年中国食用植物油产品主要出口市场

单位：万吨、亿美元、%

产　品	出口市场	出口量	同比增长	出口额	同比增长
豆　油	全　球	10.7	51.1	1.7	86.8
	中国香港	3.4	33.6	0.5	55.9
	朝　　鲜	3.1	491.3	0.5	621.9
	马来西亚	2.7	62.7	0.5	126.6
玉米油	全　球	1.9	101.5	0.4	139.8
	中国香港	0.5	−4.2	0.1	13.1
	阿 联 酋	0.5	—	0.1	—
	阿　　曼	0.3	—	0.1	—
棕榈油	全　球	1.7	8.3	0.2	40.1
	朝　　鲜	1.0	65.1	0.1	155.7
	中国香港	0.5	−3.5	0.1	21.6
	蒙 古 国	0.1	−67.3	0.0	−54.5
花生油	全　球	1.1	7.2	0.3	4.0
	中国香港	0.9	7.8	0.2	4.3
	马来西亚	0.1	−5.2	0.0	−7.4

表 29　2022 年中国食用植物油产品主要进口来源地

单位：万吨、亿美元、%

产　品	进口来源地	进口量	同比增长	进口额	同比增长
棕榈油	全　球	494.4	−22.5	58.4	−1.7
	印度尼西亚	335.1	−28.7	39.6	−8.4
	马 来 西 亚	158.9	−4.7	18.8	16.4
菜籽油	全　球	106.1	−50.7	16.5	−31.0
	俄　罗　斯	54.5	60.7	8.4	107.5
	加　拿　大	22.7	−75.1	3.8	−61.6
	阿　联　酋	18.5	−49.4	2.8	−25.1
葵花油和红花油	全　球	60.5	−52.8	8.6	−36.1
	乌　克　兰	31.9	−64.0	4.3	−54.0
	俄　罗　斯	21.7	−40.4	3.3	−12.1
	哈萨克斯坦	6.4	503.2	0.9	645.8

（三）价格变动

2022 年，中国食用植物油出口均价为每吨 1 878 美元，同比上涨 14.4%；进口均价为每吨 1 314.3 美元，上涨 28.5%。除花生油外，各类食用植物油进出口均价均有所上涨（表 30）。

表 30　2022 年中国主要食用植物油产品进出口价格

单位：美元/吨、%

产　品	出口均价	同比上涨	进口均价	同比上涨
食用植物油	1 878	14.4	1 314	28.5
棕榈油	1 352	29.4	1 182	26.7
菜籽油	2 514	34.2	1 559	39.9
葵花油和红花油	2 561	19.8	1 424	35.5
豆　油	1 627	23.6	1 393	47.3
花生油	2 493	−3.0	1 911	−2.3
玉米油	2 130	19.0	2 201	13.9

（四）政策变化

印度尼西亚棕榈油出口政策调整频繁。2022 年上半年，为保障国内供应，印度尼西亚收紧棕榈油出口。1 月颁布国内市场义务（DMO）政策，出口配额系数 1∶5（即要求棕榈油出口商在国内销售其总出口量的 20%），3 月调整为 1∶3，随后取消 DMO 政策。4 月起禁止棕榈油产品出口，5 月解除出口禁令，重新实施 1∶3 的 DMO 政策。下半年，继续实行 DMO 政策，经多次调整，出口配额有所增加。

乌克兰危机影响下乌克兰葵花油出口受阻。乌克兰危机爆发以来，乌克兰葵花籽种植面积减少，部分压榨工厂遭到破坏，多个港口关闭，导致乌克兰葵花油出口下降。

食　糖

2022 年，中国食糖进口量减额增，出口量额双增。全年进口量 527.5 万吨，同比下降 6.9%；进口额 25.6 亿美元，增长 12.4%。出口量 18 万吨，增长 47.8%；出口额 1.1 亿美元，增长 65.1%。

（一）产品结构

主要进口产品是原糖和砂糖。其中，原糖进口量 463.9 万吨，同比下降 6.6%，占食糖进口量的 87.9%。砂糖进口量 62.3 万吨，下降 8.7%，占食糖进口量的 11.8%。

主要出口产品是砂糖、未列名精制糖和绵白糖，出口量分别为 13.1 万吨、3.1 万吨和 1.5 万吨，同比分别增长 66.6%、7%

和 35.7%，分别占食糖出口量的 72.8%、17.2%和 8.3%（表 31）。

表 31　2022 年中国食糖贸易情况

单位：万吨、亿美元、%

产　品	进口量	出口量	净进口量	净进口量同比增长	进口额	出口额	净进口额	净进口额同比增长
食　糖	527.5	18.0	509.5	−8.1	25.6	1.1	24.5	10.7
原　糖	463.9	0.3	463.6	−6.6	22.1	0.0	22.1	13.9
砂　糖	62.3	13.1	49.2	−18.5	3.4	0.7	2.7	−8.3
绵白糖	1.2	1.5	−0.3	−190.6	0.1	0.1	−0.0	−190.2
未列名精制糖	0.0	3.1	−3.1	6.9	0.0	0.3	−0.3	17.0

（二）贸易区域

进口来源地。前五大进口来源地依次为巴西、印度、泰国、韩国和萨尔瓦多。其中，自巴西进口 418 万吨，占食糖进口量的 79.2%。自印度、泰国和萨尔瓦多进口量同比分别增加 1.6 倍、1.6 倍和 49.8%，自巴西和韩国进口量分别下降 10.8%和 7%（表 32）。

出口市场。前五大出口市场依次为蒙古国、朝鲜、中国香港、哈萨克斯坦和美国，出口量分别为 6 万吨、5.7 万吨、2.3 万吨、1.2 万吨和 0.6 万吨。对哈萨克斯坦出口从无到有，对蒙古国、朝鲜和美国出口量同比分别增长 2.6%、4 倍和 37.1%，对中国香港出口量下降 10.1%。

表 32　2022 年中国食糖主要进口来源地

单位：万吨、亿美元、%

进口来源地	进口量	同比增长	占总进口量的比重	进口额	同比增长	占总进口额的比重
巴　西	418.0	−10.8	79.2	19.8	8.9	77.3
印　度	27.5	157.0	5.2	1.3	213.2	5.2
泰　国	26.8	160.9	5.1	1.4	171.6	5.6
韩　国	15.1	−7.0	2.9	1.0	3.3	3.7
萨尔瓦多	13.5	49.8	2.6	0.7	74.7	2.8

（三）价格变动

食糖全年进口均价为每吨 486 美元，同比上涨 20.7%。从月度看，7 月最低，每吨 470 美元；6 月最高，每吨 507 美元。食糖全年出口均价为每吨 631 美元，上涨 11.7%。从月度看，4 月最低，每吨 554 美元；1 月最高，每吨 731 美元（图 13）。

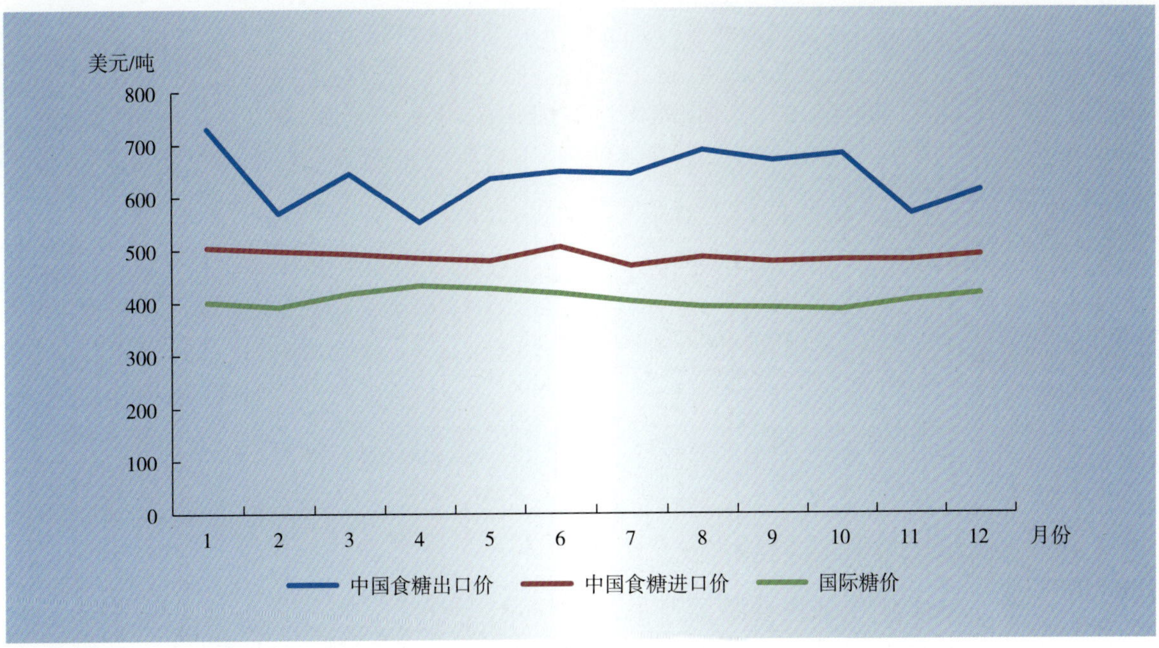

图 13　2022 年中国食糖月度进出口价格与世界食糖价格比较

数据来源：中国进出口食糖价格来源于中国海关，国际食糖价格来源于国际糖理事会（ISO）。

蔬　菜

2022 年，中国蔬菜贸易额 181.8 亿美元，顺差 162.6 亿美元，为第一大顺差农产品。出口额 172.2 亿美元，同比增长 9.2%，占农产品总出口额的 17.5%；进口额 9.6 亿美元，下降 19.3%。

（一）产品结构

蔬菜是中国第二大出口农产品，前 10 大出口品种为蘑菇、大蒜、番茄、辣椒、洋葱、菠菜、胡萝卜及芜菁、马铃薯、木耳和生姜，合计占蔬菜出口额的 59%（表 33）；进口蔬菜主要是辣椒、马铃薯、胡椒、豌豆、番茄、黄瓜、甜玉米和蔬菜种子，合计占蔬菜进口额的 94%（表 34）。

表 33　2022 年中国主要蔬菜产品出口情况

单位：亿美元、%

产　品	出　口			顺　差	
	出口额	同比增长	占蔬菜出口比重	金　额	占顺差的比重
蔬　菜	172.2	9.2	100.0	162.6	100.0
蘑　菇	27.7	14.2	16.1	27.7	17.0
大　蒜	24.6	−7.5	14.3	24.6	15.1

（续）

产　品	出　口			顺　差	
	出口额	同比增长	占蔬菜出口比重	金　额	占顺差的比重
番　茄	12.7	14.9	7.4	12.5	7.7
辣　椒	8.5	21.7	4.9	4.6	2.8
洋　葱	6.1	30.1	3.5	6.1	3.7
菠　菜	5.4	37.6	3.1	5.4	3.3
胡萝卜及芜菁	5.0	21.7	2.9	5.0	3.1
马铃薯	4.2	37.2	2.4	3.5	2.2
木　耳	4.0	14.8	2.3	4.0	2.4
生　姜	3.5	−38.9	2.0	3.5	2.1

表 34　2022 年中国主要蔬菜产品进口情况

单位：亿美元、%

产　品	进口额	同比增长	占蔬菜进口比重
蔬　菜	9.6	−19.3	100.0
辣　椒	3.9	−31.1	40.7
马铃薯	0.7	−32.4	7.2
胡　椒	0.4	−22.0	4.4
豌　豆	0.3	−15.4	2.8
番　茄	0.2	−21.7	2.4
黄　瓜	0.2	99.9	1.9
甜玉米	0.2	−33.3	1.6
蔬菜种子	3.2	5.5	33.1

蘑菇。蘑菇超过大蒜成为第一大蔬菜出口产品，出口额 27.7 亿美元，同比增长 14.2%，占蔬菜出口额的 16.1%。其中，主要出口产品为蘑菇罐头和干蘑菇。蘑菇罐头出口量 33.1 万吨，增长 23.9%；出口额 17.9 亿美元，增长 52.5%。干蘑菇出口量 3.6 万吨，下降 35.7%；出口额 6.3 亿美元，下降 33.2%。

大蒜。出口额 24.6 亿美元，同比下降 7.5%，占蔬菜出口额的 14.3%。其中，主要出口产品为鲜大蒜和干大蒜。鲜大蒜出口量 204.3 万吨，增长 6.6%；出口额 18.1 亿美元，下降 11.6%。干大蒜出口量 21.9 万吨，下降 4.7%；出口额 6 亿美元，增长 0.6%。

番茄。出口额 12.7 亿美元，同比增长 14.9%，占蔬菜出口额的 7.4%；进口额 2 287.1 万美元，下降 21.7%。其中，主要出口产品为番茄酱罐头，出口量94.9万吨，增长24%；出口额9亿美元，增长46.2%。

辣椒。出口额8.5亿美元，同比增长21.7%，占蔬菜出口额的4.9%；进口额3.9亿美元，下降31.1%，占蔬菜进口额的40.7%。其中，主要进出口产品为干辣椒。出口量24.8万吨，增长6.3%；出口额7.1亿美元，增长14.9%。进口量13.5万吨，下降39.4%；进口额3.5亿美元，下降32.1%。

洋葱。出口额6.1亿美元，同比增长30.1%，占蔬菜出口额的3.5%。其中，主要出口产品为鲜洋葱，出口量81.6万吨，增长26.4%；出口额5.4亿美元，增长31.8%。

马铃薯。出口额4.2亿美元，同比增长37.2%，占蔬菜出口额的2.4%；进口额6 966.1万美元，下降32.4%，占蔬菜进口额的7.2%。其中，主要出口产品为马铃薯鲜薯，出口量47.1万吨，增长16.2%；出口额2.7亿美元，增长18%。主要进口产品为加工马铃薯，进口量4万吨，下降47%；进口额6 966.1万美元，下降32.4%。

胡椒。进口量0.9万吨，同比下降35.6%；进口额4 233.6万美元，下降22%，占蔬菜进口额的4.4%。

蔬菜种子。进口量1.7万吨，同比下降28.6%；进口额3.2亿美元，增长5.5%，占蔬菜进口额的33.1%。

（二）贸易区域

出口市场。前五大出口市场依次为中国香港、日本、越南、韩国和马来西亚，合计出口额95.8亿美元，占蔬菜出口额的55.6%。2022年蔬菜出口平稳回升，除对越南出口额略有下降外，对其他主要出口市场的出口额均增加。

进口来源地。前五大进口来源地依次为印度、美国、智利、泰国和缅甸，合计进口额6.1亿美元，占蔬菜进口额的64.1%。其中，自印度、美国和泰国的进口额降幅较大，自智利和缅甸的进口额大幅增长，特别是缅甸，增加5.9倍，跻身中国蔬菜第五大进口来源地（表35）。

表35　2022年中国蔬菜主要出口市场和进口来源地

单位：亿美元、%

出口市场	出口额	同比增长	占蔬菜出口额比重	进口来源地	进口额	同比增长	占蔬菜进口额比重
中国香港	29.6	18.3	17.2	印　度	3.5	−31.5	36.0
日　本	24.4	8.8	14.2	美　国	1.0	−18.9	10.8
越　南	17.2	−3.3	10.0	智　利	0.6	28.1	6.5
韩　国	12.5	10.1	7.2	泰　国	0.6	−36.1	6.4
马来西亚	12.1	14.8	7.0	缅　甸	0.4	592.2	4.4

（三）价格变动

中国蔬菜主要出口产品中，价格涨幅最大的为鲜辣椒、腌大蒜和蘑菇罐头，同比分别上涨 35.9%、34.1%和 23.1%。主要进口产品中，价格涨幅最大的为胡椒、鲜辣椒和干辣椒，分别上涨 21%、11.6%和 11.9%（表 36）。

表 36　2022 年中国主要蔬菜产品进出口价格

单位：美元/吨、%

产　品	出　口		进　口	
	平均价格	同比上涨	平均价格	同比上涨
大　蒜				
鲜大蒜	885	−17.1		
干大蒜	2 720	5.6		
腌大蒜	2 266	34.1		
蘑　菇				
干蘑菇	17 358	4.0	—	—
蘑菇罐头	5 415	23.1		
鲜蘑菇	2 112	2.3	—	—
番　茄				
鲜番茄	1 315	−7.4	—	—
番茄沙司	973	11.2	1 797	3.0
生　姜	839	−33.1		
辣　椒				
干辣椒	2 838	8.1	2 573	11.9
鲜辣椒	1 268	35.9	1 735	11.6
洋　葱				
鲜洋葱	663	4.2		
干洋葱	2 806	−3.2		
胡　椒	5 611	−5.3	4 818	21.0

水　果

2022 年，中国水果出口量 466 万吨，同比下降 5.2%，出口额 69.2 亿美元，下降 7.9%；进口量 793.2 万吨，下降 5.6%，进口额 156.9 亿美元，增长 7.9%。逆差 87.7 亿美元，扩大 24.8%。

（一）产品结构

出口产品中，苹果产品出口下降，出口

额15.1亿美元，同比下降18.8%。其中，鲜苹果出口量82.3万吨，下降23.7%，出口额10.4亿美元，下降27.3%；苹果汁出口量40万吨，下降4.7%，出口额4.6亿美元，增长8.1%。柑橘产品出口总体下降，出口额14.3亿美元，下降13.9%。其中，鲜柑橘出口量87.6万吨，下降4.5%，出口额10.4亿美元，下降22.5%；柑橘罐头出口量27.5万吨，增长5.1%，出口额3.8亿美元，增长23.2%。葡萄产品出口额7.6亿美元，下降5%，主要是鲜葡萄。梨产品出口额5.9亿美元，其中鲜梨出口额5亿美元，下降18.2%。桃产品出口增长迅速，出口额3.1亿美元，增长28.5%，其中桃罐头出口额2.2亿美元，增长32.6%（表37）。

表37　2022年中国主要水果产品出口情况

单位：亿美元、万吨、%

产　品	出口额	同比增长	出口量	同比增长
苹　果	15.1	−18.8	—	—
鲜苹果	10.4	−27.3	82.3	−23.7
苹果汁	4.6	8.1	40.0	−4.7
柑　橘	14.3	−13.9	—	—
鲜柑橘	10.4	−22.5	87.6	−4.5
柑橘罐头	3.8	23.2	27.5	5.1
葡　萄	7.6	−5.0	—	—
鲜葡萄	7.3	−4.0	37.7	7.6
梨	5.9	−14.5	—	—
鲜　梨	5.0	−18.2	44.4	−13.0
桃	3.1	28.5	—	—
桃罐头	2.2	32.6	16.4	19.5
鲜　桃	0.9	37.5	6.3	41.7
柿　子	1.1	−0.1	—	—
鲜柿子	1.0	−0.6	9.0	27.5
草　莓	1.3	−2.0	5.5	−9.8
甜　瓜	1.3	33.1	9.5	38.0
枣	0.8	−10.1	3.0	−1.5

中国前十大进口水果产品均为鲜冷冻水果，其中榴莲进口量稳额减，进口量 82.5 万吨，同比增长 0.4%；进口额 40.3 亿美元，下降 4%。樱桃和椰子进口量额均增长迅猛，其中，樱桃进口量 36.7 万吨，增长 17%，进口额 27.7 亿美元，增长 39.7%；椰子进口量 107.1 万吨，增长 22.8%，进口额 5.7 亿美元，增长 26.4%。香蕉进口量减额增，进口量 181.1 万吨，下降 2.8%，进口额 11.6 亿美元，增长 11.9%；山竹果、龙眼、葡萄、火龙果、猕猴桃和柑橘均量额双减（表 38）。

表 38　2022 年中国主要水果产品进口情况

单位：亿美元、万吨、%

产　品	进口额	同比增长	进口量	同比增长
榴　莲	40.3	−4.0	82.5	0.4
樱　桃	27.7	39.7	36.7	17.0
香　蕉	11.6	11.9	181.1	−2.8
山竹果	6.3	−18.1	20.9	−16.1
椰　子	5.7	26.4	107.1	22.8
龙　眼	5.3	−24.4	38.3	−18.4
葡　萄	5.3	−1.0	18.1	−7.2
火龙果	5.1	−2.8	56.8	−3.3
猕猴桃	4.9	−10.6	11.8	−8.0
柑　橘	4.6	−14.2	38.3	−15.5

（二）贸易区域

出口市场。按出口额排序，前十大出口市场依次为越南、美国、泰国、印度尼西亚、日本、中国香港、菲律宾、马来西亚、俄罗斯和孟加拉国。美国超越泰国成为中国水果第二大出口市场。对前十大出口市场出口额合计 54.9 亿美元，占水果出口额的 79.3%；出口量合计 365.2 万吨，占水果出口量的 78.3%。其中，对美国和俄罗斯出口量额双增；对日本量减额增；对其他主要出口市场出口量额双减，降幅较大的有越南、菲律宾和孟加拉国。

进口来源地。按进口额排序，前十大进口来源地依次为泰国、智利、越南、菲律宾、新西兰、秘鲁、柬埔寨、印度尼西亚、南非和美国。柬埔寨取代澳大利亚跻身中国水果前十大进口市场。自前十大进口来源地进口额合计 142.4 亿美元，占水果进口额的 90.8%；进口量合计 697.7 万吨，占水果进口量的 88%。其中，自智利、越南、秘鲁、柬埔寨和南非的进口量额双增；自泰国、新西兰进口量增额减；自菲律宾、印度尼西亚进口量减额稳；自美国进口量额双减（表 39）。

表 39　2022 年中国水果主要出口市场和进口来源地

单位：亿美元、万吨、%

出口市场					进口来源地				
国家（地区）	出口额	同比增长	出口量	同比增长	国家（地区）	进口额	同比增长	进口量	同比增长
越　南	12.3	−19.9	90.7	−0.4	泰　国	64.0	−3.0	226.1	4.9
美　国	8.2	23.3	49.1	14.1	智　利	33.8	40.7	63.8	21.9
泰　国	7.9	−7.5	44.8	−5.2	越　南	14.2	39.3	165.9	22.2
印度尼西亚	5.9	−8.0	49.9	−5.3	菲律宾	7.5	0.1	98.3	−11.9
日　本	5.7	8.3	26.5	−0.6	新西兰	6.3	−3.4	16.6	1.9
中国香港	4.4	−0.7	25.0	−5.6	秘　鲁	5.7	37.9	13.9	15.6
菲律宾	3.2	−38.7	24.7	−30.2	柬埔寨	3.1	30.1	38.7	1.9
马来西亚	2.8	−12.8	19.2	−4.2	印度尼西亚	2.8	2.4	41.8	−8.2
俄罗斯	2.7	36.1	19.3	35.0	南　非	2.7	3.1	25.0	2.4
孟加拉国	1.8	−36.8	15.9	−33.8	美　国	2.3	−8.2	7.5	−14.9

（三）价格变动

2022 年中国水果主要出口产品中，鲜苹果、鲜柑橘、鲜葡萄、鲜梨、鲜柿子和鲜桃出口均价下跌，苹果汁、柑橘罐头、桃罐头和鲜草莓出口均价上涨；主要进口产品中，榴莲、山竹果、龙眼和猕猴桃进口均价下跌，其余产品进口均价上涨（表 40）。

表 40　2022 年中国水果产品平均进出口价格

单位：美元/吨、%

出　口			进　口		
出口产品	平均价格	同比上涨	进口产品	平均价格	同比上涨
鲜苹果	1 264	−4.7	榴　莲	4 892	−4.4
鲜柑橘	1 182	−18.8	鲜樱桃	7 537	19.4
鲜葡萄	1 926	−10.8	香　蕉	642	15.2
鲜　梨	1 116	−6.0	山竹果	3 011	−2.4
苹果汁	1 158	13.5	椰　子	534	2.9
柑橘罐头	1 370	17.1	鲜龙眼	1 395	−7.3
桃罐头	1 354	10.9	鲜葡萄	2 935	6.7
鲜柿子	1 066	−22.1	火龙果	901	0.5
鲜　桃	1 408	−2.8	猕猴桃	4 179	−2.8
鲜草莓	1 891	8.6	鲜柑橘	1 191	1.6

坚　果

2022年，中国坚果贸易量额双降。其中，出口量42.2万吨，出口额17.6亿美元，同比分别下降7.5%和0.7%；进口量48.7万吨，进口额26.8亿美元，分别下降5.6%和8.7%。逆差9.2亿美元，缩小20.9%。

（一）产品结构

坚果出口产品主要是核桃、瓜子和栗子。其中，核桃出口量额双降，同比分别下降16.4%和16.3%；瓜子出口量下降4.3%，出口额增长3.3%；栗子出口量额双增，分别增长8.1%和9.7%。进口产品以扁桃核及仁、开心果和腰果为主。其中，扁桃核及仁进口量额双增，分别增长5.3%和5%；开心果进口量额双降，分别下降65.5%和64.8%；腰果进口量额双增，分别增长16.6%和29.3%（表41）。

表41　2022年中国主要坚果产品贸易情况

单位：万吨、亿美元、%

出口					进口				
产品	出口量	同比增长	出口额	同比增长	产品	进口量	同比增长	进口额	同比增长
核桃	12.9	−16.4	3.9	−16.3	扁桃核及仁	12.0	5.3	5.0	5.0
瓜子	10.7	−4.3	3.9	3.3	开心果	4.4	−65.5	3.0	−64.8
栗子	5.1	8.1	1.3	9.7	腰果	5.2	16.6	2.6	29.3

（二）贸易区域

出口市场。按出口额排序，前五大出口市场依次为美国、日本、德国、阿联酋和越南，出口额合计7.2亿美元，占坚果出口额的40.9%；出口量合计15.7万吨，占坚果出口量的37.2%。与上年相比，阿联酋取代哈萨克斯坦进入前五大出口市场。

进口来源地。按进口额排序，前五大进口来源地依次为美国、越南、澳大利亚、南非和俄罗斯，进口额合计20.7亿美元，占坚果进口额的77.2%；进口量合计36.9万吨，占坚果进口量的75.7%。与上年相比，南非、俄罗斯取代伊朗、蒙古国成为前五大进口来源地，越南从第三大进口来源地升至第二大进口来源地，澳大利亚从第四大进口来源地升至第三大进口来源地（表42）。

表 42　2022 年中国坚果主要出口市场和进口来源地

单位：亿美元、万吨、%

出口市场					进口来源地				
国家（地区）	出口额	同比增长	出口量	同比增长	国家（地区）	进口额	同比增长	进口量	同比增长
美　国	2.0	3.1	2.8	−11.8	美　国	8.2	−21.6	15.6	−17.9
日　本	1.4	−7.4	2.9	−7.1	越　南	4.4	27.2	6.2	32.5
德　国	1.3	−4.1	1.2	−25.4	澳大利亚	3.9	26.9	7.9	32.7
阿联酋	1.3	53.5	5.0	59.1	南　非	2.4	54.6	5.0	51.8
越　南	1.2	26.2	3.8	32.9	俄罗斯	1.8	144.1	2.2	84.6

（三）价格变动

2022 年坚果出口均价同比上涨 7.4%，主要出口产品核桃、瓜子和栗子分别上涨 0.2%、7.9% 和 1.5%。进口均价下跌 3.2%，主要进口产品扁桃核及仁和腰果分别下跌 0.3% 和 6.8%；开心果上涨 2.1%（表 43）。

表 43　2022 年中国主要坚果平均进出口价格

单位：美元/吨、%

出口产品	出口		进口产品	进口	
	平均价格	同比上涨		平均价格	同比上涨
坚　果	4 179	7.4	坚　果	5 507	−3.2
核　桃	3 030	0.2	扁桃核及仁	4 127	−0.3
瓜　子	3 605	7.9	开心果	6 796	2.1
栗　子	2 624	1.5	腰　果	5 040	−6.8

（四）政策变化

RCEP 生效促进成员国坚果贸易发展。2022 年 1 月 1 日，RCEP 正式生效，协定成员国对包括坚果产品在内的大部分农产品实施关税减让，区域间贸易自由化便利化水平显著提升，成员国之间坚果贸易快速发展。

中阿双边海关合作措施促进双边坚果贸易发展。根据海关总署公告 2022 年第 16 号，中国与阿联酋双方海关签署的《中华人民共和国海关总署和阿拉伯联合酋长国联邦海关署关于中国海关企业信用管理制度与阿联酋海关“经认证的经营者”（AEO）制度互认的安排》自 2022 年 2 月 14 日起正式实施。中阿双方海关在进口货物通关时，将相互给予对方AEO企业通关便利措施。

进口暂定税率政策促进坚果产品进口增加。根据国务院关税税则委员会发布的税委会公告〔2021〕18号文件，自2022年1月1日起，扁桃核及仁、腰果等在内的大部分坚果实行2022年进口暂定税率，此税率显著低于最惠国税率。其中，扁桃核及仁（HS08021100）进口暂定税率10%，低于24%的最惠国税率；腰果（HS08013100；HS08013200）进口暂定税率7%，低于20%和10%的最惠国税率。

茶 叶

2022年中国茶叶出口量增额减，顺差缩小。茶叶出口量38.9万吨，同比增长1.5%；出口额22.7亿美元，下降10.3%。进口量4.3万吨，下降12%；进口额1.5亿美元，下降22.7%。顺差21.2亿美元，缩小2.2亿美元，下降9.4%。

（一）产品结构

出口以绿茶为主，出口量占比80.6%。绿茶出口量稳额减，出口量31.4万吨，同比增长0.5%，出口额13.9亿美元，下降6.3%。红茶、乌龙茶和花茶出口量增额减，其中，红茶出口量增长12.3%，出口额下降17.9%。普洱茶出口量额分别下降11.9%和42%（表44）。

表44 2022年中国主要茶叶产品出口情况

单位：吨、万美元、%

产 品	出口量	同比增长	出口额	同比增长	占茶叶出口比重	
					出口量	出口额
茶 叶	389 362.1	1.5	226 858.8	−10.3		
绿 茶	313 895.5	0.5	139 403.0	−6.3	80.6	61.4
红 茶	33 239.3	12.3	34 077.3	−17.9	8.5	15.0
乌龙茶	19 346.4	1.1	25 839.9	−8.3	5.0	11.4
花 茶	6 507.0	11.5	5 630.6	−2.5	1.7	2.5
普洱茶	1 916.3	−11.9	3 045.2	−42.0	0.5	1.3

进口以红茶为主，进口量占比69.7%。红茶进口量额同减，进口量3万吨，同比下降22.6%，进口额1.1亿美元，下降22.8%。绿茶进口量额同增，进口量增长93.5%，进口量所占比重增加10.6个百分点；进口额增长20.5%，所占比重增加3.1个百分点（表45）。

表 45　2022 年中国主要茶叶产品进口情况

单位：吨、万美元、%

产　品	进口量	同比增长	进口额	同比增长	占茶叶进口比重	
					进口量	进口额
茶　叶	43 166.1	−12.0	15 422.6	−22.7		
红　茶	30 103.0	−22.6	10 727.1	−22.8	69.7	69.6
绿　茶	8 391.7	93.5	1 332.3	20.5	19.4	8.6
乌龙茶	2 585.8	−20.7	2 297.3	−26.6	6.0	14.9

（二）贸易区域

出口市场。按出口额排序，前五大出口市场依次为中国香港、马来西亚、摩洛哥、越南和加纳，出口额合计 12.1 亿美元，占出口总额的 53.3%。对前五大市场出口额均超过 1 亿美元，对中国香港和越南出口额分别下降 36.6%和 29.2%，对马来西亚、摩洛哥和加纳出口额保持增长（表 46）。

按出口量排序，2022 年茶叶前五大出口市场依次为摩洛哥、乌兹别克斯坦、加纳、俄罗斯和塞内加尔，合计出口 16.2 万吨，占茶叶出口量的 41.6%，对前五大市场出口集中度同比下降 0.7 个百分点。出口量在 1 万吨以上的市场共 13 个，其中 6 个是非洲国家。对前五大市场出口量除乌兹别克斯坦外均保持增长，其中，对摩洛哥、加纳、俄罗斯和塞内加尔出口分别增长 1.1%、7.4%、8.7%和 5%，对乌兹别克斯坦出口下降 13%。

表 46　2022 年中国茶叶主要出口市场

单位：吨、万美元、%

出口市场	出口额	同比增长	出口量	同比增长	占茶叶出口比重	
					出口额	出口量
中国香港	44 370.6	−36.6	13 414.4	−24.0	19.6	3.4
马来西亚	30 349.0	11.6	10 104.5	26.8	13.4	2.6
摩 洛 哥	23 949.8	4.9	75 439.9	1.1	10.6	19.4
越　　南	11 788.2	−29.2	5 818.6	−4.3	5.2	1.5
加　　纳	10 477.3	1.4	24 510.5	7.4	4.6	6.3

进口来源地。按进口额排序，前五大进口来源地依次为斯里兰卡、中国台湾、印度、布隆迪和越南，合计进口 1.1 亿美元，占 73.3%。按进口量排序，2022 年中国茶

叶前五大进口来源地依次为斯里兰卡、缅甸、印度、印度尼西亚和越南，合计进口3.1万吨，占茶叶进口量的71.8%。进口量超过1 000吨的来源地有10个。自布隆迪进口量额分别增长36%和48.7%，自斯里兰卡、中国台湾、印度和越南进口量额同降（表47）。

表47　2022年中国茶叶主要进口来源地

单位：吨、万美元、%

进口来源地	进口额	同比增长	进口量	同比增长	占茶叶进口比重	
					进口额	进口量
斯里兰卡	5 986.2	−22.8	11 689.4	−24.3	38.8	27.1
中国台湾	2 097.5	−37.6	1 310.1	−43.3	13.6	3.0
印　　度	1 410.5	−34.4	5 716.9	−27.8	9.1	13.2
布 隆 迪	723.2	48.7	2 572.1	36.0	4.7	6.0
越　　南	698.2	−30.9	3 248.4	−41.1	4.5	7.5

（三）价格变动

国际市场价格整体高于上年。全年国际茶叶拍卖价格平均每吨3 051美元，同比上涨13.5%。从全年看，1—12月价格均高于上年同期水平，每吨比上年高出362美元。分月度来看，7—9月价差较大，每吨价差在600美元以上。10—12月价差逐步收窄，12月价差收至每吨130美元（图14）。

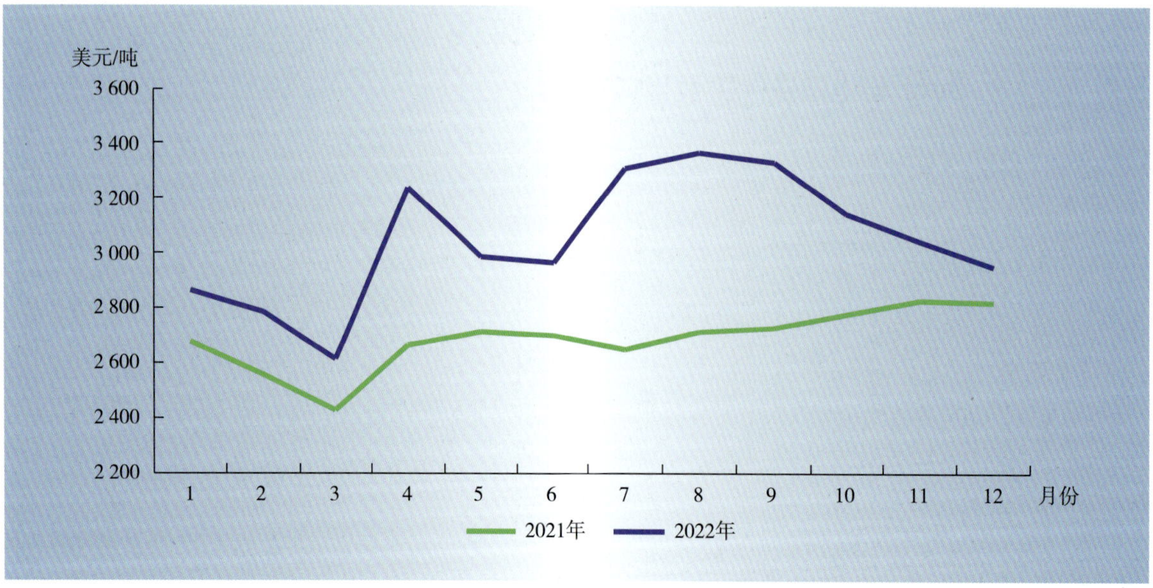

图14　2021—2022年国际市场茶叶拍卖价格比较

数据来源：世界银行商品价格数据库。

中国茶叶出口价格和进口价格均下跌。2022年茶叶出口价格每吨5 826美元，同比下跌11.7%。其中，绿茶和红茶分别下跌6.8%和26.9%，乌龙茶、花茶和普洱茶分别下跌9.2%、12.6%和30.1%。茶叶进口价格每吨3 573美元，下跌12.2%。其中，绿茶进口价格下跌37.7%，红茶进口价格略跌0.2%，乌龙茶进口价格下跌7.5%（表48）。

表48　2021—2022年中国茶叶产品进出口价格比较

单位：美元/吨、%

产　品	出口价格			进口价格		
	2021年	2022年	同比上涨	2021年	2022年	同比上涨
茶　叶	6 595	5 826	−11.7	4 068	3 573	−12.2
绿　茶	4 764	4 441	−6.8	2 550	1 588	−37.7
红　茶	14 024	10 252	−26.9	3 572	3 563	−0.2
乌龙茶	14 714	13 356	9.2	9 602	8 884	−7.5
花　茶	9 900	8 653	−12.6	13 638	26 197	92.1
普洱茶	22 723	15 891	−30.1	32 542	6 080	−81.3

从月度价格变化来看，2022年全年中国茶叶出口价格均高于国际市场拍卖价，进口价格除6月、7月和9月外，均高于国际市场拍卖价。1—12月出口价格整体较为平稳，进口价格相对波动较大。从全年月度均价看，茶叶出口价比进口价高63%（图15）。

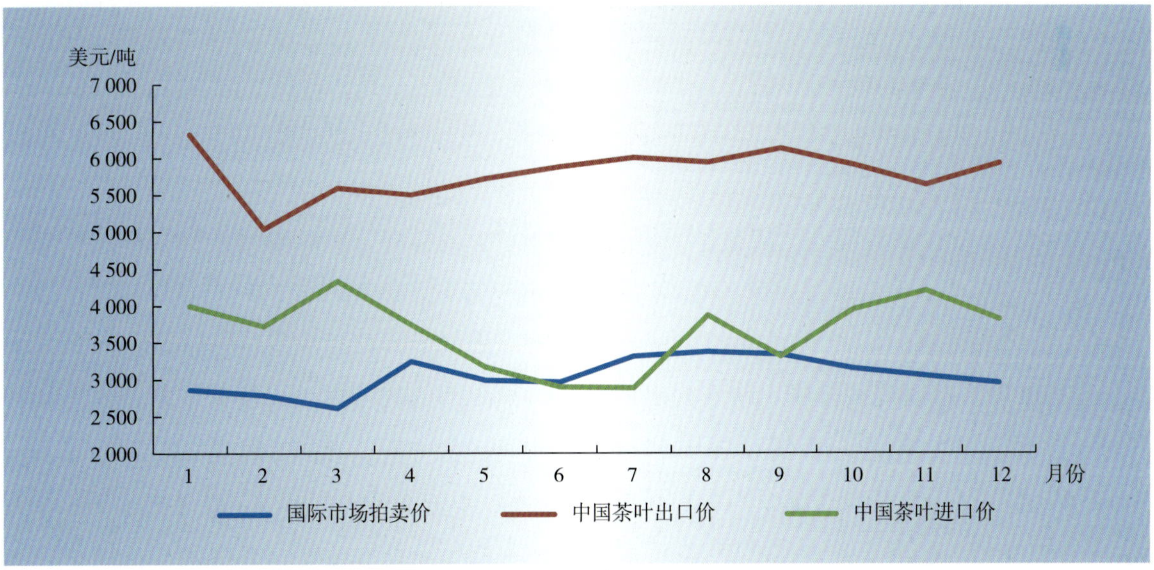

图15　2022年中国茶叶进出口价格与国际市场茶叶拍卖价格比较

数据来源：国际市场拍卖价数据源于世界银行商品价格数据库，中国茶叶进出口价格根据中国海关数据计算。

花 卉

2022年，花卉贸易额7.2亿美元。其中，出口额4.9亿美元，同比增长4.7%；进口额2.3亿美元，下降0.9%。

（一）产品结构

主要贸易产品有装饰用花、苗木及接穗和种球三类。出口方面，装饰用花出口额2.4亿美元，同比增长10.8%；苗木及接穗出口额2.4亿美元，下降0.6%；种球出口额249.1万美元，下降17.9%。进口方面，种球进口额1.4亿美元，增长18.6%；装饰用花进口额5 965.1万美元，下降17%；苗木及接穗进口额3 576.2万美元，下降24.9%。

装饰用花。主要出口产品菊花、康乃馨和兰花出口额同比分别下降3.1%、2.4%和9.3%；玫瑰出口额增长19.8%。主要进口产品兰花、玫瑰、菊花和康乃馨量进口额均大幅下降，分别下降21.1%、26.6%、39.8%和56%。

苗木及接穗。主要出口产品兰花出口额增长20.3%。主要进口产品是杜鹃，进口额下降23.5%（表49）。

表49 2022年中国主要花卉产品贸易情况

单位：万美元、%

产 品	出口额	同比增长	产 品	进口额	同比增长
装饰用花	24 466.3	10.8	装饰用花	5 965.1	−17.0
菊 花	3 681.4	−3.1	兰 花	1 482.6	−21.1
康乃馨	2 831.1	−2.4	玫 瑰	443.9	−26.6
玫 瑰	1 690.1	19.8	菊 花	121.5	−39.8
兰 花	80.2	−9.3	康乃馨	16.1	−56.0
苗木及接穗	24 215.3	−0.6	苗木及接穗	3 576.2	−24.9
兰 花	3 094.3	20.3	杜 鹃	571.0	−23.5
康乃馨	107.1	−2.6	兰 花	19.5	5.6
杜 鹃	70.3	−51.5	玫 瑰	15.5	67.2
种 球	249.1	−17.9	种 球	13 941.5	18.6

（二）贸易区域

出口市场。按出口额排序，前五大出口市场依次为日本、越南、美国、韩国和荷兰，出口额分别为1亿美元、6 371.3万美元、5 147.8万美元、5 031.8万美元和4 757.9万美元，合计3.2亿美元，占花卉出口额的65.3%。

进口来源地。按进口额排序，前五大进口来源地依次为荷兰、日本、泰国、智利和新西兰，进口额分别为1.4亿美元、2 495.1万美元、1 489.9万美元、765.3万美元和764.7万美元，合计1.9亿美元，占花卉进口额的82.6%。

表 50 2022 年中国花卉前五大出口市场和进口来源地情况

单位：万美元、%

出口市场	出口额	同比增长	进口来源地	进口额	同比增长
日　本	10 422.1	0.1	荷　兰	13 578.3	15.8
越　南	6 371.3	166.2	日　本	2 495.1	−22.4
美　国	5 147.8	6.6	泰　国	1 489.9	−15.5
韩　国	5 031.8	−7.1	智　利	765.3	−1.6
荷　兰	4 757.9	−25.9	新西兰	764.7	−20.4

（三）价格变动

主要出口产品中，装饰用花出口均价每吨下跌 14%，苗木及接穗出口均价上涨 10.6%。装饰用花中，兰花、玫瑰、菊花和康乃馨出口均价分别下跌 15.4%、25.3%、15%和 37.3%。苗木及接穗中，兰花和玫瑰出口均价分别上涨 14.8%和 1.4%，杜鹃和康乃馨分别下跌 41.3%和 6.4%。

主要进口产品中，装饰用花进口均价上涨 4.9%，苗木及接穗进口均价上涨 1.2%。装饰用花中，兰花、玫瑰和菊花进口均价分别上涨 2.9%、22%和 7.7%，康乃馨下跌 6.2%。苗木及接穗中，兰花、玫瑰和康乃馨进口均价分别上涨 39.5%、1.1 倍和 2.9 倍，杜鹃进口均价下跌 49.8%（表 51）。

表 51 2022 年中国主要花卉产品进出口价格

单位：美元/吨、美元/千株、美元/千个、%

出　口			进　口		
产　品	出口均价	同比上涨	产　品	进口均价	同比上涨
装饰用花	3 851	−14.0	装饰用花	6 957	4.9
兰　花	21 666	−15.4	兰　花	2 966	2.9
玫　瑰	3 573	−25.3	玫　瑰	15 672	22.0
菊　花	3 867	−15.0	菊　花	4 430	7.7
康乃馨	3 680	−37.3	康乃馨	8 132	−6.2
苗木及接穗	341	10.6	苗木及接穗	952	1.2
杜　鹃	1 466	−41.3	杜　鹃	32 828	−49.8
兰　花	437	14.8	兰　花	837	39.5
玫　瑰	207	1.4	玫　瑰	5 688	113.3
康乃馨	153	−6.4	康乃馨	131	285.3
种　球	73	−19.7	种　球	205	−2.1

注：装饰用花产品价格的单位为美元/吨、苗木及接穗产品价格的单位为美元/千株、种球产品价格的单位为美元/千个。

调味香料

2022年，中国调味香料出口额4.4亿美元，同比下降24%；进口额3.1亿美元，下降20.1%；顺差1.3亿美元。进口量11.6万吨，下降21.4%；出口量9.2万吨，下降10.6%。

（一）产品结构

主要出口产品是肉桂、八角茴香和茴芹子，出口量合计占调味香料出口量的89%。其中，肉桂出口量增额减，出口量同比增长5.3%，出口额下降1%；八角茴香量额双降，分别下降17.9%和27.2%；茴芹子量减额增，出口量下降10.5%，出口额增长13.4%（表52）。

表52 2022年中国主要调味香料产品出口情况

单位：万吨、万美元、%

产品	出口量	同比增长	出口额	同比增长	占调味香料出口比重	
					出口量	出口额
调味香料	9.2	−10.6	44 212.7	−24.0	100.0	100.0
肉桂	7.1	5.3	27 299.1	−1.0	77.0	61.7
八角茴香	0.9	−17.9	7 791.4	−27.2	9.9	17.6
茴芹子	0.2	−10.5	514.2	13.4	2.1	1.2

主要进口产品是枯茗子、姜黄和豆蔻，进口量合计占调味香料进口量的66.4%。其中，枯茗子进口量额双降，同比分别下降49.2%和24.2%；姜黄进口量额双增，分别增加1.4倍和1.7倍；豆蔻进口量增额减，进口量增加1.1倍，进口额下降1.8%（表53）。

表53 2022年中国主要调味香料产品进口情况

单位：万吨、万美元、%

产品	进口量	同比增长	进口额	同比增长	占调味香料进口比重	
					进口量	进口额
调味香料	11.6	−21.4	31 126.1	−20.1	100.0	100.0
枯茗子	3.8	−49.2	10 956.4	−24.2	32.6	35.2
姜黄	2.1	137.0	1 616.3	171.1	18.1	5.2
豆蔻	1.8	114.2	8 563.8	−1.8	15.7	27.5

（二）贸易区域

出口市场。中国调味香料出口市场多元，按出口量排序，前五大市场依次为越南、孟加拉国、巴基斯坦、阿联酋和沙特阿拉伯，合计占调味香料出口量的54.8%。其中肉桂主要出口越南、孟加拉国、巴基斯坦、阿联酋和沙特阿拉伯，八角茴香主要出口越南和马来西亚，茴芹子主要出口荷兰（表54）。

表54　2022年中国调味香料产品主要出口市场

单位：万吨、万美元、%

产　品	出口市场	出口量	同比增长	出口额	同比增长
肉　桂	全　球	7.1	9.2	27 299.1	2.0
	越　南	1.8	−13.7	14 189.3	−8.5
	孟加拉国	1.0	20.9	2 301.1	14.7
	巴基斯坦	0.7	29.2	1 439.4	15.8
	阿联酋	0.6	16.0	1 347.0	19.4
	沙特阿拉伯	0.5	16.6	1 208.5	13.7
八角茴香	全　球	0.9	−17.9	7 791.4	−27.2
	越　南	0.3	−26.7	3 044.2	−33.8
	马来西亚	0.1	35.8	909.0	17.2
茴芹子	荷　兰	0.1	−1.9	190.2	42.9

进口来源地。中国调味香料进口来源较集中，按进口量排序，前五大进口来源地依次为印度、印度尼西亚、缅甸、格鲁吉亚和越南，合计占调味香料进口量的95.6%。分品种看，枯茗子基本全部来自印度，姜黄主要来自缅甸，豆蔻主要来自印度尼西亚（表55）。

表55　2022年中国调味香料产品主要进口来源地

单位：万吨、万美元、%

产　品	进口来源地	进口量	同比增长	进口额	同比增长
枯茗子	印　度	3.8	−49.4	10 897.0	−24.4
姜　黄	缅　甸	1.7	134.6	1 199.8	193.8
豆　蔻	印度尼西亚	1.7	103.7	8 119.8	−5.9

(三)价格变动

2022年调味香料出口均价下跌15%。主要出口产品中，肉桂、八角茴香价格下跌，茴芹子价格上涨。进口均价上涨1.7%。主要进口产品中，枯茗子和姜黄价格上涨，豆蔻价格下跌(表56)。

表56 2022年中国主要调味香料产品进出口均价

单位：美元/吨、%

产　品	出口均价	同比上涨	产　品	进口均价	同比上涨
肉　桂	3 839	−5.9	枯茗子	2 900	49.4
八角茴香	8 556	−11.4	姜　黄	769	14.4
茴芹子	2 617	26.6	豆　蔻	4 701	−54.1

药　材

2022年，中国药材出口额9.5亿美元，同比增长2.6%；进口额2.4亿美元，增长57.1%。顺差7.1亿美元，缩小7.8%。

(一)产品结构

主要出口产品。药材出口产品较多，主要出口产品有枸杞、人参、茯苓、当归和黄芪，出口额合计2.6亿美元，占药材出口额的27.3%。茯苓出口额增长，枸杞、人参、当归和黄芪出口额下降(表57)。

表57 2022年中国主要药材产品出口情况

单位：万美元、吨、%

产　品	出口额	同比增长	出口量	同比增长	占药材出口比重	
					出口额	出口量
药　材	95 426.7	2.6	132 053.0	6.3	—	—
枸　杞	9 202.0	−8.6	11 932.2	−1.3	9.6	9.0
人　参	6 263.2	−7.1	1 463.4	−1.1	6.6	1.1
茯　苓	3 767.9	50.6	5 832.4	29.7	3.9	4.4
当　归	3 309.2	−4.7	3 951.6	−7.6	3.5	3.0
黄　芪	2 974.5	−3.8	4 695.0	−0.4	3.1	3.6

主要进口产品。主要进口产品有西洋参、人参和甘草，分别占药材进口额的28.2%、15%和3.9%(表58)。

表 58 2022 年中国主要药材产品进口情况

单位：万美元、吨、%

产 品	进口额	同比增长	进口量	同比增长	占药材进口比重	
					进口额	进口量
药 材	24 433.2	57.1	100 476.8	97.1	—	—
西洋参	6 878.4	23.6	3 610.5	0.9	28.2	3.6
人 参	3 672.0	14.7	82.6	0.1	15.0	0.1
甘 草	958.3	376.2	11 291.6	349.5	3.9	11.2

（二）贸易区域

出口市场。出口市场较为集中，主要有日本、中国香港、韩国和中国台湾等地（表 59）。

表 59 2022 年中国药材产品主要出口市场

单位：万美元、吨、%

产 品	出口市场	出口额	同比增长	出口量	同比增长
枸 杞	全 球	9 202.0	−8.6	11 932.2	−1.3
	中国台湾	1 502.0	12.5	2 184.3	25.1
	美 国	984.9	−21.3	986.0	−27.2
	马来西亚	944.7	12.4	1 143.6	24.1
	中国香港	918.0	−37.8	1 529.0	−24.2
	越 南	622.8	44.3	918.0	139.7
人 参	全 球	6 263.2	−7.1	1 463.4	−1.1
	日 本	2 521.9	−2.7	459.7	−1.2
	中国台湾	1 009.1	−32.2	321.1	−23.6
	意 大 利	606.1	93.3	180.5	57.3
茯 苓	全 球	3 767.9	50.6	5 832.4	29.7
	日 本	2 246.8	126.9	2 527.7	80.0
	韩 国	450.4	−6.0	960.8	15.8
	越 南	214.9	5.1	411.8	14.8

进口来源地。药材进口来源地较为集中。西洋参进口全部来自加拿大和美国，人参全部来自韩国，甘草主要来自乌兹别克斯坦和哈萨克斯坦（表 60）。

表 60　2022 年中国药材产品主要进口来源地

单位：万美元、吨、%

产　品	进口来源地	进口额	同比增长	进口量	同比增长
西洋参	全　球	6 878.4	23.6	3 610.5	89.7
	加拿大	5 625.5	35.6	3 449.0	104.6
	美　国	1 252.9	−12.0	161.5	−25.6
人　参	全　球	3 672.0	14.7	82.6	12.5
	韩　国	3 671.5	14.7	82.5	12.4
甘　草	全　球	958.3	376.2	11 291.6	349.5
	乌兹别克斯坦	487.7	173.3	5 527.1	149.2
	哈萨克斯坦	344.9	1 956.8	4 306.3	1 740.7

（三）价格变动

出口价格。主要出口产品中，枸杞和人参出口均价下跌。

进口价格。人参进口均价上涨，西洋参进口均价下跌（表 61）。

表 61　2022 年中国主要药材产品进出口价格

单位：美元/吨、%

产　品	出口均价	同比上涨	进口均价	同比上涨
枸　杞	7 712	−7.4	—	—
人　参	43 584	−4.3	444 561	2.0
西洋参	—	—	19 051	−34.9

畜产品

2022 年，中国畜产品贸易基本与上年持平，逆差收窄。贸易额 579.6 亿美元，同比下降 0.7%。其中，出口额 64.1 亿美元，增长 6.3%；进口额 515.5 亿美元，下降 1.5%。逆差 451.4 亿美元，缩小 2.5%。牛产品、乳品、生猪产品、动物毛、羊产品、家禽产品、动物生皮、蜂产品、动物生毛皮和马驴骡等为逆差，肠衣、羽毛、蛋产品和兔产品等保持顺差（图 16）。

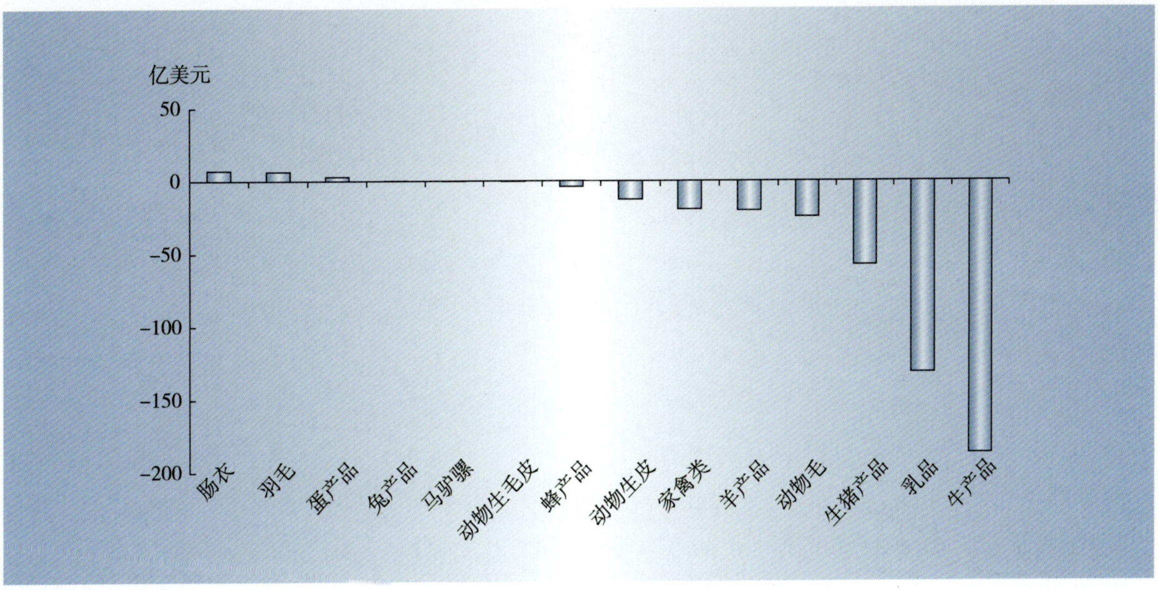

图 16　2022 年中国各类畜产品贸易差额情况

(一) 产品结构

2022 年，贸易额超过 10 亿美元的畜产品有 9 类，依次是牛产品、乳品、生猪产品、家禽产品、动物毛、羊产品、动物生皮、肠衣和羽毛，贸易额合计 548 亿美元，占畜产品贸易额的 94.5%（表 62）。

表 62　2022 年中国畜产品进出口情况

单位：亿美元、%

产　品	出口额			进口额			逆　差	
	金　额	同比增长	占出口额比重	金　额	同比增长	占进口额比重	金　额	同比增长
畜产品	64.1	6.3	100.0	515.5	−1.5	100.0	451.4	−2.5
生猪产品	8.3	−3.7	13.0	66.1	−49.4	12.8	57.8	−52.7
牛产品	1.2	−4.0	1.8	188.1	39.9	36.5	186.9	40.3
羊产品	0.2	−22.4	0.3	20.9	−12.6	4.0	20.7	−12.5
马驴骡	0.0	120.5	0.1	0.3	−25.4	0.1	0.3	−32.5
家禽产品	22.1	17.2	34.6	42.0	17.6	8.1	19.9	18.0
兔产品	0.2	−9.0	0.3	0.0	0.0	0.0	−0.2	−15.0
蜂产品	3.3	3.4	5.2	7.3	563.2	1.4	4.0	—

（续）

产　品	出口额			进口额			逆　差	
	金　额	同比增长	占出口额比重	金　额	同比增长	占进口额比重	金　额	同比增长
蛋产品	3.0	40.7	4.7	0.0	34 385.7	0.0	−3.0	43.8
乳　品	2.0	−38.1	3.1	133.6	−0.9	25.9	131.6	0.0
动物毛	1.2	−27.9	1.8	26.1	−1.3	5.1	24.9	0.4
动物生皮	0.5	89.1	0.8	13.5	−6.9	2.6	13.0	−8.6
动物生毛皮	0.0	828.8	0.0	0.4	−72.6	0.1	0.4	−73.1
肠　衣	9.6	4.2	14.9	2.4	0.6	0.5	−7.2	5.0
羽　毛	8.3	13.0	13.0	1.9	−12.9	0.4	−6.4	24.2
其他畜产品	24.5	4.1	38.2	24.6	56.1	4.8	0.1	−102.1

出口产品。2022 年出口额超过 1 亿美元的畜产品有家禽产品、肠衣、生猪产品、羽毛、蛋产品、乳品、牛产品和动物毛 8 类产品，出口额合计 55.8 亿美元，占畜产品出口额的 87%。与上年相比，蛋产品、家禽产品、羽毛和肠衣出口额增长，生猪产品、牛产品、动物毛和乳品出口额下降。

进口产品。2022 年进口额超过 10 亿美元的畜产品有牛产品、乳品、生猪产品、家禽产品、动物毛、羊产品和动物生皮 7 类产品，进口额合计 490.1 亿美元，占畜产品进口额的 95.1%。与上年相比，除牛产品和家禽产品进口额增加外，其余 5 类产品进口额均下降。

生猪产品。出口额 8.3 亿美元，同比下降 3.7%；进口额 66.1 亿美元，下降 49.4%。逆差 57.8 亿美元，缩小 52.7%。活猪、加工猪肉和猪肉为主要出口产品。活猪出口额 4.5 亿美元，同比下降 4.7%；出口量 107 万头，增长 33.8%。加工猪肉出口额 2.3 亿美元，出口量 5.3 万吨，分别下降 14.9%和 16.3%。猪肉出口额 1.5 亿美元，出口量 2.7 万吨，分别增长 25%和 52.4%。猪肉和猪杂碎是主要进口产品。猪肉进口额 38.4 亿美元，进口量 174.3 万吨，分别下降 61.2%和 51.2%。猪杂碎进口额 27.1 亿美元，进口量 105.1 万吨，分别下降 12.1%和 22.5%。

牛产品。出口额 1.2 亿美元，同比下降 4%；进口额 188.1 亿美元，增长 39.9%。逆差 186.9 亿美元，扩大 40.3%。加工牛肉和非种用活牛为主要出口产品。加工牛肉出口额 6 414.2 万美元，与上年基本持平；出口量 1.1 万吨，增长 15%。非种用活牛出口额 5 317.7 万美元，下降 9.1%。牛肉和非种用活牛是主要进口产品。进口最多的是牛肉，进口额 177.6 亿美元，进口量 269 万吨，分别增长 42.2%和 15.3%；其次是非种用活牛，进口额 5 亿美元，下降 17.5%；种牛进口额 3.1 亿美元，增长 56.3%；牛杂碎进口额 2.4 亿美元，进口量 4.2 万吨，分别增长 66.2%和 36%。

羊产品。出口额 1 966.5 万美元，同比下降 22.4%；进口额 20.9 亿美元，下降 12.6%。逆差 20.7 亿美元，缩小 12.5%。羊肉是主要贸易产品。出口额 1 932.8 万美元，出口量 1 607.6 吨，分别下降 22.3%和 19.2%；进口额 20.8 亿美元，进口量 35.8 万吨，分别下降 12.7%和 12.8%。

家禽产品。出口额 22.1 亿美元，同比增长 17.2%；进口额 42 亿美元，增长 17.6%。逆差 19.9 亿美元，扩大 18%。鸡及产品是主要贸易产品。出口额 18.4 亿美元，出口量 53.2 万吨，分别增长 15.1%和 16.3%；进口额 41.4 亿美元，增长 17.4%，进口量 130.4 万吨，下降 11.3%。

蛋产品。出口额 3 亿美元，同比增长 40.7%；进口额 3.4 万美元，增加 343.9 倍。顺差 3 亿美元，扩大 43.8%。鲜蛋和加工蛋是主要出口产品。鲜蛋出口额 1.9 亿美元，出口量 10.8 万吨，分别增长 62.1%和 56%。加工蛋出口额 1.1 亿美元，增长 13.7%；出口量 3.3 万吨，下降 1.7%。

乳品。出口额 2 亿美元，同比下降 38.1%；进口额 133.6 亿美元，下降 0.9%。逆差 131.6 亿美元，与上年基本持平。出口产品中，奶粉出口额 1.5 亿美元，出口量 1.1 万吨，分别下降 43.9%和 22.1%；鲜奶出口额 2 291.8 万美元，出口量 2.4 万吨，分别增长 5.2%和 3.9%。进口产品中，奶粉进口额 89.1 亿美元，进口量 132.5 万吨，分别下降 0.8%和 15.6%；鲜奶进口额 16.3 亿美元，进口量 97.7 万吨，分别下降 10.2%和 23%；乳清粉进口额 9.4 亿美元，进口量 59.9 万吨，分别下降 6.8%和 16.6%。

动物毛。出口额 1.2 亿美元，同比下降 27.9%；进口额 26.1 亿美元，下降 1.3%。逆差 24.9 亿美元，扩大 0.4%。出口产品中，猪鬃、猪毛出口额 4 193.9 万美元，出口量 0.3 万吨，分别下降 33.5%和 32.3%；羊毛出口额 3 872.7 万美元，下降 1.2%；出口量 0.7 万吨，增长 2.2%。进口产品中，羊毛进口额 22.2 亿美元，进口量 28.5 万吨，分别下降 7.5%和 0.9%；山羊绒进口额 3.6 亿美元，进口量 0.8 万吨，分别增长 69.9%和 60.2%。

动物生皮。出口额 4 889.5 万美元，同比增长 89.1%；进口额 13.5 亿美元，下降 6.9%。

动物生毛皮。出口额 43.5 万美元，同比增加 8.3 倍；进口额 3 516.9 万美元，下降 72.6%。

（二）贸易区域

出口市场。按出口额排序，2022 年畜产品前五大出口市场依次为中国香港、日本、德国、越南和美国，出口额合计为 41.8 亿美元，占畜产品出口额的 65.2%。与上年相比，对中国香港和美国出口额下降，对其他三大市场出口增长，其中对越南出口增幅较大（表 63）。

表 63　2022 年中国畜产品主要出口市场

单位：亿美元、%

出口市场	出口额	同比增长	占畜产品出口额比重
中国香港	19.6	−2.8	30.6
日　本	13.3	3.7	20.7
德　国	3.4	0.5	5.3
越　南	2.8	26.7	4.4
美　国	2.7	−7.1	4.2

对中国香港主要出口家禽产品、生猪产品、蛋产品和乳品，出口额分别为 6.9 亿美元、6.7 亿美元、2.2 亿美元和 1.5 亿美元，占对港畜产品出口额的 35.3%、33.9%、11.1%和 7.4%。其中，家禽产品出口量 20.7 万吨，同比增长 2.5%。生猪产品中，活猪出口量 96 万头，增长 20%，出口额 4.1 亿美元，下降 3.7%；猪肉出口量 2.6 万吨，出口额 1.4 亿美元，分别增长 54.4%和 28%；加工猪肉出口量 2.5 万吨，增长 2.2%；出口额 1.1 亿美元，下降 1.2%。蛋产品出口量 11 万吨，增长 47.7%。乳品出口量 3.4 万吨，下降 7.8%。

对日本主要出口产品为家禽产品、肠衣和生猪产品，出口额分别占对日畜产品出口额的 66.3%、10.6%和 4.9%。其中，家禽产品出口量 20.3 万吨，出口额 8.8 亿美元，同比分别增长 6.9%和 8.8%；肠衣出口量 3 921.2 吨，下降 4.3%，出口额 1.4 亿美元，增长 1.5%；生猪产品出口量 1.6 万吨，出口额 0.6 亿美元，分别下降 41.9%和 36.8%。

进口来源地。按进口额排序，前五大进口来源地依次为巴西、新西兰、美国、澳大利亚和阿根廷，进口额合计占畜产品进口额的 67.5%。与上年相比，自前五大进口来源地进口额均增长，其中自巴西和阿根廷进口增幅较大（表 64）。

表 64　2022 年中国畜产品主要进口来源地

单位：亿美元、%

进口来源地	进口额	同比增长	占畜产品进口额比重
巴　西	101.6	29.9	19.7
新 西 兰	97.2	4.0	18.9
美　国	59.1	2.0	11.5
澳大利亚	58.9	5.0	11.4
阿 根 廷	31.1	27.4	6.0

自巴西进口 101.6 亿美元，同比增长 29.9%。主要进口牛产品、家禽产品和生猪产品，进口额合计占自巴西畜产品进口额的 99.6%。其中，牛产品进口量 110.5 万吨，进口额 75.3 亿美元，分别增长 28.7%和 62.9%；家禽产品进口量 55.3 万吨，下降 15%，进口额 15.2 亿美元，增长 4.5%；生猪产品进口量 43.9 万吨（猪肉 41.7 万吨），进口额 10.7 亿美元，分别下降 22.9%和 37.6%。

自新西兰进口 97.2 亿美元，同比增长 4%，进口产品主要是乳品、牛产品、羊产品和动物毛，这 4 类产品进口额合计占自新畜产品进口额的 96.1%。其中，奶粉进口量 79.6 万吨，进口额 42.7 亿美元，分别下降 16.2%和 1.5%；牛产品进口量 26.5 万吨，进口额 17.3 亿美元，分别增长 7.3%和 26.9%；羊产品进口量 19.5 万吨，进口额 12.1 亿美元，分别下降 19.3% 和 16.9%；动物毛进口量 2.6 万吨，进口额 1 亿美元，分别下降 15.1%和 17.4%。

自美国进口 59.1 亿美元，同比增长 2%。主要进口牛产品、家禽产品、生猪产品、乳品和动物生皮，进口额合计占自美国畜产品进口额的 86%。其中，牛产品进口量 19.2 万吨（牛肉 17.8 万吨，牛杂碎 1.4 万吨），进口额 18.2 亿美元，分别增长 27.7%和 35.2%；家禽产品进口量 34.8 万吨（鸡及产品 34.5 万吨），下降 22.4%，进口额 12.6 亿美元，增长 12.4%；生猪产品进口量 39.1 万吨（猪杂碎 26.5 万吨，猪肉 12.6 万吨），进口额 9.9 亿美元，分别下降 47.1%和 41.4%；乳品进口量 35.4 万吨（乳清粉 30.9 万吨，奶粉 3.8 万吨），增长 2.1%，进口额 5.1 亿美元，下降 2%；动物生皮进口量 41.1 万吨（生牛马皮 40.7 万吨），进口额 5 亿美元，分别下降 2.2%和 9.3%。

自澳大利亚进口 58.9 亿美元，同比增长 5%。进口产品主要为牛产品、动物毛、乳品、羊产品和动物生皮，进口额合计占自澳畜产品进口额的 97.9%。其中，牛产品进口量 22.1 万吨，进口额 19.7 亿美元，分别增长 12.8%和 31.7%；动物毛进口量 18 万吨（羊毛 18 万吨），进口额 18 亿美元，分别下降 0.8%和 5%；乳品进口量 25.4 万吨（鲜奶 12 万吨，奶粉 10.6 万吨），进口额 9.3 亿美元，分别下降 7.6%和 5.3%；羊产品进口量 14.9 万吨（羊肉 14.9 万吨），进口额 8 亿美元，分别增长 3.1%和 0.3%；动物生皮进口量 30.3 万吨（生牛马皮 15.4 万吨，生羊皮 14.8 万吨），增长 6.3%，进口额 2.7 亿美元，下降 6.3%。

自阿根廷进口 31.1 亿美元，同比增长 27.4%。主要进口牛肉、鸡及产品，进口额合计占自阿根廷畜产品进口额的 94.2%。其中，牛肉进口量 49 万吨，进口额 27.2 亿美元，分别增长 5.4%和 33.9%；鸡及产品进口量 7.5 万吨，下降 7.3%，进口额 2.2 亿美元，增长 24.3%。

（三）价格变动

2022 年，羽毛、牛肉、肠衣、鲜蛋、

加工猪肉出口均价和牛肉、牛杂碎、奶粉、鲜奶、猪杂碎、乳清粉、羊毛、羊肉进口均价上涨，其他主要畜产品进、出口均价均下跌（表65）。

表65 2022年中国主要畜产品进出口均价

单位：美元/吨、%

产品	出口		产品	进口	
	平均价格	同比上涨		平均价格	同比上涨
活猪	3 612.2	−24.4	猪肉	2 202.7	−20.4
猪肉	5 536.1	−18.0	猪杂碎	2 576.3	13.3
加工猪肉	4 310.8	1.6	牛肉	6 602.6	23.3
牛肉	12 456.9	16.2	牛杂碎	5 815.4	22.2
加工牛肉	5 859.6	−12.9	羊肉	5 801.4	0.2
羊肉	12 023.2	−3.9	鲜奶	1 665.3	16.5
鲜蛋	1 808.6	3.9	奶粉	6 727.1	17.6
肠衣	11 231.7	6.4	乳清粉	1 566.1	11.7
羽毛	17 726.9	24.4	生牛马皮	1 191.2	−3.1
羊毛	5 267.1	−3.3	羊毛	7 814.8	6.8

生猪产品。从出口均价看，活猪每吨3 612.2美元，同比下跌24.4%；猪肉每吨5 536.1美元，下跌18%；加工猪肉每吨4 310.8美元，上涨1.6%。从进口均价看，猪肉每吨2 202.7美元，下跌20.4%；猪杂碎每吨2 576.3美元，上涨13.3%。

牛产品。从出口均价看，牛肉每吨12 456.9美元，同比上涨16.2%；加工牛肉每吨5 859.6美元，下跌12.9%。从进口均价看，牛肉每吨6 602.6美元，上涨23.3%；牛杂碎每吨5 815.4美元，上涨22.2%。

羊产品。羊肉出口均价每吨12 023.2美元，同比下跌3.9%；羊肉进口均价每吨5 801.4美元，上涨0.2%。

蛋产品。鲜蛋出口均价每吨1 808.6美元，同比上涨3.9%。

乳品。鲜奶进口均价每吨1 665.3美元，同比上涨16.5%；奶粉进口均价每吨6 727.1美元，上涨17.6%；乳清粉进口均价每吨1 566.1美元，上涨11.7%。

动物毛。羊毛出口均价每吨5 267.1美元，同比下跌3.3%；羊毛进口均价每吨7 814.8美元，上涨6.8%。

动物生皮。生牛马皮进口均价每吨1 191.2美元，同比下跌3.1%。

（四）政策变化

白俄罗斯牛肉获准进入中国市场。2022年1月7日，海关总署发布《关于进口白俄罗斯牛肉检验检疫要求的公告》（2022年第

2号），允许符合相关要求的白俄罗斯牛肉及其制品进口。

智利羊肉获准进入中国市场。2月16日，海关总署发布《关于进口智利羊肉检验检疫要求的公告》（2022年第17号），允许符合相关要求的智利羊肉进口。

蒙古国乳品获准进入中国市场。3月6日，海关总署发布《关于进口蒙古国乳品检验检疫要求的公告》（2022年第23号），允许符合检验检疫要求的蒙古国乳品进口。

水产品

2022年中国水产品进出口总量1 023.3万吨，同比增长7.2%，总额467.4亿美元，同比增长17%；与2019年相比，总量下降2.8%，总额增长18.8%。总体看，水产品进出口总额再创历史新高，出口量减额增，进口量额双增。受欧美消费需求下降等因素影响，出口额增长乏力，不抵进口增长，贸易逆差6.8亿美元（图17）。

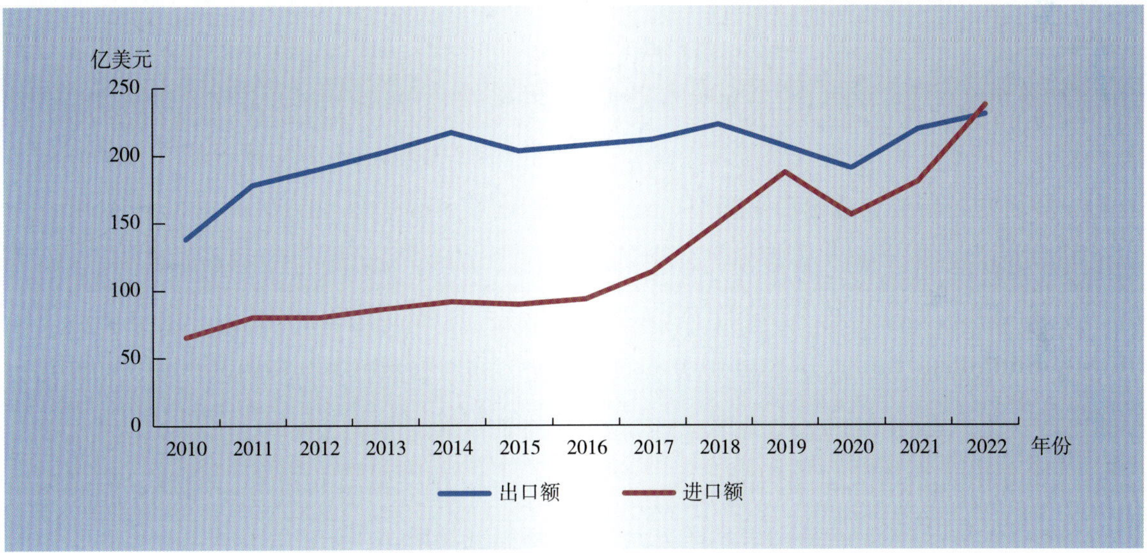

图17　2010—2022年水产品进出口贸易额趋势图

（一）外需减少拖累出口，改革开放以来首现逆差

1. 8月起单月出口量低于前3年

全年水产品出口量376.3万吨，同比下降1%，出口额230.3亿美元，同比增长5%。从月度走势看，1—7月单月出口量基本保持在2019—2021年的平均水平，其后5个月单月出口量连续创造2019年以来的新低。年末未按惯例出现出口小高峰，第四季度出口量、出口额同比分别下降6.5%和8.5%。

2. 外需减少是出口放缓的主要原因

2022年下半年，世界经济下行压力加大，通胀持续。为降低生活成本，欧美等国家的消费者普遍减少购买或改买相对廉价的水产品，批发商放缓进货节奏，导致出口订单量下降。据了解，越南等其他主要出口国也反映2022年末水产品对欧美出口下降。

3. 中国积极开放战略有效促进进口

在欧美市场需求缩减的情况下，中国持续主动实行扩大水产品进口政策，出口国看好并大力培育中国市场。全年进口量647万吨，进口额237.1亿美元，同比分别增长12.6%和31.5%，与2019年相比，分别增长3.3%和26.8%。自越南和厄瓜多尔进口额同比分别增长108%和59.7%。此外，国内水产预制菜产业快速发展，带动了巴沙鱼等相关原料进口。

4. 贸易格局转变为进出口平衡型

改革开放初期，水产品贸易"小进小出"、保持顺差。20世纪90年代至2021年，水产养殖和加工业逐步发展壮大并进入平台期，出口额波动增长且始终高于进口额。2014年，顺差达到最高的125.1亿美元，之后缩减至2019年的19.5亿美元。2020年、2021年顺差分别为34.7亿美元和39亿美元。连续顺差的终结，标志着中国水产品贸易正式由出口导向型转为进出口平衡型。

（二）一般贸易出口竞争力下降，来进料加工出口恢复性增长

1. 一般贸易出口量减额增，传统优势品种竞争力下降

一般贸易出口量290.7万吨，同比下降2.6%，出口额178.4亿美元，同比增长1.4%，占出口总量、总额的比例分别为77.2%和77.5%，与上年基本持平。其中，出口量最大的头足类出口量、出口额同比分别增长8.3%和13.8%，但9—12月月度出口连续下降。罗非鱼出口量、出口额同比分别下降11.9%和8.6%，对虾下降21.8%和11.9%，鳗鱼下降9.5%和8.7%，单价最低的鲭鱼类增长29.6%和25.3%（表66）。

2. 来进料加工出口止降回升，但仍存在风险

来进料加工业逆转下滑趋势，出口量82.8万吨，出口额49.4亿美元，同比分别增长7.4%和21.9%。其中，进料加工出口量67.2万吨，出口额37.1亿美元，同比分别增长6.4%和23.1%。来料加工出口量15.7万吨，出口额12.3亿美元，同比分别增长11.9%和18.3%。由于欧美随时可能禁止进口源自俄罗斯原料的产品，相关出口前景不确定性增大。

3. 对东盟和欧盟出口增加，日美韩市场量减额增

2022年水产品前六大出口市场分别为东盟、日本、美国、欧盟、韩国和中国香港。其中，东盟继续保持最大出口市场地位，出口量77.2万吨，出口额54.9亿美元，同比分别增长14.1%和14.6%。对东盟出口额占出口总额的23.8%。对欧盟出口量、出口额同比分别增长6.3%和18.8%。对日、美、韩出口量减额增，对中国香港市场出口下降（表67）。

表 66 2022 年中国水产品一般贸易方式主要出口品种

单位：万吨、亿美元、%

出口品种	占一般贸易出口额比例	出口		同比增长	
		数量	金额	数量	金额
头足类	27.6	59.9	49.3	8.3	13.8
对虾	9.6	13.0	17.1	−21.8	−11.9
罗非鱼	8.0	43.4	14.2	−11.9	−8.6
贝类	7.3	19.8	13.0	−9.2	2.0
鳗鱼	6.5	5.9	11.5	−9.5	−8.7
金枪鱼	6.0	17.1	10.8	−10.7	0.9
鲭鱼类	3.6	32.3	6.4	29.6	25.3
藻类	2.7	6.2	4.8	−11.8	−2.1
蟹类	2.6	3.8	4.7	−15.6	−7.8
大黄鱼	1.6	3.5	2.9	−10.8	−4.5
淡水小龙虾	0.7	0.9	1.3	−4.9	11.1

表 67 2022 年中国水产品主要出口市场情况

单位：万吨、亿美元、%

出口市场	出口		同比增长	
	数量	金额	数量	金额
东盟	77.2	54.9	14.1	14.6
泰国	21.6	17.1	9.5	10.1
日本	53.8	37.4	−5.6	1.9
美国	41.2	26.3	−4.6	5.5
欧盟	41.4	20.1	6.3	18.8
韩国	40.6	18.7	−1.7	6.7
中国香港	19.1	17.7	−5.3	−6.1

（三）进口同比增长，进口量和进口额均创历史新高

1. 一般贸易进口增加，鱼粉和鱼油量减额增

一般贸易仍以进口为主要形式，进口量485.2万吨，进口额191亿美元，同比分别增长9.9%和29.9%。其中，鱼粉进口量180.1万吨，同比下降1.1%，进口额29.6亿美元，同比增长8.4%；鱼油进口量7.8万吨，同比下降10%，进口额3.8亿美元，

同比增长 21.4%。

2. 食用水产品进口增加，对虾和巴沙鱼增长迅猛

鱼粉鱼油以外的其他一般贸易进口水产品主要用于食用，进口量 297.4 万吨，进口额 157.6 亿美元，同比分别增长 18.6% 和 35.1%。其中，进口量最大的对虾进口量 92.6 万吨，进口额 60.7 亿美元，同比分别增长 46% 和 56.8%。进口增幅最大的鲇鱼（主要是越南产巴沙鱼）进口量 25.3 万吨，进口额 6.1 亿美元，同比分别增长 70.7% 和 114.1%（表 68）。

3. 加工原料进口增长，近半数通过保税和特殊监管渠道进口

来进料加工原料进口量 88 万吨，进口额 26.7 亿美元，同比分别增长 7.2% 和 27.3%。保税监管场所进出境货物进口量 57.9 万吨，进口额 13.1 亿美元，同比分别增长 42% 和 52%。海关特殊监管区域物流货物进口量 14 万吨，进口额 5.4 亿美元，同比分别增长 52.2% 和 66.3%（以上两种渠道进口一般也用于加工后再出口）。边境小额贸易部分恢复，进口量 1.5 万吨，进口额 0.7 亿美元。其他贸易方式进口量 0.5 万吨，进口额 0.2 亿美元。

4. 大部分主要市场进口增长，越南和厄瓜多尔增幅居前

东盟自 2019 年起成为中国水产品第一大进口市场，2022 年进口量 149.9 万吨，进口额 45.2 亿美元，同比分别增长 21.6% 和 48.8%。其中自越南进口量、进口额同比分别增长 47.8% 和 108%，厄瓜多尔增长 38.3% 和 59.7%，俄罗斯增长 48.4% 和 46.7%，印度增长 51.7% 和 38%，秘鲁（主要进口鱼粉）下降 18.8% 和 2.2%（表 69）。

表 68　2022 年中国水产品一般贸易主要进口品种

单位：万吨、亿美元、%

进口品种	占一般贸易进口额比例	进口		同比增长	
		数量	金额	数量	金额
对虾	31.8	92.6	60.7	46.0	56.8
鱼粉	15.5	180.1	29.6	−1.1	8.4
龙虾	8.5	4.6	16.2	7.5	13.7
蟹类	7.3	8.0	14.0	4.0	9.8
鲑鱼	4.6	6.6	8.8	11.1	38.8
头足类	4.5	28.6	8.5	−25.7	−3.1
鲇鱼	3.2	25.3	6.1	70.7	114.1
贝类	2.3	5.3	4.4	−37.8	−9.5

表 69　2022 年中国水产品主要进口市场情况

单位：万吨、亿美元、%

国家和地区	占进口额比例	进口		同比增长	
		数 量	金 额	数 量	金 额
东 盟	19.1	149.9	45.2	21.6	48.8
越 南	8.4	69.6	19.9	47.8	108.0
厄瓜多尔	15.2	60.3	36.0	38.3	59.7
俄 罗 斯	12.5	105.1	29.7	48.4	46.7
秘 鲁	8.3	100.6	19.7	−18.8	−2.2
印 度	5.7	35.4	13.5	51.7	38.0
美 国	5.5	33.3	13.0	5.4	9.3
加 拿 大	5.2	10.5	12.4	6.7	14.0

天然橡胶

2022 年，中国天然橡胶出口量 2.6 万吨，同比下降 9.8%；出口额 5 008.4 万美元，下降 10.7%。进口量 599.6 万吨，增长 13.2%；进口额 96 亿美元，增长 10.3%。净进口量 597 万吨，增长 13.3%。逆差 95.5 亿美元，扩大 10.5%。

（一）产品结构

天然橡胶出口以技术分类天然橡胶（TSNR）和烟胶片产品为主，合计占天然橡胶出口量的 83.9% 和出口额的 84.7%（表 70）。进口主要是混合橡胶和技术分类天然橡胶（TSNR），合计占天然橡胶进口量的 78.7% 和进口额的 81.8%（表 71）。

技术分类天然橡胶（TSNR）。出口量 1.8 万吨，同比下降 9.3%，占天然橡胶出口量 68.8%；出口额 3 454.8 万美元，下降 4.5%。进口量 135.9 万吨，下降 6.2%，占天然橡胶进口量 22.7%；进口额 22.8 亿美元，下降 7.7%。

表 70　2022 年中国主要天然橡胶产品出口情况

单位：吨、万美元、%

产 品	出口量	同比增长	出口额	同比增长	占出口量比重
天然橡胶	25 530.2	−9.8	5 008.4	−10.7	100.0
技术分类天然橡胶（TSNR）	17 552.7	−9.3	3 454.8	−4.5	68.8
烟胶片	3 856.3	−35.3	788.0	−35.2	15.1
其他形状的天然橡胶	2 123.8	60.7	436.9	20.5	8.3
混合橡胶	1 282.6	0.8	192.6	−42.2	5.0
天然橡胶乳	686.8	88.4	133.6	115.4	2.7

表 71　2022 年中国主要天然橡胶产品进口情况

单位：万吨、亿美元、%

产　品	进口量	同比增长	进口额	同比增长	占进口量比重
天然橡胶	599.6	13.2	96.0	10.3	100.0
混合橡胶	336.0	15.4	55.7	15.0	56.0
技术分类天然橡胶（TSNR）	135.9	−6.2	22.8	−7.7	22.7
天然橡胶乳	65.8	19.8	8.0	14.4	11.0
其他形状的天然橡胶	40.1	108.7	5.6	83.7	6.7
烟胶片	21.8	11.9	3.9	1.5	3.6

烟胶片。出口量 3 856.3 吨，同比下降 35.3%，占天然橡胶出口量 15.1%；出口额 788 万美元，下降 35.2%。进口量 21.8 万吨，增长 11.9%；进口额 3.9 亿美元，增长 1.5%。

其他形状的天然橡胶。出口量 2 123.8 吨，同比增长 60.7%；出口额 436.9 万美元，增长 20.5%。进口量 40.1 万吨，增加 1.1 倍；进口额 5.6 亿美元，增长 83.7%。

混合橡胶。出口量 1 282.6 吨，同比增长 0.8%；出口额 192.6 万美元，下降 42.2%。进口量 336 万吨，增长 15.4%，占天然橡胶进口量 56%；进口额 55.7 亿美元，增长 15%。

天然橡胶乳。出口量 686.8 吨，同比增长 88.4%；出口额 133.6 万美元，增加 1.2 倍。进口量 65.8 万吨，增长 19.8%；进口额 8 亿美元，增长 14.4%。

（二）贸易区域

出口市场。中国天然橡胶前五大出口市场依次是俄罗斯、马来西亚、巴西、朝鲜和德国，出口量合计 2 万吨，占天然橡胶出口总量的 77.0%。其中，对俄罗斯、马来西亚和巴西出口量同比分别增加 25.6 倍、2.6 倍和 5.6 倍。

进口来源地。中国天然橡胶前五大进口来源地依次是泰国、越南、马来西亚、老挝和科特迪瓦，进口量合计 543.3 万吨，占天然橡胶进口量 90.6%，同比增长 10.7%；自泰国、越南、老挝和科特迪瓦进口量分别增长 12.7%、8%、1.2 倍和 39.4%（表 72）。

分品种看，技术分类天然橡胶（TSNR）产品主要出口俄罗斯、巴西、马来西亚、德国和肯尼亚，进口主要来自泰国、马来西亚、科特迪瓦、印度尼西亚和越南。烟胶片产品主要出口中国台湾和俄罗斯，进口主要来自泰国、缅甸、越南、印度尼西亚和柬埔寨。其他形状的天然橡胶产品主要出口老挝、越南、印度、柬埔寨和蒙古国，进口主要来自老挝、缅甸和越南。天然橡胶乳产品主要出口越南和俄罗斯，进口主要来自泰国、越南和马来西亚（表 73、表 74）。

表 72 2022年中国天然橡胶主要出口市场和进口来源地

单位：万吨、%

出口市场	出口量	同比增长	占天然橡胶出口量比重	进口来源地	进口量	同比增长	占天然橡胶进口量比重
俄罗斯	0.6	2 559.1	21.9	泰国	269.7	12.7	45.0
马来西亚	0.4	261.0	16.5	越南	149.6	8.0	25.0
巴西	0.4	563.9	15.7	马来西亚	65.1	−7.2	10.9
朝鲜	0.4	−33.3	15.2	老挝	31.9	119.1	5.3
德国	0.2	−49.6	8.4	科特迪瓦	27.1	39.4	4.5

表 73 2022年中国天然橡胶产品主要出口市场

单位：吨、%

技术分类天然橡胶（TSNR）产品				其他形状的天然橡胶产品			
出口市场	出口量	同比增长	占技术分类天然橡胶（TSNR）产品出口量比重	出口市场	出口量	同比增长	占其他形状的天然橡胶产品出口量比重
俄罗斯	5 216.4	3 134.4	29.7	老挝	1 142.1	—	53.8
巴西	4 015.2	563.9	22.9	越南	780.1	154.4	36.7
马来西亚	3 232.7	186.2	18.4	印度	23.0	—	1.1
德国	2 133.9	−49.6	12.2	柬埔寨	14.1	−22.4	0.7
肯尼亚	1 008.0	42.9	5.7	蒙古国	9.0	—	0.4

表 74 2022年中国天然橡胶产品主要进口来源地

单位：万吨、%

技术分类天然橡胶（TSNR）产品				烟胶片产品			
进口来源地	进口量	同比增长	占技术分类天然橡胶（TSNR）产品进口量比重	进口来源地	进口量	同比增长	占烟胶片产品进口量比重
泰国	57.3	−17.4	42.2	泰国	10.6	−15.8	48.7
马来西亚	27.4	−13.3	20.2	缅甸	8.8	116.0	40.3
科特迪瓦	26.9	39.9	19.8	越南	1.7	5.9	7.7
印度尼西亚	15.4	−6.9	11.3	印度尼西亚	0.5	−29.9	2.1
越南	4.4	−11.9	3.3	柬埔寨	0.2	−64.9	0.8

（续）

其他形状的天然橡胶产品				天然橡胶乳产品			
进口来源地	进口量	同比增长	占其他形状的天然橡胶产品进口量比重	进口来源地	进口量	同比增长	占天然橡胶乳产品进口量比重
老　挝	28.4	150.4	70.9	泰　国	45.2	13.6	68.6
缅　甸	9.6	58.0	24.0	越　南	19.8	90.7	30.1
越　南	0.9	24.9	2.1	马来西亚	0.8	−14.3	1.2

（三）价格变动

2022 年，技术分类天然橡胶（TSNR）出口均价每吨 1 968 美元，同比上涨 5.3%；2 月份最高，为每吨 2 579 美元。进口均价每吨 1 681 美元，下跌 1.6%；4 月份最高，为每吨 1 836 美元（图 18）。

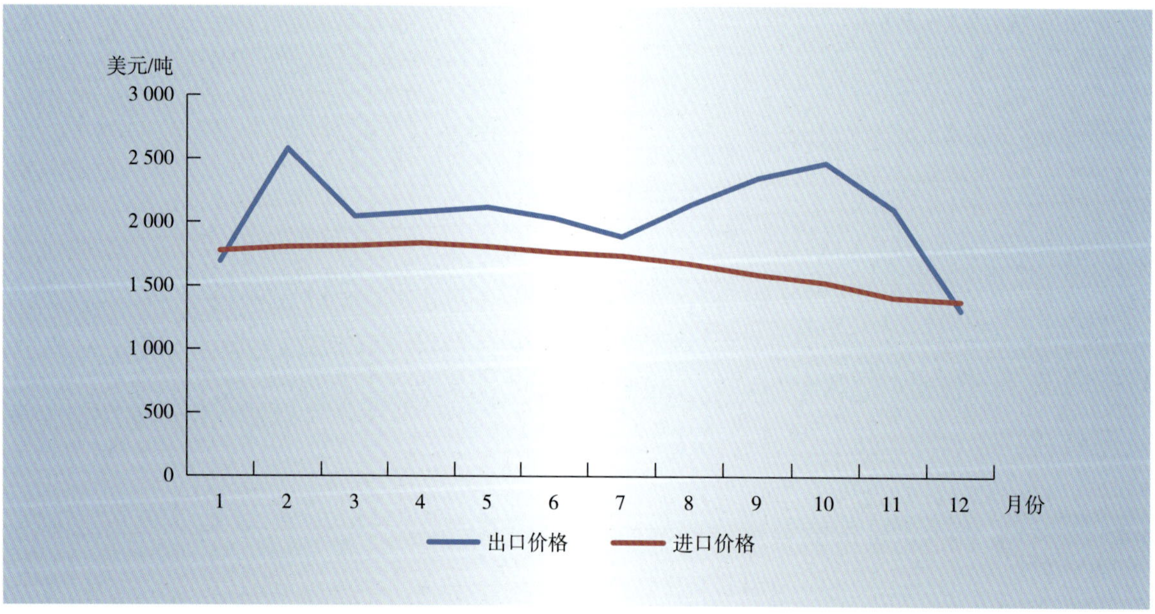

图 18　2022 年中国技术分类天然橡胶（TSNR）进出口价格

省份农产品贸易

省份农产品贸易综述

(一) 贸易规模结构

2022 年，农产品贸易额超过 50 亿美元的有 15 个省（自治区、直辖市），分别为广东、山东、上海、北京、福建、江苏、浙江、天津、辽宁、广西、河北、湖南、安徽、云南和湖北，贸易额合计占全国农产品贸易总额的 91.4%。农产品贸易额在 10 亿～50 亿美元及 10 亿美元以下的分别有 11 个和 5 个省（自治区、直辖市），贸易额合计分别占全国的 8.2% 和 0.4%（图 19）。

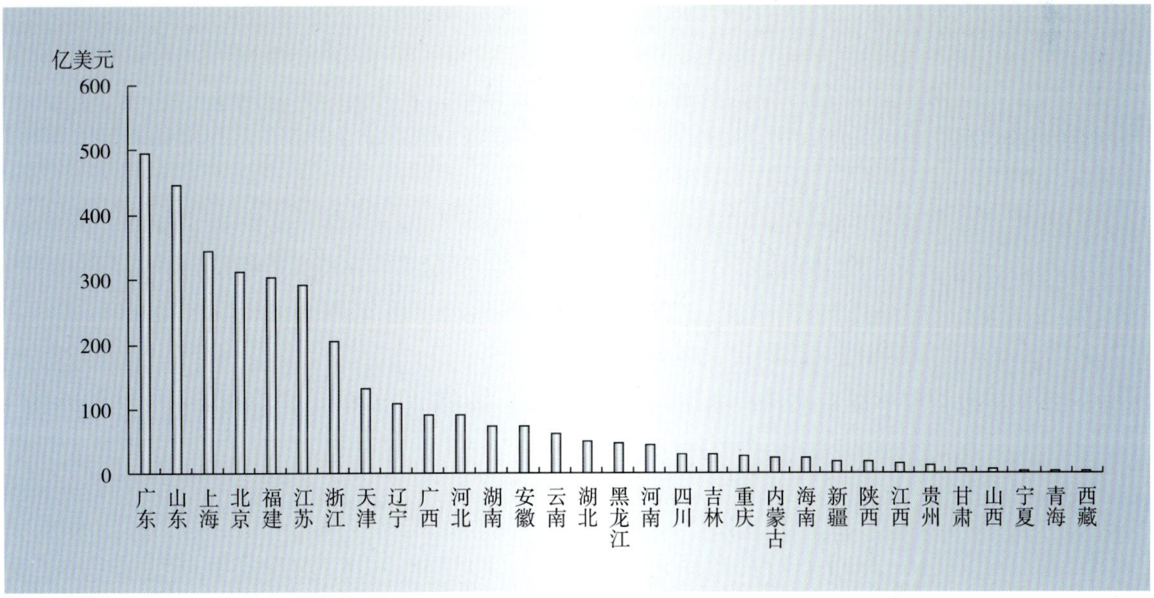

图 19　2022 年中国各省（自治区、直辖市）农产品贸易额

农产品出口额居前五位的省（自治区、直辖市）依次是山东、广东、福建、浙江和江苏，合计占全国农产品出口总额的62.4%。除江苏外，其余4省（自治区、直辖市）出口额均在50亿美元以上。进口额居前五位的依次是广东、上海、北京、江苏和山东，5省（自治区、直辖市）合计占全国农产品进口总额的59.7%。

（二）年度贸易增长

2022年，24省（自治区、直辖市）农产品贸易额比上年增加，增幅前五位分别为山西、海南、新疆、四川和湖北。其中，山西增幅最大，增长50%；8个省（自治区、直辖市）的增幅在20%～50%之间；10个省（自治区、直辖市）的增幅在10%～20%之间；5个省（自治区、直辖市）的增幅在0～10%之间。7省（自治区、直辖市）贸易额比上年下降，分别为西藏、宁夏、云南、北京、安徽、重庆和广西，降幅分别为20.2%、16.1%、12.5%、3.9%、3.4%、2.9%和2.1%（图20）。

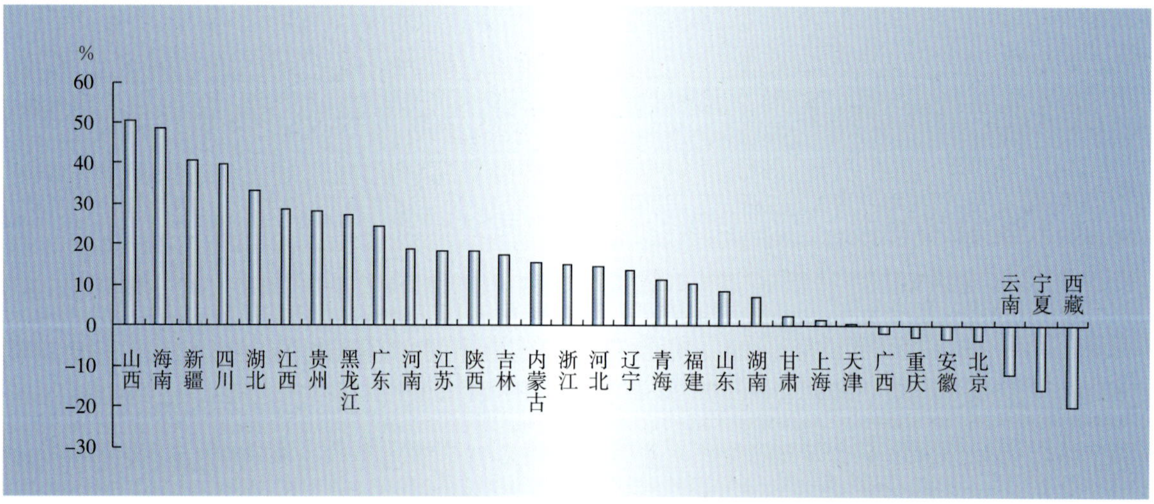

图20　2022年中国各省（自治区、直辖市）农产品贸易额增速

27省（自治区、直辖市）农产品出口额比上年增长，增幅前五位分别为广东、四川、新疆、湖北和黑龙江。其中，广东增幅最大，增长63.2%。其他4省（自治区、直辖市）出口额均有所下降，云南、青海、宁夏和北京降幅分别为37.3%、27.9%、26.5%和0.1%。

23省（自治区、直辖市）农产品进口额比上年增长，增幅前五位分别为青海、贵州、山西、海南和新疆，分别增加1.6倍、1.6倍、1.1倍、75.8%和52.2%。7省（自治区、直辖市）进口额有所下降，其中西藏进口额降幅最大，下降68.5%。

各省（自治区、直辖市）农产品贸易

（一）北京市

2022年，北京农产品贸易额309.4亿美元，同比下降3.9%。其中，出口额16.3亿美元，下降0.1%；进口额293.1亿美元，下降4.1%。逆差276.8亿美元，缩小4.3%。

北京农产品贸易额占全国农产品贸易总额的9.3%。其中，出口额占全国农产品出口总额的1.7%；进口额占全国农产品进口总额的12.4%。

前五大出口农产品依次为大米、苹果汁、药材、蔬菜种子和可可及制品，出口额合计11亿美元，占全市农产品出口额的66.5%。其中，药材和蔬菜种子出口额同比分别增长20.9%和6.5%，大米、苹果汁和可可及制品出口额分别下降3.2%、0.5%和2.6%。

前五大进口农产品依次为玉米、大豆、小麦、原棉和牛肉，进口额合计185.6亿美元，占全市农产品进口额的63.3%。其中，玉米、小麦、原棉和牛肉进口额同比分别增长2.2%、27.1%、1.1倍和38.4%，大豆进口额下降33.1%（表75）。

表75 2022年北京主要贸易产品

单位：亿美元、%

出口产品	出口额	同比增长	占比	进口产品	进口额	同比增长	占比
大　米	8.7	−3.2	53.1	玉　米	57.9	2.2	19.8
苹果汁	1.1	−0.5	6.5	大　豆	52.7	−33.1	18.0
药　材	0.5	20.9	3.1	小　麦	34.7	27.1	11.8
蔬菜种子	0.4	6.5	2.2	原　棉	30.1	107.8	10.3
可可及制品	0.3	−2.6	1.8	牛　肉	10.2	38.4	3.5

前五大出口市场依次为韩国、日本、埃及、美国和土耳其，合计占全市农产品出口额的49.7%，出口额同比分别增长12.6%、7.3%、1倍、25.9%和40.4%。

前五大进口来源地依次为美国、澳大利亚、巴西、乌克兰和加拿大，合计占全市农产品进口额的68%。其中，自澳大利亚和巴西进口额同比分别增长90.1%和8.8%，自美国、乌克兰和加拿大进口额分别下降4.9%、17.8%和15.3%（表76）。

表76 2022年北京农产品主要出口市场和进口来源地

单位：亿美元、%

出口市场	出口额	同比增长	占比	进口来源地	进口额	同比增长	占比
韩　国	2.5	12.6	15.4	美　国	130.1	−4.9	44.4
日　本	1.9	7.3	11.4	澳大利亚	26.2	90.1	8.9
埃　及	1.6	103.9	10.1	巴　西	25.8	8.8	8.8
美　国	1.3	25.9	7.8	乌克兰	8.7	−17.8	3.0
土耳其	0.8	40.4	5.0	加拿大	8.5	−15.3	2.9

北京促进农产品出口主要政策和措施：

（1）建立离岸贸易协调工作机制。对离岸贸易创新发展、平台建设、配套服务、结算融资便利化、风险防控等加强统筹，对重点项目、重大问题、特殊诉求加强协调。

（2）加大出口信用保险支持。支持企业稳固传统市场，开拓新兴市场，加大对跨境电商、海外仓、服务贸易业务的保险支持。积极保障产业链重点企业出口前的风险，最大限度满足投保需求，帮助企业保市场、保订单、保份额。

（3）支持外贸企业提升国际化经营能力。支持外贸企业参加国际展会、取得产品认证、注册境外商标、申请境外专利，以及面向拉美、非洲、中东、东欧、东南亚和中亚等国家和“一带一路”沿线国家的市场拓展活动。

（二）天津市

2022年，天津农产品贸易额129.7亿美元，同比增长0.1%。其中，出口额11.2亿美元，增长7.8%；进口额118.5亿美元，下降0.6%。逆差107.3亿美元，缩小1.4%。

天津农产品贸易额占全国农产品贸易总额的3.9%。其中，出口额占全国农产品出口总额的1.1%；进口额占全国农产品进口总额的5%。

前五大出口农产品依次为加工番茄、药材、肠衣、食糖和芝麻，出口额合计4.8亿美元，占全市农产品出口额的42.8%。出口额同比分别增长13.2%、1.3%、2.4%、16.9%和30.8%。

前五大进口农产品依次为大豆、牛肉、虾类、奶粉和食用植物油，进口额合计79.7亿美元，占全市农产品进口额的67.2%。其中，牛肉、虾类、奶粉和食用植物油进口额同比分别增长27.6%、55.1%、11.3%和12.3%，大豆进口额下降22.8%（表77）。

表77 2022年天津主要贸易产品

单位：亿美元、%

出口产品	出口额	同比增长	占比	进口产品	进口额	同比增长	占比
加工番茄	2.2	13.2	19.6	大　豆	33.7	−22.8	28.5
药　材	1.2	1.3	10.4	牛　肉	17.1	27.6	14.4
肠　衣	0.8	2.4	6.9	虾　类	10.6	55.1	8.9
食　糖	0.3	16.9	3.0	奶　粉	10.0	11.3	8.4
芝　麻	0.3	30.8	2.5	食用植物油	8.3	12.3	7.0

前五大出口市场依次为日本、美国、韩国、蒙古国和马来西亚，合计占全市农产品出口额的47.3%。其中，对日本、美国、蒙古国和马来西亚出口额同比分别增长6%、55.8%、9.6%和1.3倍，对韩国出口额下降10.3%。

前五大进口来源地依次为巴西、新西兰、美国、厄瓜多尔和澳大利亚，合计占全市农产品进口额的61.4%。其中，自新西兰、美国、厄瓜多尔和澳大利亚进口额同比分别增长7.6%、15.9%、54.2%和35.9%，自巴西进口额下降25.5%（表78）。

表78 2022年天津农产品主要出口市场和进口来源地

单位：亿美元、%

出口市场	出口额	同比增长	占比	进口来源地	进口额	同比增长	占比
日　本	2.3	6.0	20.9	巴　西	30.5	−25.5	25.7
美　国	1.1	55.8	9.6	新西兰	14.4	7.6	12.2
韩　国	0.9	−10.3	7.7	美　国	13.8	15.9	11.7
蒙古国	0.5	9.6	4.8	厄瓜多尔	8.1	54.2	6.9
马来西亚	0.5	130.4	4.2	澳大利亚	5.9	35.9	5.0

天津促进农产品出口主要政策和措施：

（1）注重顶层设计。制定印发了《天津市农业国际合作“十四五”规划》和《天津市农业国际贸易高质量发展基地行动方案（2022—2025年）》，计划培育市级农业国际贸易高质量发展基地（以下简称“国贸基地”）40家，基地出口额占全市农产品出口额50%以上。2022年全市已建成国贸基地13家，其中国家级4家。

（2）加强部门协作。发挥农业对外合作联席会议机制作用，组织召开市农业对外合作第五次联席会议，研究部署国贸基地工作。加强与海关、商务、外办等部门的合作，与天津海关等签署合作框架协议，汇聚各部门力量促进农产品出口。

（3）做好宣传引导。组织主流媒体对天津农产品出口进行宣传，营造了较好的舆论氛围，2022年国内外主流媒体报道天津农产品出口企业10余次。其中，天津菜花走向“一带一路”被新华社中英文媒体报道，取得良好效果。

（4）强化考核督导。将推动国贸基地建设、服务农产品出口企业等工作纳入全市乡村振兴实绩考核，调动各区抓农产品出口的积极性和主动性。各涉农区主动联系帮扶企业、加大宣传推介力度、积极协调支持政策。

（三）河北省

2022年，河北农产品贸易额88.7亿美元，同比增长14.2%。其中，出口额21.4亿美元，增长13.2%；进口额67.3亿美元，增长14.5%。逆差45.9亿美元，扩大15.2%。

河北农产品贸易额占全国农产品贸易总额的2.7%。其中，出口额占全国农产品出口总额的2.2%；进口额占全国农产品进口总额的2.9%。

前五大出口农产品依次为扇贝、肠衣、

梨、葡萄糖和果仁罐头，出口额合计6.6亿美元，占全省农产品出口额的30.8%。其中，扇贝、肠衣、梨和葡萄糖出口额同比分别增长16.1%、1.2%、1.4%和40.1%，果仁罐头出口额下降10%。

前五大进口农产品依次为大豆、山羊绒、生牛马皮、蓖麻油和扇贝，进口额合计55.4亿美元，占全省农产品进口额的82.3%。其中，大豆、山羊绒、生牛马皮和扇贝进口额同比分别增长14.8%、1.4倍、29.6%和40.4%，蓖麻油进口额下降26.8%（表79）。

表79 2022年河北主要贸易产品

单位：亿美元、%

出口产品	出口额	同比增长	占比	进口产品	进口额	同比增长	占比
扇　贝	1.7	16.1	7.7	大　豆	46.5	14.8	69.1
肠　衣	1.5	1.2	7.2	山羊绒	3.4	138.3	5.0
梨	1.5	1.4	6.9	生牛马皮	2.7	29.6	4.0
葡萄糖	1.1	40.1	5.3	蓖麻油	1.4	−26.8	2.1
果仁罐头	0.8	−10.0	3.8	扇　贝	1.4	40.4	2.0

前五大出口市场依次为日本、韩国、印度尼西亚、美国和德国，出口额合计占全省农产品出口额的46%。对前四大出口市场的出口额同比分别增长5%、11%、13.5%和0.7%，对德国出口额下降12.8%。

前五大进口来源地依次为巴西、美国、蒙古国、印度和澳大利亚，进口额合计占全省农产品进口额的82.6%。其中，自巴西和印度进口额同比分别下降7.7%和34.4%，自美国、蒙古国和澳大利亚进口额分别增长67%、1.5倍和32.8%（表80）。

表80 2022年河北农产品主要出口市场和进口来源地

单位：亿美元、%

出口市场	出口额	同比增长	占比	进口来源地	进口额	同比增长	占比
日　本	3.3	5.0	15.4	巴　西	25.1	−7.7	37.4
韩　国	2.5	11.0	11.9	美　国	23.1	67.0	34.3
印度尼西亚	1.6	13.5	7.6	蒙古国	3.6	146.1	5.3
美　国	1.4	0.7	6.5	印　度	1.9	−34.4	2.8
德　国	1.0	−12.8	4.6	澳大利亚	1.9	32.8	2.8

河北促进农产品出口主要政策和措施：

（1）扎实推进国贸基地建设。2022年，河北新增认定了5家农产品出口企业为国家级国贸基地，全省国家级国贸基地认定数量累计达到10家，认定数量位居全国前列。创建完成了遵化板栗1个省级农业国际贸易高质量发展先行区和51个省级国贸基地，并有16家企业获得了粤港澳大湾区“菜篮子”基地认证。

（2）积极参加和举办各类会展活动。2022年，河北共组织30多家外贸企业参加了莫斯科国际食品展、香港美食展和意大利果蔬展等国际性展会，达成合作意向100余项。成功举办了河北首届食用菌出口产销对接会。以“参展+办展”的方式，实现供应商与采购商精准对接，降低了新冠疫情对本省农产品出口影响。

（3）做好多部门协作的配套服务工作。河北省农业农村厅与石家庄海关、省商务厅等单位建立对接会商机制，就推动农产品进出口、农产品质量安全监管、有害生物风险管理等方面开展务实合作。引导出口企业先后成立鲜梨、食用菌、调味品、板栗、水产品和蔬菜等六个农产品出口企业联盟，发挥行业协会在组团参展、应对贸易壁垒、规范行业标准等方面的重要引领作用。

（四）山西省

2022年，山西农产品贸易额4.9亿美元，同比增长50%。其中，出口额1.8亿美元，增长1.6%；进口额3.1亿美元，增加1.1倍。由上年的贸易顺差转为逆差，逆差1.3亿美元。

山西农产品贸易额占全国农产品贸易总额的0.1%。其中，出口额占全国农产品出口总额的0.2%，进口额占全国农产品进口总额的0.1%。

前五大出口农产品依次为核桃、梨、苹果汁、白酒和鲜鸡蛋，出口额合计0.9亿美元，占全省农产品出口额的50%。其中，苹果汁和鲜鸡蛋出口额同比分别增长12.8%和62.6倍，核桃、梨和白酒出口额分别下降26.2%、5.9%和7.5%。

前五大进口农产品依次为大豆、牛肉、蓖麻油、猪杂碎和鸡及产品，进口额合计2.4亿美元，占全省农产品进口额的76.6%。其中，牛肉、蓖麻油、猪杂碎和鸡及产品进口额同比分别增加1.4倍、46.8%、3.8倍和6.4倍，大豆进口额与上年基本持平（表81）。

表81　2022年山西主要贸易产品

单位：万美元、%

出口产品	出口额	同比增长	占比	进口产品	进口额	同比增长	占比
核　桃	3 939.1	−26.2	21.4	大　豆	8 544.2	0.0	27.8
梨	2 121.4	−5.9	11.5	牛　肉	7 684.9	144.5	25.0
苹果汁	1 417.2	12.8	7.7	蓖麻油	3 378.1	46.8	11.0
白　酒	893.1	−7.5	4.8	猪杂碎	2 437.8	382.5	7.9
鲜鸡蛋	667.8	6 259.3	3.6	鸡及产品	1 512.0	644.5	4.9

前五大出口市场依次为韩国、泰国、阿联酋、美国和土耳其，合计占全省农产品出口额的 54.1%。其中，对韩国、泰国、阿联酋和土耳其出口额同比分别增长 47.1%、19%、14.5%和 1.1%，对美国出口额下降 21.7%。

前五大进口来源地依次为美国、巴西、印度、乌拉圭和西班牙，合计占全省农产品进口额的 76.5%。其中，自美国、乌拉圭和西班牙进口额同比分别增加 6.1 倍、18.4 倍和 1.3 倍，自巴西和印度进口额分别增长 94.4%和 61.7%（表 82）。

表 82　2022 年山西农产品主要出口市场和进口来源地

单位：万美元、%

出口市场	出口额	同比增长	占比	进口来源地	进口额	同比增长	占比
韩　国	3 206.1	47.1	17.4	美　国	7 769.3	610.7	25.3
泰　国	2 389.4	19.0	13.0	巴　西	5 932.6	94.4	19.3
阿联酋	1 765.6	14.5	9.6	印　度	4 155.1	61.7	13.5
美　国	1 421.3	−21.7	7.7	乌拉圭	3 725.5	1 835.1	12.1
土耳其	1 177.5	1.1	6.4	西班牙	1 927.5	132.8	6.3

山西促进农产品出口主要政策和措施

（1）开展农产品出口的专业培训和监测调查。组织参加“RCEP 涉农政策培训班”“贸易调整援助政策宣讲与专题培训会”“海关 AEO 认证线上培训”“农产品海外营销能力线上培训班”“2022 年农产品市场分析形势研讨会”等外经外事知识培训，增强人员素质。

（2）发挥全省农业对外合作联席会议机制作用。联合太原海关对农产品出口企业开展调研，召开促进外向型农业合作会议，对接“南果中粮北肉”三大平台，积极推动水果、杂粮、蔬菜出口。推动忻州出口食品农产品质量安全示范区创建。做好省农业领域招商引资、惠台政策解读工作，制定《山西省贯彻落实〈关于支持台湾同胞台资企业在大陆农业林业领域发展的若干措施〉实施指南》。联合进出口银行山西分行做好农业对外合作普惠金融项目征集工作。

（3）推进企业参展积极开拓国际市场。组织干鲜果品、小杂粮及肉类等 6 家企业参加第十九届中国—东盟博览会（以下简称“东博会”），在东博会上做好省特优农产品推介活动。组织 18 家企业和农业外经系统人员参加 2022 年西雅国际食品展，搭建山西特装展位，进行“有机旱作·晋品”系列宣传，提升山西优势农产品的国际知名度和影响力。组织人员参加中国国际进口博览会（以下简称“进博会”）并在进博会期间参加世界晋商上海论坛“有机旱作·晋品”推介活动。

(4) 开展国贸基地建设工作。山西省4家企业被评为国贸基地，1家企业被纳入国贸基地体系。组织2022年国贸基地开展出口商品品牌评价及海外推介服务。

(五) 内蒙古自治区

2022年，内蒙古农产品贸易额23.3亿美元，同比增长15.4%。其中，出口额10.5亿美元，增长20.1%；进口额12.8亿美元，增长11.8%。逆差2.3亿美元，缩小15.4%。

内蒙古农产品贸易额占全国农产品贸易总额的0.7%。其中，出口额占全国农产品出口总额的1.1%；进口额占全国农产品进口总额的0.5%。

前五大出口农产品依次为葵花籽、番茄、瓜子、核桃和马铃薯，出口额合计6.9亿美元，占全区农产品出口额的64.5%。其中，葵花籽、番茄、瓜子和马铃薯出口额同比分别增长22.7%、65.8%、1.1倍和5.3倍，核桃出口额下降34.8%。

前五大进口农产品依次为奶粉、亚麻籽、油菜籽、乳白蛋白和玉米，进口额合计7.2亿美元，占全区农产品进口额的55.6%。其中，奶粉、亚麻籽和乳白蛋白进口额同比分别增长5.9%、1.5倍和28.8%，油菜籽和玉米进口额分别下降20.4%和65.9%（表83）。

表83 2022年内蒙古主要贸易产品

单位：亿美元、%

出口产品	出口额	同比增长	占比	进口产品	进口额	同比增长	占比
葵花籽	5.0	22.7	47.6	奶　粉	4.4	5.9	34.5
番　茄	0.8	65.8	7.3	亚麻籽	1.5	152.5	11.6
瓜　子	0.7	113.9	6.2	油菜籽	0.5	−20.4	3.7
核　桃	0.2	−34.8	1.8	乳白蛋白	0.4	28.8	3.0
马铃薯	0.2	529.1	1.6	玉　米	0.4	−65.9	2.8

前五大出口市场依次为俄罗斯、伊拉克、阿联酋、伊朗和越南，出口额合计占全区农产品出口额的43.4%。对前五大出口市场的出口额同比分别增长8.5%、20.7%、1.4倍、94.5%和59.4%。

前五大进口来源地依次为新西兰、美国、俄罗斯、蒙古国和保加利亚，进口额合计占全区农产品进口额的82.2%。其中，自新西兰、美国、俄罗斯和保加利亚进口额同比分别增长3.6%、63.9%、28.3%和7.8倍，自蒙古国进口额下降50.2%（表84）。

表 84　2022 年内蒙古农产品主要出口市场和进口来源地

单位：亿美元、%

出口市场	出口额	同比增长	占比	进口来源地	进口额	同比增长	占比
俄罗斯	1.3	8.5	12.1	新西兰	4.1	3.6	32.2
伊拉克	0.9	20.7	8.5	美国	3.1	63.9	24.2
阿联酋	0.9	136.2	8.2	俄罗斯	2.3	28.3	17.7
伊朗	0.8	94.5	7.7	蒙古国	0.6	−50.2	4.8
越南	0.7	59.4	6.9	保加利亚	0.4	780.4	3.3

内蒙古促进农产品出口主要政策和措施：

（1）编制规划统领对外合作工作。深入贯彻落实中央和自治区有关工作部署，编制《内蒙古“十四五”农牧业对外合作规划》，以加快建设地区重点项目为抓手，把区位优势转化为开放优势、发展优势，促进全区农牧业发展和转型升级。

（2）扎实推进国贸基地建设。2022 年全区共有 5 家农产品出口企业入选国贸基地，入选企业数累计达到 8 家。支持国贸基地企业积极开展国际认证认可和标准制定，发挥行业“领头羊”作用和影响力。一是通过开展国际市场商标注册和保护，打造国际市场品牌持续影响力，多家企业已成为世界品牌领军企业。二是引导国贸基地企业通过在欠发达地区建设生产基地、与当地农牧民开展养殖合作等方式，带动地方就业和农牧户增收。

（3）积极开展国际营销和品牌推广。以乳、肉、绒、粮、油、薯、蔬等优质绿色农畜产品为重点，组织相关外贸企业参加大型国际展会及投资推介活动，加强国际营销和品牌推广。

（4）加强专业人才队伍建设。积极组织人员参加农业农村部组织的农业国际贸易人才及经理培训、农业国际贸易政策培训、对外农牧业投资管理培训等培训班。组织企业及协会人员参加“中德青年农业实用人才交流项目”，为全区农牧业对外合作工作奠定良好人才和知识储备基础。

（六）辽宁省

2022 年，辽宁农产品贸易额 105.8 亿美元，同比增长 13.5%。其中，出口额 44.7 亿美元，增长 11.3%；进口额 61.1 亿美元，增长 15.2%。逆差 16.4 亿美元，扩大 27.4%。

辽宁农产品贸易额占全国农产品贸易总额的 3.2%。其中，出口额占全国农产品出口总额的 4.6%；进口额占全国农产品进口总额的 2.6%。

前五大出口农产品依次为鳕鱼、鸡及产品、比目鱼、蛤和墨鱼及鱿鱼，占全省农产品出口额的 33.1%。其中，鳕鱼、鸡及产品、比目鱼、墨鱼及鱿鱼出口额同比分别增长17.1%、11.5%、24.7%和9.6%，蛤出口额下降5.9%。

前五大进口农产品依次为大豆、鳕鱼、牛肉、大麦和羊肉，占全省农产品进口额的56.7%。进口额同比分别增长20%、21.3%、61%、22.7%和2.6%（表85）。

表85 2022年辽宁主要贸易产品

单位：亿美元、%

出口产品	出口额	同比增长	占比	进口产品	进口额	同比增长	占比
鳕　鱼	6.4	17.1	14.3	大　豆	21.1	20.0	34.6
鸡及产品	2.5	11.5	5.6	鳕　鱼	4.4	21.3	7.2
比目鱼	2.1	24.7	4.7	牛　肉	3.7	61.0	6.0
蛤	2.0	−5.9	4.5	大　麦	2.8	22.7	4.6
墨鱼及鱿鱼	1.8	9.6	4.0	羊　肉	2.6	2.6	4.3

前五大出口市场依次为日本、美国、韩国、德国和朝鲜，合计占全省农产品出口额的61.5%。其中，对日本出口额同比下降1.8%，对美国、韩国、德国和朝鲜出口额分别增长16.7%、5.2%、17.5%和3.1倍。

前五大进口来源地依次为巴西、美国、俄罗斯、新西兰和阿根廷，合计占全省农产品进口额的65.9%。进口额同比分别增长23.9%、8%、73.7%、28.5%和2.7倍（表86）。

表86 2022年辽宁农产品主要出口市场和进口来源地

单位：亿美元、%

出口市场	出口额	同比增长	占比	进口来源地	进口额	同比增长	占比
日　本	10.5	−1.8	23.5	巴　西	16.0	23.9	26.1
美　国	7.9	16.7	17.6	美　国	10.2	8.0	16.7
韩　国	5.2	5.2	11.6	俄罗斯	7.1	73.7	11.6
德　国	2.1	17.5	4.6	新西兰	4.5	28.5	7.3
朝　鲜	1.9	312.4	4.2	阿根廷	2.6	265.1	4.2

辽宁促进农产品出口主要政策和措施：

（1）完善农产品出口形势监测机制。跟踪全省贸易情况，对辽宁农产品按地区、出口市场和具体产品进行细化分析，建立重点出口行业数据采集点，开展月度产品出口监测，完善农产品出口数据。

（2）搭建农产品贸易促进平台。建设“辽宁农产品贸易促进服务平台”，提供线上信息服务，推动线下产需对接，通过贸易对接、展示推介、监测预警、税率查询、科企对接等方式，助力企业寻找新机遇。

（3）多渠道促进农产品出口。依托境外农产品展示中心和农业行业贸促支会，组织企业参加中国—东盟农业国际合作展、莫斯科国际食品展、法国巴黎国际食品展，助力企业拓展新合作，提高展示与推介、仓储与配送、品牌营销与售后服务一体化水平。

（4）推进国贸基地建设。将中国国际渔业博览会（以下简称“渔博会”）纳入支持范围，给予展位扶持；制作水产行业宣传片，切实加大宣传力度。推动出口农产品国际认证提升，鼓励企业广泛开展国际认证认可。加强一对一咨询服务，发布近百条信息，提高风险防控能力。

（七）吉林省

2022 年，吉林农产品贸易额 27.7 亿美元，同比增长 17.1%。其中，出口额 10.3 亿美元，增长 9.2%；进口额 17.4 亿美元，增长 22.4%。逆差 7.1 亿美元，扩大 48.7%。

吉林农产品贸易额占全国农产品贸易总额的 0.8%。其中，出口额占全国农产品出口总额的 1.1%；进口额占全国农产品进口总额的 0.7%。

前五大出口农产品依次为松子、鳕鱼、无醇饮料、饲料添加剂和绿豆，出口额合计 3.8 亿美元，占全省农产品出口额的 37.9%。其中，鳕鱼、无醇饮料、饲料添加剂和绿豆出口额同比分别增长 31.9%、52.6%、2.4 倍和 12.7%，松子出口额下降 10%。

前五大进口农产品依次为大豆、螃蟹、牛肉、鳕鱼和松子，进口额合计 15.2 亿美元，占全省农产品进口额的 87.9%，其中，大豆、牛肉、鳕鱼和松子进口额同比分别增长 12.8%、2.8 倍、77.2%和 15.9%，螃蟹进口额下降 10.7%（表 87）。

表 87 2022 年吉林主要贸易产品

单位：亿美元、%

出口产品	出口额	同比增长	占比	进口产品	进口额	同比增长	占比
松　子	1.7	−10.0	16.9	大　豆	5.0	12.8	28.8
鳕　鱼	0.6	31.9	6.3	螃　蟹	4.3	−10.7	24.6
无醇饮料	0.5	52.6	5.3	牛　肉	2.7	278.1	15.6
饲料添加剂	0.5	235.1	5.0	鳕　鱼	1.6	77.2	9.5
绿　豆	0.5	12.7	4.4	松　子	1.6	15.9	9.4

前五大出口市场依次为韩国、日本、德国、印度尼西亚和美国，合计占全省农产品出口额的62.5%。其中，对韩国、日本、德国和印度尼西亚出口额同比分别增长5.7%、2.8%、18.6%和41%，对美国出口额下降22.5%。

前五大进口来源地依次为俄罗斯、巴西、蒙古国、美国和乌拉圭，合计占全省农产品进口额的94.9%。其中，自俄罗斯、巴西和乌拉圭进口额同比分别增长13.6%、74.4%和3.9倍，自蒙古国和美国进口额分别下降16.7%和31.4%（表88）。

表88 2022年吉林农产品主要出口市场和进口来源地

单位：亿美元、%

出口市场	出口额	同比增长	占比	进口来源地	进口额	同比增长	占比
韩　国	2.6	5.7	24.7	俄罗斯	7.7	13.6	44.3
日　本	1.7	2.8	16.7	巴　西	7.0	74.4	40.0
德　国	0.8	18.6	8.0	蒙古国	1.1	−16.7	6.2
印度尼西亚	0.8	41.0	7.3	美　国	0.5	−31.4	2.9
美　国	0.6	−22.5	5.8	乌拉圭	0.3	389.4	1.5

吉林促进农产品出口主要政策和措施：

（1）提升农产品国际影响力。围绕长白山人参、黑木耳等食用菌、杂粮杂豆、干鲜蔬菜等特色产品，以强化基础设施建设、开展国际认证认可、提升国际品牌形象为主要内容，建设一批面向国际市场、对标国际标准、打造国际品牌、迈向国际价值链中高端的国贸基地，示范引领农业贸易转型升级。

（2）提升企业国际化经营水平。组织企业参加各类农产品展洽活动和企业推介活动，积极为参会的涉外农企提供精准服务，帮助企业熟悉国际贸易规则、政策及标准，推动企业与国际经销商、采购商以及国内大型经销商的直接对接，进一步扩大企业国际化视野。

（八）黑龙江省

2022年，黑龙江农产品贸易额44.7亿美元，同比增长26.1%。其中，出口额11.3亿美元，增长26.8%；进口额33.5亿美元，增长26.6%。逆差22.2亿美元，扩大26.9%。

黑龙江农产品贸易额占全国农产品贸易总额的1.3%。其中，出口额占全国农产品出口总额的1.1%；进口额占全国农产品进口总额的1.4%。

前五大出口农产品依次为饲料添加剂、瓜子、葡萄糖、柑橘和番茄，出口额合计4.5亿美元，占全省农产品出口额的40.1%。其中，饲料添加剂、葡萄糖和柑橘出口额同比分别增长41.3%、21.8%和

115.7倍，瓜子和番茄出口额分别下降8.4%和17.1%。

前五大进口农产品依次为大豆、羊肉、牛肉、乳品和亚麻，进口额合计26.5亿美元，占全省农产品进口额的79.1%。其中，大豆、羊肉、牛肉和亚麻进口额同比分别增长31.6%、8.4%、63.4%和31.2%，乳品进口额下降26.4%（表89）。

表89 2022年黑龙江主要贸易产品

单位：亿美元、%

出口产品	出口额	同比增长	占比	进口产品	进口额	同比增长	占比
饲料添加剂	1.6	41.3	14.2	大　豆	18.2	31.6	54.5
瓜　子	1.5	−8.4	13.7	羊　肉	4.2	8.4	12.6
葡萄糖	0.6	21.8	5.1	牛　肉	2.0	63.4	6.0
柑　橘	0.4	11 571.6	3.6	乳　品	1.1	−26.4	3.2
番　茄	0.4	−17.1	3.5	亚　麻	1.0	31.2	2.8

前五大出口市场依次为俄罗斯、韩国、荷兰、美国和日本，合计占全省农产品出口额的64.8%，对俄罗斯、韩国、荷兰和日本出口额同比分别增长45.2%、39.4%、1.3倍和1.1倍，对美国出口额下降7.3%。

前五大进口来源地依次为巴西、俄罗斯、新西兰、美国和阿根廷，合计占全省农产品进口额的80%。其中，自巴西、俄罗斯、美国和阿根廷进口额同比分别增长3.3%、42.7%、13.5%和33.7倍，自新西兰进口额下降2.3%（表90）。

表90 2022年黑龙江农产品主要出口市场和进口来源地

单位：亿美元、%

出口市场	出口额	同比增长	占比	进口来源地	进口额	同比增长	占比
俄罗斯	3.8	45.2	33.7	巴　西	10.5	3.3	31.3
韩　国	1.0	39.4	9.2	俄罗斯	5.8	42.7	17.2
荷　兰	1.0	127.1	8.7	新西兰	4.2	−2.3	12.7
美　国	0.8	−7.3	7.0	美　国	3.6	13.5	10.8
日　本	0.7	108.5	6.2	阿根廷	2.7	3 367.6	8.0

黑龙江促进农产品出口主要政策和措施：

（1）强基地，推动农业国际贸易高质量发展。一是加强国贸基地建设。2022年，4家优质出口企业认定为国家级国贸基地。二是加强出口基地备案。联合哈尔滨海关推动农产品出口基地备案工作，联合下发《关于加强蔬菜等重点农产品出口基地建设工作的通知》，出台扶持蔬菜等优势农产品出口基地备案政策措施，在全省建立了农业部门与海关部门推动农产品出口基地工作合作机制。

（2）抓服务，积极搭建农业国际贸易服务平台。一是搭建展会平台。积极组织农业企业广泛参加国际国内、线上线下农产品出口展会，充分展示黑龙江优质特色农产品。二是搭建培训平台。组织举办全省农业国际贸易高质量发展专题培训班。组织国贸基地企业参加海关AEO认证线上辅导，强化出口公共服务。三是搭建交流平台。组织5家农场申报中德农业现代化种植示范项目备选农场；参加英国驻华使馆与黑龙江农业领域合作视频会议，推介黑龙江农产品贸易特点和优势。

（3）优环境，加大农业国际贸易支持。一是协调金融支持。主动对接进出口银行开展第九批农业对外合作项目征集推荐工作，加强对农业走出去的金融支持。二是促进保险支撑。与出口信用保险部门加强战略合作，积极推动出口信用保险与国贸基地项目、中国进出口银行贷款项目等合作，加大农产品出口保险支持力度。三是争取海关支持。与哈尔滨海关联合，积极研究对俄罗斯马铃薯出口，力争推动黑龙江省马铃薯对俄出口实现零的突破。

（九）上海市

2022年，上海农产品贸易额341.3亿美元，同比增长1.5%。其中，出口额27.3亿美元，增长22.7%；进口额314亿美元，略降0.03%。逆差286.7亿美元，缩小1.8%。

上海农产品贸易额占全国农产品贸易总额的10.2%。其中，出口额占全国农产品出口总额的2.8%；进口额占全国农产品进口总额的13.3%。

前五大出口农产品依次为非食用动物油脂、植物液汁及浸膏、肠衣、混合调味品和糖，出口额合计13亿美元，占全市农产品出口额的47.6%。其中，非食用动物油脂、混合调味品和糖出口额同比分别增长79.2%、3%和53.2%，植物液汁及浸膏和肠衣出口额分别下降16.3%和17.1%。

前五大进口农产品依次为大豆、牛肉、奶粉、葡萄酒和猪肉，进口额合计154.3亿美元，占全市农产品进口额的49.1%。其中，大豆和牛肉进口额同比分别增长26.4%和10.8%，奶粉、葡萄酒和猪肉进口额分别下降3.6%、22.6%和65.4%（表91）。

表 91　2022 年上海主要贸易产品

单位：亿美元、%

出口产品	出口额	同比增长	占比	进口产品	进口额	同比增长	占比
非食用动物油脂	8.5	79.2	31.2	大　豆	76.4	26.4	24.3
植物液汁及浸膏	1.4	−16.3	5.1	牛　肉	35.4	10.8	11.3
肠　衣	1.2	−17.1	4.2	奶　粉	21.2	−3.6	6.8
混合调味品	1.1	3.0	4.1	葡萄酒	12.8	−22.6	4.1
糖	0.8	53.2	2.9	猪　肉	8.5	−65.4	2.7

前五大出口市场依次为新加坡、荷兰、日本、美国和中国香港，合计占全市农产品出口额的 53.4%。其中，对新加坡、荷兰和美国出口额同比分别增长 63.5%、1 倍和 0.3%，对日本和中国香港出口额分别下降 1.2%和 15.1%。

前五大进口来源地依次为巴西、美国、新西兰、法国和印度尼西亚，合计占全市农产品进口额的 54.1%。其中，自巴西、美国和印度尼西亚进口额同比分别增长 16.8%、11.7% 和 10.7%，自新西兰和法国进口额分别下降 8.4% 和 25.8%（表 92）。

表 92　2022 年上海农产品主要出口市场和进口来源地

单位：亿美元、%

出口市场	出口额	同比增长	占比	进口来源地	进口额	同比增长	占比
新加坡	4.7	63.5	17.0	巴　西	71.1	16.8	22.6
荷　兰	4.0	100.4	14.6	美　国	44.8	11.7	14.3
日　本	2.4	−1.2	8.7	新西兰	23.8	−8.4	7.6
美　国	2.2	0.3	7.9	法　国	16.6	−25.8	5.3
中国香港	1.4	−15.1	5.2	印度尼西亚	13.4	10.7	4.3

上海促进农产品出口主要政策和措施：

（1）提升跨境贸易便利化水平。推动符合条件的货物进行“船边直提”和“抵港直装”，提高货物报关和提离速度。加快冷藏集装箱疏港速度，对进出口鲜活易腐农食产品实施属地优先查检及“5+2”预约查检。

优化全货机的航班时刻使用，鼓励航空公司客运时刻改货运时刻使用，提高货运航班时刻的审批效率。加快完善中欧班列配套设施，增加开行班列和线路，在业务现场设立中欧班列通关服务专窗。

（2）有序扩大大宗商品贸易规模。支持企业加强“一带一路”农业国际经贸合作，扩大国内紧缺农产品进口，拓展多元化进口渠道。支持符合条件的企业申请开展国际航行船舶保税油加注业务，稳步扩大加注业务规模。支持符合条件的大宗商品总部企业申请海关高级认证。

（3）提升进口贸易促进创新示范区能级。鼓励贸易型总部企业在虹桥国际中央商务区集聚，支持虹桥海外贸易中心建设，吸引集聚国际商事争议解决机构和贸易促进中介组织。支持外高桥保税区做大专业贸易服务平台规模，加快推动外高桥全球汇项目建设，持续提升专业贸易服务平台能级。支持建设大宗商品现货和期货一体化交割仓库，逐步扩大交割商品品种。

（4）发挥跨境电商带动作用。搭建海外仓综合服务平台，为跨境电商出口海外仓模式退税、收结汇提供贸易真实性验证。完善跨境电商进出口退货流程，鼓励企业设立跨境电商网购保税进口退货中心仓，优化调整跨境电商直购进口退货监管流程。持续推动跨境电商网购保税业务发展，扩大跨境电商出口海外仓业务和包裹零售出口。探索完善跨境电商企业对企业出口税收政策，支持符合条件的跨境电商出口企业适用出口退税政策。支持符合条件的跨境电商企业申请高新技术企业认定。

（十）江苏省

2022 年，江苏农产品贸易额 290.1 亿美元，同比增长 18.2%。其中，出口额 44.9 亿美元，增长 11.8%；进口额 245.2 亿美元，增长 19.4%。逆差 200.3 亿美元，扩大 21.3%。

江苏农产品贸易额占全国农产品贸易总额的 8.7%。其中，出口额占全国农产品出口总额的 4.6%；进口额占全国农产品进口总额的 10.4%。

前五大出口农产品依次为肠衣、大蒜、植物液汁及浸膏、紫菜和羽毛，出口额合计 9 亿美元，占全省农产品出口额的 20%。其中，肠衣和植物液汁及浸膏出口额同比分别增长 14.2%和 1 倍，大蒜、紫菜和羽毛出口额分别下降 11.6%、16.9%和 4.6%。

前五大进口农产品依次为大豆、棕榈油、羊毛、牛肉和木薯，进口额合计 177.9 亿美元，占全省农产品进口额的 72.5%。其中，大豆、牛肉和木薯进口额同比分别增长53.2%、11.7%和 12.4%，棕榈油和羊毛进口额分别下降 14.3%和 1.5%（表 93）。

表 93 2022 年江苏主要贸易产品

单位：亿美元、%

出口产品	出口额	同比增长	占比	进口产品	进口额	同比增长	占比
肠　衣	2.7	14.2	5.9	大　豆	129.0	53.2	52.6
大　蒜	2.3	−11.6	5.1	棕榈油	20.5	−14.3	8.4
植物液汁及浸膏	1.9	104.8	4.2	羊　毛	12.8	−1.5	5.2
紫　菜	1.1	−16.9	2.4	牛　肉	10.4	11.7	4.2
羽　毛	1.0	−4.6	2.2	木　薯	5.2	12.4	2.1

前五大出口市场依次为美国、日本、荷兰、中国香港和韩国，合计占全省农产品出口额的 41.9%。其中，对美国、荷兰和中国香港出口额分别增长 5.3%、35.9%和 18.7%，对日本和韩国出口额下降 10.3%和 4.1%。

前五大进口来源地依次为巴西、美国、印度尼西亚、澳大利亚和马来西亚，合计占全省农产品进口额的 74.9%。其中，自巴西、美国和马来西亚进口额分别增长 38.9%、35.3%和 42.5%，自印度尼西亚和澳大利亚进口额分别下降 7.7%和 2.5%（表 94）。

表 94 2022 年江苏农产品主要出口市场和进口来源地

单位：亿美元、%

出口市场	出口额	同比增长	占比	进口来源地	进口额	同比增长	占比
美　国	5.0	5.3	11.1	巴　西	96.3	38.9	39.3
日　本	4.4	−10.3	9.9	美　国	39.3	35.3	16.0
荷　兰	4.0	35.9	8.9	印度尼西亚	25.1	−7.7	10.2
中国香港	2.7	18.7	6.1	澳大利亚	14.1	−2.5	5.8
韩　国	2.7	−4.1	5.9	马来西亚	8.9	42.5	3.6

江苏促进农产品出口主要政策和措施：

（1）持续推进国贸基地建设，打造出口产业。江苏省积极调整财政支农政策，将国贸基地建设纳入省现代农业发展专项资金扶持范围，积极组织省内国贸基地企业参加各类交流、培训和推介活动，组织国贸基地企业申报中国贸促会出口商品品牌评价认证，提升国贸基地企业品牌知名度。

（2）科学谋划促销计划，依托展会拓展国际市场。归纳梳理新冠疫情发生以来新的促销模式及效果，积极谋划农产品境外促销工作。积极组织省内企业参加西雅国际食品展、2022 年 FHC 上海环球食品展“内外贸融合”专区等展会。

（3）充分利用省级平台，持续推进优势农产品贸易促进。在第十二届江苏—澳门·葡语国家工商峰会期间举办大闸蟹推介会，江苏省大闸蟹企业与澳门相关企业达成了多项合作协议，协议金额超 300 万美元，意向金额超 500 万美元。

（十一）浙江省

2022 年，浙江农产品贸易总额 202.8 亿美元，同比增长 4.7%。其中，出口额 58.3 亿美元，增长 10.2%；进口额 144.5 亿美元，增长 16.7%。逆差 86.2 亿美元，扩大 21.5%。

浙江农产品贸易额占全国农产品贸易总额的 6.1%。其中，出口额占全国农产品出口总额的 5.9%，进口额占全国农产品进口总额的 6.1%。

前五大出口农产品依次为水产品、饮品类、畜产品、蔬菜和水果，出口额合计 41.3 亿美元，占全省农产品出口额的 70.8%。出口额同比分别增长 1.3%、1.8%、9.6%、13.3%和 10.8%。

前五大进口农产品依次为畜产品、水产品、水果、油籽和坚果，进口额合计 89.2 亿美元，占全省农产品进口额的 61.7%。其中，畜产品进口额同比下降 1%，水产品、水果、油籽和坚果进口额分别增长 66.4%、16.8%、58.7%和 11.6%（表 95）。

表 95　2022 年浙江主要贸易产品

单位：亿美元、%

出口产品	出口额	同比增长	占比	进口产品	进口额	同比增长	占比
水产品	18.4	1.3	31.6	畜产品	26.7	−1.0	18.5
饮品类	7.3	1.8	12.5	水产品	21.4	66.4	14.8
畜产品	6.5	9.6	11.1	水　果	18.1	16.8	12.5
蔬　菜	5.4	13.3	9.3	油　籽	13.9	58.7	9.6
水　果	3.7	10.8	6.4	坚　果	9.1	11.6	6.3

前五大出口市场依次为日本、美国、韩国、西班牙和越南，合计占全省农产品出口额的 44.7%。其中，对日本、美国、韩国和越南出口额同比分别增长 7.4%、8.4%、12.5%和 41.7%，对西班牙出口额下降 3.7%。

前五大进口来源地依次为美国、泰国、澳大利亚、巴西和印度尼西亚，合计占全省农产品进口额的 47.9%，进口额同比分别增长 37.2%、6.5%、3.3%、15.4% 和 13.7%（表 96）。

表 96 2022 年浙江农产品主要出口市场和进口来源地

单位：亿美元、%

出口市场	出口额	同比增长	占比	进口来源地	进口额	同比增长	占比
日　本	10.4	7.4	17.8	美　国	19.6	37.2	13.6
美　国	7.1	8.4	12.1	泰　国	13.9	6.5	9.6
韩　国	3.4	12.5	5.9	澳大利亚	12.3	3.3	8.5
西班牙	2.6	−3.7	4.5	巴　西	12.3	15.4	8.5
越　南	2.6	41.7	4.4	印度尼西亚	11.2	13.7	7.7

浙江促进农产品出口主要政策和措施：

（1）搭建农产品国际贸易平台。组织 6 场出口农产品网上交易会，2 000 多个浙优农品入驻云展厅，同期举办云交流、云对接、云推介、云论坛系列活动，21 个国家 30 多位国际专家参与，近 400 家企业与国际采购商开展精准对接，开展贸易洽谈 1 300 多次，达成订单 1 800 多万美元。

（2）开展助力企业服务。积极联合相关部门，参与“十地百团助千企”精准服务活动，推进农产品国际贸易保量提质。出台《关于促进远洋渔业高质量发展的若干意见》，培育参与国际竞争合作新优势。完善农产品进出口监测预警体系，推送 20 多篇预警信息。优化培训内容，提升企业海外营销和市场拓展能力。

（3）推进国贸基地建设。发挥典型示范带动作用，持续加大宣传推介力度，邀请多家媒体开展访谈和特别报道，发布《浙江农产品国际贸易创新发展典型案例》。加强出口品牌建设，积极参与海关商标和保护策略辅导，发放《海外商标（注册）保护指南》。

（十二）安徽省

2022 年，安徽农产品贸易额为 71.1 亿美元。其中，出口额 17.6 亿美元，同比增长 11.9%；进口额 53.5 亿美元，下降 7.6%。逆差 35.9 亿美元，缩小 14.9%。

安徽农产品贸易额占全国农产品贸易总额的 2.1%。其中，出口额占全国农产品出口总额的 1.8%；进口额占全国农产品进口总额的 2.3%。

前五大出口农产品依次为绿茶、羽毛、面筋、药材和化学改性动物油脂，出口额合计 8.1 亿美元，占全省农产品出口额的 45.4%。其中，羽毛、面筋、药材和化学改性动物油脂出口额同比分别增长 24%、38.3%、3.2% 和 1 倍，绿茶出口额下降 15.4%。

前五大进口农产品依次为芝麻、牛

肉、大豆、奶粉和棕榈油，进口额合计23.3亿美元，占全省农产品进口额的43.6%。其中，芝麻、大豆和棕榈油进口额同比分别增长20.8%、14.3%和78.9%，牛肉和奶粉进口额下降1.1%和20.6%（表97）。

表97 2022年安徽主要贸易产品

单位：亿美元、%

出口产品	出口额	同比增长	占比	进口产品	进口额	同比增长	占比
绿茶	2.3	−15.4	13.0	芝麻	6.2	20.8	11.6
羽毛	2.3	24.0	12.9	牛肉	5.8	−1.1	10.9
面筋	1.3	38.3	7.3	大豆	4.3	14.3	8.0
药材	1.1	3.2	6.2	奶粉	3.6	−20.6	6.7
化学改性动物油脂	1.1	104.3	6.0	棕榈油	3.4	78.9	6.4

前五大主要出口市场依次为美国、韩国、日本、荷兰和越南，合计占全省农产品出口额的39%，出口额同比分别增长25.8%、3.5%、4.1%、20.7%和30.1%。

前五大进口来源地依次为美国、巴西、泰国、新西兰和印度尼西亚，合计占全省农产品进口额的46.4%。其中，自泰国和印度尼西亚进口额同比分别增长31.9%和72.3%，自美国、巴西和新西兰进口额分别下降33.6%、8.4%和15.1%（表98）。

表98 2022年安徽农产品主要出口市场和进口来源地

单位：亿美元、%

出口市场	出口额	同比增长	占比	进口来源地	进口额	同比增长	占比
美国	1.9	25.8	10.7	美国	7.9	−33.6	14.8
韩国	1.4	3.5	8.1	巴西	6.8	−8.4	12.8
日本	1.4	4.1	8.0	泰国	3.9	31.9	7.4
荷兰	1.1	20.7	6.4	新西兰	3.1	−15.1	5.8
越南	1.0	30.1	5.8	印度尼西亚	3.0	72.3	5.6

安徽促进农产品出口主要政策和措施：

（1）健全工作机制。印发《2022年全省农业对外合作工作要点》，编制《安徽省“十四五”农业国际合作规划》，联合13部门印发《关于推进农业企业开展国际合作实施方案》。推进 10 家联席会议成员单位与 10 家重点企业对口联系制度，帮助企业协调农产品出海过程中遇到的问题。起草促进种业进出口工作任务清单，加快种业“走出去”步伐。

（2）培育外贸主体。依托安徽省种子、茶叶、水产品、中药材、羽绒、竹木柳编工艺品等特色产业，成功申报 10 家国家级国贸基地。组织国贸基地企业参加中国—东盟农业国际合作展、首届中国（黑龙江）国际绿色食品产业博览会、第十九届中国国际农产品交易会等线上线下展会。推动基地企业在质量标准、加工技术、物流效率、品牌营销等方面全面提质升级。

（3）搭建交流平台。2022 年世界制造业大会期间，举办皖以（色列）现代农业合作对接会和室外农机展。推动成立皖巴农业国际合作联盟，通过种子等优势农业资源出口发挥带动作用，促进农药、化肥等上下游产业链输出，进一步推动与巴基斯坦农业合作。举办第三届国际茶日“皖美茶香”系列推介活动。

（4）充分利用 RCEP 红利。将海关原产地证自助打印功能内嵌到各区县政务服务中心自助工作平台中，目前已覆盖全省 29 个县区政务服务中心，让企业不出门，让数据多跑路，减少企业人员及物流成本，助力安徽农产品扬帆海外。累计开展 23 轮次外贸企业政策宣讲，帮助企业用好 RCEP 原产地规则，引导企业合理规划生产资源配置，优化供应链布局，降低运营成本。

（5）着力提升出口农产品质量。合肥海关积极指导企业建立健全质量安全控制体系，规范生产、加工、运输过程管理，在原料验收、产品加工、成品检验、仓储运输等环节为企业提供“一对一”指导，保障出口农产品质量安全，助力企业拓展国际市场。

（十三）福建省

2022 年，福建农产品贸易额 302.3 亿美元，同比增长 10%。其中，出口额 127.6 亿美元，增长 9.2%；进口额 174.7 亿美元，增长 10.7%。逆差 47.1 亿美元，扩大 15%。

福建农产品贸易额占全国农产品贸易总额的 9%。其中，出口额占全国农产品出口总额的 13%；进口额占全国农产品进口总额的 7.4%。

前五大出口农产品依次为墨鱼及鱿鱼、虾类、鳗鱼、茶叶和鲍鱼，出口额合计 54.9 亿美元，占全省农产品出口额的 43%。其中，墨鱼及鱿鱼、茶叶和鲍鱼出口额同比分别增长 20.4%、0.7%和 15.9%，虾类和鳗鱼分别下降 1.2%和 10.9%。

前五大进口产品依次为大豆、高粱、饲料用鱼粉、牛肉和菜籽粕，进口额合计 76 亿美元，占全省农产品进口额的 43.5%，进口额同比分别增长 28%、18.6%、4.6%、1.1 倍和 38.8%（表 99）。

表 99 2022年福建主要贸易产品

单位：亿美元、%

出口产品	出口额	同比增长	占比	进口产品	进口额	同比增长	占比
墨鱼及鱿鱼	29.3	20.4	22.9	大 豆	33.9	28.0	19.4
虾 类	8.9	−1.2	7.0	高 粱	15.4	18.6	8.8
鳗 鱼	6.7	−10.9	5.3	饲料用鱼粉	12.2	4.6	7.0
茶 叶	5.8	0.7	4.5	牛 肉	7.8	107.6	4.5
鲍 鱼	4.2	15.9	3.3	菜籽粕	6.7	38.8	3.8

前五大出口市场依次为马来西亚、泰国、中国台湾、菲律宾和日本，合计占全省农产品出口额的54%。其中，对马来西亚、泰国、中国台湾和日本出口额同比分别增长25.8%、9%、7.5%和5%，对菲律宾出口额下降3.9%。

前五大进口来源地依次为巴西、美国、新西兰、加拿大和印度尼西亚，合计占全省农产品进口额的53.5%，其中，自巴西、美国、新西兰和印度尼西亚进口额同比分别增长29.3%、21.3%、14.9%和19%，自加拿大进口额下降22.1%（表100）。

表 100 2022年福建农产品主要出口市场和进口来源地

单位：亿美元、%

出口市场	出口额	同比增长	占比	进口来源地	进口额	同比增长	占比
马来西亚	18.7	25.8	14.6	巴 西	31.5	29.3	18.0
泰 国	17.2	9.0	13.5	美 国	22.9	21.3	13.1
中国台湾	12.2	7.5	9.6	新西兰	14.2	14.9	8.1
菲律宾	11.3	−3.9	8.8	加拿大	12.7	−22.1	7.2
日 本	9.5	5.0	7.5	印度尼西亚	12.4	19.0	7.1

福建促进农产品出口主要政策和措施：

（1）加强形势分析，加大政策支持力度。建立省级规模农业出口企业库，充分了解企业需求和面临的问题，科学研判农产品出口形势，及时制定政策措施。出台稳外贸、促消费、对接RCEP等一系列政策措施，着力在政策引领、机制构建、资金支持、服务保障等方面全方位支持农产品国际贸易，为农产品国际贸易稳定增长建立有效政策支撑。

（2）完善工作机制，提升基地建设水平。培育、创建国贸基地，研究落实基地建设工作，严格创建要求，及时总结经验，建立“省级定工作标准、市级协调推进、县级组织实施”的工作机制，确保创建成效显著提升，打造一批农业对外贸易骨干力量。

(3) 注重市场开拓，推进国际市场多元化。创新线上线下融合展会，助力企业积极拓展国际市场。深化“闽茶海丝行”活动，开展福建茶叶品饮、文化交流、产品展示。推动跨境电商发展，会同商务部门，支持农业企业在RCEP成员国建立海外仓，主动融入海外营销网络体系。引导企业重点拓展“一带一路”沿线国家新兴市场，推动农产品出口市场多元化。

(十四) 江西省

2022年，江西农产品贸易额13.2亿美元，同比增长28.3%。其中，出口额6.9亿美元，增长25.8%；进口额6.3亿美元，增长31.1%。顺差0.6亿美元，缩小13.6%。

江西农产品贸易额占全国农产品贸易总额的0.4%。其中，出口额占全国农产品出口总额的0.7%；进口额占全国农产品进口总额的0.3%。

前五大出口农产品依次为活猪、绿茶、鳗鱼、红茶和面食，出口额合计2.7亿美元，占全省农产品出口额的40%。其中，活猪、绿茶、红茶和面食出口额同比分别增长18.8%、16.3%、27.7%和4.8%，鳗鱼下降29.7%。

前五大进口农产品依次为大豆、牛肉、大米、豌豆和木薯，进口额合计4.6亿美元，占全省农产品进口额的74.5%。其中，大豆、牛肉和豌豆进口额同比分别增长80.9%、16.1倍和90.2%，大米和木薯分别下降4.8%和9.5%（表101）。

表101 2022年江西主要贸易产品

单位：亿美元、%

出口产品	出口额	同比增长	占比	进口产品	进口额	同比增长	占比
活　猪	0.6	18.8	9.3	大　豆	2.4	80.9	38.6
绿　茶	0.6	16.3	9.1	牛　肉	1.3	1 608.0	20.8
鳗　鱼	0.6	−29.7	9.1	大　米	0.4	−4.8	5.9
红　茶	0.5	27.7	7.1	豌　豆	0.3	90.2	5.4
面　食	0.4	4.8	5.4	木　薯	0.2	−9.5	3.8

前五大出口市场依次为中国香港、马来西亚、韩国、美国和越南，合计占全省农产品出口额的52.3%，出口额同比分别增长37.1%、13.9%、39.6%、5.7%和4倍。

前五大进口来源地依次为巴西、美国、越南、阿根廷和澳大利亚，合计占全省农产品进口额的67.5%，进口额同比分别增加1.6倍、2.2倍、6.4%、41.1%和2.5倍（表102）。

表 102　2022 年江西农产品主要出口市场和进口来源地

单位：亿美元、%

出口市场	出口额	同比增长	占比	进口来源地	进口额	同比增长	占比
中国香港	1.9	37.1	28.2	巴　西	2.4	160.7	37.9
马来西亚	0.5	13.9	7.2	美　国	0.9	219.4	14.4
韩　国	0.4	39.6	6.0	越　南	0.4	6.4	5.7
美　国	0.4	5.7	5.7	阿根廷	0.3	41.1	5.1
越　南	0.4	404.0	5.2	澳大利亚	0.3	254.0	4.4

江西促进农产品出口主要政策和措施：

（1）用好多双边机制平台，做好贸易促进文章。出台《关于深入对接〈区域全面经济伙伴关系〉（RCEP）推动我省高水平开放的实施意见》，引导企业更好把握 RCEP 带来的机遇；通过东盟 10＋1、中东欧 17＋1、中法、中阿等多双边合作机制平台，组织企业参加东盟国际合作展、国际茶日云展、澜湄水果节、莫斯科国际食品展等国内外知名展会。

（2）深耕“赣鄱正品”招牌，发挥品牌引领效果。2020 年以来，江西省持续开展“赣鄱正品”品牌体系工程建设，投入省级财政资金 3 500 万元，培育了 3 批 260 个品牌。支持农产品出口企业申报“赣鄱正品”品牌。积极进行“赣鄱正品”品牌推介，努力推进重点市场开拓，建设农产品运营中心，实现品牌“一网运营”，线上线下融合发展。

（3）加强数字赋能，大力拓展农产品销售渠道。支持农产品出口企业申报创建物联网示范基地；支持企业利用跨境电商平台，拓展优势农产品出口渠道；支持农产品“跨境电商＋海外仓”等新业态发展。

（4）依托国贸基地，进一步提升企业外贸能力。积极支持企业申报国贸基地，组织基地企业积极参加海关 AEO 培训、申报出口商品品牌推介认证、参加国际贸易业务线上培训以及搭台办展等。农业农村部门与海关部门签订合作备忘录，鼓励国贸基地企业积极申请国际标准认证，提高技术标准和质量管理水平，共同推动农业国际贸易高质量发展。

（十五）山东省

2022 年，山东农产品贸易额 444.9 亿美元，同比增长 8.3%。其中，出口额 209 亿美元，增长 9.1%；进口额 235.9 亿美元，增长 7.7%。逆差 26.9 亿美元，扩大 1.8%。

山东农产品贸易额占全国农产品贸易总额的 13.3%。其中，出口额占全国农产品出口总额的 21.3%；进口额占全国农产品进口总额的 10%。

前五大出口农产品依次为鳕鱼、大蒜、

墨鱼及鱿鱼、动物饲料、鸡及产品，出口额合计 52.5 亿美元，占全省农产品出口额的 25.1%。其中，大蒜和墨鱼及鱿鱼出口额同比分别下降 4% 和 0.8%，鳕鱼、动物饲料和鸡及产品出口额分别增长 54.2%、1.2% 和 27.8%。

前五大进口农产品依次为大豆、牛肉、棉花、鳕鱼和猪肉，进口额合计 120.7 亿美元，占全省农产品进口额的 51.1%。其中，大豆、牛肉、棉花和鳕鱼进口额同比分别增长 5.2%、46%、14.2% 和 62%，猪肉进口额下降 66.5%（表 103）。

表 103　2022 年山东主要贸易产品

单位：亿美元、%

出口产品	出口额	同比增长	占比	进口产品	进口额	同比增长	占比
鳕　鱼	14.4	54.2	6.9	大　豆	57.9	5.2	24.5
大　蒜	11.9	−4.0	5.7	牛　肉	31.4	46.0	13.3
墨鱼及鱿鱼	9.1	−0.8	4.3	棉　花	12.7	14.2	5.4
动物饲料	8.8	1.2	4.2	鳕　鱼	12.6	62.0	5.3
鸡及产品	8.3	27.8	4.0	猪　肉	6.1	−66.5	2.6

前五大出口市场依次为日本、韩国、美国、印度尼西亚和德国，出口额合计占全省农产品出口额的 52%。对日本、韩国、美国和德国出口额同比分别增长 5.5%、18.6%、13.3% 和 20.6%，对印度尼西亚出口额下降 0.7%。

前五大进口来源地依次为巴西、美国、俄罗斯、新西兰和泰国，进口额合计占全省农产品进口额的 57.8%。其中，自巴西、美国、俄罗斯和泰国进口额同比分别增长 13.3%、0.7%、57.5% 和 4.1%，自新西兰进口额下降 8.3%（表 104）。

表 104　2022 年山东农产品主要出口市场和进口来源地

单位：亿美元、%

出口市场	出口额	同比增长	占比	进口来源地	进口额	同比增长	占比
日　本	46.3	5.5	22.2	巴　西	69.2	13.3	29.3
韩　国	23.9	18.6	11.4	美　国	34.4	0.7	14.6
美　国	21.1	13.3	10.1	俄罗斯	13.1	57.5	5.6
印度尼西亚	8.9	−0.7	4.3	新西兰	10.0	−8.3	4.2
德　国	8.3	20.6	4.0	泰　国	9.7	4.1	4.1

山东促进农产品出口主要政策和措施：

（1）聚焦夯实基础，着力培育国贸基地。一是争创国家级基地，推荐的14家企业获得农业农村部国贸基地认证，4家企业纳入国贸基地管理体系，数量全国第一。二是打造提升省级载体，认定5个县（市、区）为第二批山东省农产品出口产业集聚区，认定30家企业为第二批山东省农产品出口示范企业，形成“基地＋集聚区＋企业”三位一体农产品出口新引擎。三是培育优势产业，推动特色农业资源转化为出口优势。

（2）聚焦创新引领，扎实推进潍坊国家农综区建设。一是加强政策创设。联合海关在种子进口、冷冻水果及预制菜出口等方面，制定出台15条专项政策，服务外向型农业企业。二是推动优势产能走向国际。深度融入共建“一带一路”，与加纳达成共建智慧农业研究院等合作协议；建成中国—乌拉圭肉牛产业“两国双园”；与巴基斯坦达成花生繁育与推广等合作意向。三是组建企业战略联盟。组织322家农业企业建立外向型农业企业优质品牌联盟；潍坊食品科学与加工技术研究院发起成立预制菜标准与检测联盟。

（3）充分利用RCEP红利。积极推进RCEP落地生效，加快构建贸易物流“黄金大通道”，提升贸易便利化水平，推动全省农产品外贸高质量发展。建成威海（石岛）—群山—釜山—大阪陆海联运40小时快线，畅通中日韩“海上高速公路”。在青岛搭建全国首家聚焦RCEP经贸合作的综合性企业服务平台——RCEP山东企业服务中心，助力外贸企业抢抓新机遇。

（4）大力培育农产品品牌。继续开展省知名农产品区域公用品牌和省知名农产品企业品牌遴选活动。加强品牌推广，制作《品牌农业在山东》栏目10期，举办“东方甄选—山东好品专场”直播活动，并赴长沙、成都、海口举办“好品山东”农产品展销及推介活动。

（5）举办和参加多场国际展会。举办山东—东盟线上农业贸易促进洽谈会、2022年中国水产品预制菜及新零售大会和RCEP经贸合作高层论坛等多场线下线上展会。组团参加iFresh亚洲果蔬产业博览会、中国国际农产品交易会、澳门国际贸易投资博览会等国内外展会，推介山东优势农产品，提升山东农产品的知名度和影响力。积极参加中国—加纳对话会、中国—牙买加投资推介会等多项交流活动，拓展山东农业对外合作空间。

（十六）河南省

2022年，河南农产品贸易额42.9亿美元，同比增长18.5%。其中，出口额27.3亿美元，增长23.5%；进口额15.6亿美元，增长10.6%。顺差11.7亿美元，扩大46.1%。

河南农产品贸易额占全国农产品贸易总额的1.3%。其中，出口额占全国农产品出口总额的2.8%；进口额占全国农产品进口总额的0.7%。

前五大出口农产品依次为蘑菇、大蒜、饲料添加剂、鸡及产品和明胶，出口额合计14.5亿美元，占全省农产品出口额的53%。

其中，蘑菇、饲料添加剂、鸡及产品和明胶出口额同比分别增长 33.2%、4.1 倍、15.2%和 80.4%，大蒜出口额下降 19.1%。

前五大进口农产品依次为牛肉、大豆、生羊皮、高粱和绿豆，进口额合计 7.4 亿美元，占全省农产品进口额的 47.4%，进口额同比分别增长 54.4%、25.6%、21.7%、133.1 倍和 1.9 倍（表 105）。

表 105 2022 年河南主要贸易产品

单位：亿美元、%

出口产品	出口额	同比增长	占比	进口产品	进口额	同比增长	占比
蘑　菇	10.1	33.2	37.0	牛　肉	2.3	54.4	14.6
大　蒜	2.0	−19.1	7.3	大　豆	2.1	25.6	13.6
饲料添加剂	1.0	412.8	3.7	生羊皮	1.4	21.7	9.0
鸡及产品	0.7	15.2	2.5	高　粱	1.0	13 312.0	6.4
明　胶	0.7	80.4	2.5	绿　豆	0.6	194.9	3.8

前五大出口市场依次为中国香港、马来西亚、越南、美国和韩国，出口额合计占全省农产品出口额的 62.5%。其中，对中国香港、马来西亚、美国和韩国出口额同比分别增长 51.4%、39.8%、11.2% 和 16%，对越南出口额下降 8.6%。

前五大进口来源地依次为美国、巴西、澳大利亚、阿根廷和越南，进口额合计占全省农产品进口额的 57%，进口额同比分别增长 22.3%、13.7%、11.2%、11.3% 和 5.2%（表 106）。

表 106 2022 年河南农产品主要出口市场和进口来源地

单位：亿美元、%

出口市场	出口额	同比增长	占比	进口来源地	进口额	同比增长	占比
中国香港	6.6	51.4	24.1	美　国	3.3	22.3	21.0
马来西亚	3.5	39.8	12.8	巴　西	2.3	13.7	15.0
越　南	3.3	−8.6	12.1	澳大利亚	2.0	11.2	12.7
美　国	2.1	11.2	7.7	阿根廷	0.7	11.3	4.3
韩　国	1.6	16.0	5.8	越　南	0.6	5.2	4.0

河南促进农产品出口主要政策和措施：

（1）大力推进国贸基地建设。支持企业申报国贸基地，通过出口品牌认定、优先参加国际贸易展和先期培训 RCEP 规则等措施，扎实推动国贸基地建设工作，国贸基地农产品出口呈现快速增长，在促进河南农产品进出口等方面起到推动作用。

（2）着力培育农产品出口品牌。大力推进农产品出口品牌建设，培育出多个农产品出口知名品牌，以及西峡香菇、三门峡苹果、杞县大蒜、柘城辣椒、许昌蜂蜜、信阳茶叶等地域品牌。支持企业申报中国贸促会出口商品品牌评价认证，进一步提升河南国际品牌形象和知名度。

（3）积极搭建农产品贸易促进平台。支持农产品出口企业开展国际营销，积极组织企业参加意大利果蔬展、国际茶日等国际展会及营销促销活动，努力为企业搭建对外交流对接平台，引导企业线上线下结合开拓市场。

（4）主动开展农业贸易培训。举办“农产品出口贸易形势及政策培训班”，邀请农业、海关、商务等领域专家进行授课，为近百位农产品贸易企业经理人进行专业培训，切实提高企业运用国际贸易新规则和研判国际贸易新形势的能力。

（十七）湖北省

2022 年，湖北农产品贸易额 50.4 亿美元，同比增长 32.9%。其中，出口额 34.9 亿美元，增长 28.1%；进口额 15.5 亿美元，增长 45.3%。顺差 19.4 亿美元，扩大 17.1%。

湖北农产品贸易额占全国农产品贸易总额的 1.5%。其中，出口额占全国农产品出口总额的 3.6%；进口额占全国农产品进口总额的 0.7%。

前五大出口农产品依次为混合调味品、蘑菇、蔬菜汁、茶叶和植物液汁及浸膏，出口额合计 21.9 亿美元，占全省农产品出口额的 62.7%。其中，混合调味品、未混合的蔬菜汁、茶叶和植物液汁及浸膏出口额同比分别增长 13.5%、2.7 倍、2.9%和 10.4 倍，蘑菇出口额下降 5.6%。

前五大进口农产品依次为牛肉、大豆、棕榈油、棉花和芝麻，进口额合计 11.7 亿美元，占全省农产品进口额的 75.5%。其中，牛肉、大豆、棕榈油和芝麻进口额同比分别增加 1.4 倍、7.3%、86.9%和 8.5%，棉花进口额下降 35.5%（表 107）。

表 107　2022 年湖北主要贸易产品

单位：亿美元、%

出口产品	出口额	同比增长	占比	进口产品	进口额	同比增长	占比
混合调味品	7.6	13.5	21.8	牛　肉	6.8	140.8	43.9
蘑　菇	6.9	−5.6	19.8	大　豆	2.4	7.3	15.5
蔬菜汁	3.2	274.7	9.1	棕榈油	1.1	86.9	6.9
茶　叶	2.2	2.9	6.3	棉　花	0.9	−35.5	5.5
植物液汁及浸膏	2.0	1 035.4	5.7	芝　麻	0.5	8.5	3.1

前五大出口市场依次为中国香港、泰国、马来西亚、越南和韩国，合计占全省农产品出口额的 76.2%。其中，对中国香港、马来西亚、越南和韩国出口额同比分别增长 51%、45%、1.1 倍和 28.3%，对泰国出口额下降 17.4%。

前五大进口来源地依次为巴西、美国、阿根廷、印度尼西亚和乌拉圭，合计占全省农产品进口额的 70.8%。其中，自巴西、美国、阿根廷和印度尼西亚进口额同比分别增长 61.8%、1 倍、1.6 倍和 1.4 倍，自乌拉圭进口额下降 41.2%（表 108）。

表 108　2022 年湖北农产品主要出口市场和进口来源地

单位：亿美元、%

出口市场	出口额	同比增长	占比	进口来源地	进口额	同比增长	占比
中国香港	11.8	51.0	33.7	巴　西	5.4	61.8	34.9
泰　国	5.7	−17.4	16.2	美　国	2.0	104.4	13.2
马来西亚	4.3	45.0	12.3	阿根廷	1.6	159.0	10.2
越　南	3.8	113.9	10.8	印度尼西亚	1.3	137.0	8.1
韩　国	1.1	28.3	3.2	乌拉圭	0.7	−41.2	4.4

湖北促进农产品出口主要政策和措施：

（1）培育重点龙头企业促出口。组织召开农业产业化工作现场推进会，省级农业产业化龙头企业达 1 236 家。组织开展农业上市企业培训，上市企业达 12 家。调动市州政府及企业积极性，组织开展国贸基地建设，8 家企业获认第二批国贸基地。

（2）打造知名品牌促出口。加大媒体优质内容生产，为宜昌毛尖等 10 个区域公用品牌拍摄宣传片，开展 8 场走进原产地网络直播，在省级电视媒体开辟《荆楚益农》专栏，提升消费者对湖北农产品品牌认知度。建立立体式宣推体系，遴选潜江龙虾等优质农产品品牌，通过央视＋省媒、线上＋线下、机场＋高铁等渠道增加品牌曝光度。潜江龙虾、随州香菇等 6 个品牌被纳入 2022 年农业农村部农业品牌精品培育计划名单。

（3）搭平台促出口。成功举办 2022 年荆楚农优品年货节，组团参加第十九届中国国际农产品交易会等农产品产销对接活动；成功组织参加华创会乡村振兴特色农产品展、中国—东盟农业合作展、中美农业圆桌论坛、中国—智利比奥比奥大区农业合作交流会、中国—墨西哥工商界视频对话会；举办“鄂有好茶，共品共享”国际茶日活动，开展湖北茶叶出口俄罗斯专列首发活动。组织基地企业入驻国贸基地小程序，加入食品农产品跨境服务统采平台，在长江严选传媒商城专设湖北农产品出口专区。

(4) 强化政策措施形成监管合力促出口。出台支持湖北农产品进出口15条措施，在压减作业时间、便利化通关、优化监管模式、支持特色农产品精深加工出口、有效应对外方技贸措施对农产品的出口限制等方面，进一步提升服务和予以政策支持。制定湖北食用菌出口“提质量、促提升、塑品牌”实施方案，形成食用菌出口质量安全企业自管、行业自律、社会监督、政府监管的共治格局，助力全面提升湖北食用菌出口产品质量和品牌影响力，促进食用菌出口产业健康发展。

(十八) 湖南省

2022年，湖南农产品贸易额72.3亿美元，同比增长7%。其中，出口额26.9亿美元，增长15%；进口额45.4亿美元，增长2.8%。逆差18.5亿美元，缩小11%。

湖南农产品贸易额占全国农产品贸易总额的2.2%。其中，出口额占全国农产品出口总额的2.7%；进口额占全国农产品进口总额的1.9%。

前五大出口农产品依次为菠菜、植物液汁及浸膏、胡萝卜及芜菁、茶叶和莴苣，出口额合计8.5亿美元，占全省农产品出口额的31.5%。其中，菠菜、胡萝卜及芜菁、茶叶和莴苣出口额同比分别增加4.5倍、1倍、14.3%和31.4%，植物液汁及浸膏出口额下降16%。

前五大进口农产品依次为大豆、奶粉、虾类、牛肉和油菜籽，进口额合计35.2亿美元，占全省农产品进口额的77.5%。其中，大豆、虾类和牛肉进口额同比分别增长13.6%、2.7%和27.3%，奶粉进口额下降6.2%（表109）。

表109 2022年湖南主要贸易产品

单位：亿美元、%

出口产品	出口额	同比增长	占比	进口产品	进口额	同比增长	占比
菠 菜	2.2	448.6	8.1	大 豆	22.3	13.6	49.2
植物液汁及浸膏	1.7	−16.0	6.2	奶 粉	5.0	−6.2	11.0
胡萝卜及芜菁	1.6	103.3	5.9	虾 类	3.3	2.7	7.2
茶 叶	1.5	14.3	5.7	牛 肉	2.9	27.3	6.4
莴 苣	1.5	31.4	5.5	油菜籽	1.7	—	3.8

前五大出口市场依次为中国香港、马来西亚、美国、日本和德国，合计占全省农产品出口额的72.7%。其中，对中国香港、马来西亚和德国出口额同比分别增长23.2%、54.3%和84.3%，对美国和日本出口额分别下降0.8%和48.3%。

前五大进口来源地依次为巴西、美国、荷兰、加拿大和新西兰，合计占全省农产品进口额的70.6%。其中，自荷兰和加拿大进口额同比分别增长0.4%和89.6%，自巴西、美国和新西兰进口额分别下降0.1%、4.4%和42%（表110）。

表110 2022年湖南农产品主要出口市场和进口来源地

单位：亿美元、%

出口市场	出口额	同比增长	占比	进口来源地	进口额	同比增长	占比
中国香港	14.3	23.2	53.1	巴　西	13.8	−0.1	30.3
马来西亚	2.2	54.3	8.1	美　国	8.6	−4.4	19.0
美　国	1.2	−0.8	4.3	荷　兰	4.5	0.4	9.9
日　本	1.0	−48.3	3.9	加拿大	2.9	89.6	6.5
德　国	0.9	84.3	3.3	新西兰	2.2	−42.0	4.9

湖南促进农产品出口主要政策和措施：

（1）开展贸易促进活动。认真落实稳住经济大盘“1+8”、促进跨境电商高质量发展等政策措施，深入开展“稳外贸百日”、农业对外合作贷款等活动，组织80多家农业企业参加中国—东盟农业国际合作展等国际展会。

（2）加强国贸基地建设。开展国贸基地创建工作，认定2022年省级国贸基地企业10家、国家级国贸基地企业6家。

（3）组织企业参会参展。举办农产品海外营销能力提升线上培训等系列培训会，提升企业农产品出口能力。组织国贸基地企业参加中国—东盟农业国际合作展、中国中部（湖南）农博会等国际展会，促进企业展示展销，加强农产品宣传推介。

（十九）广东省

2022年，广东农产品贸易额494.7亿美元，同比增长24.1%。其中，出口额173亿美元，增长63.2%；进口额321.7亿美元，增长10%。逆差148.7亿美元，缩小2.9%。

广东农产品贸易额占全国农产品贸易总额的14.8%。其中，出口额占全国农产品出口总额的17.6%；进口额占全国农产品进口总额的13.6%。

前五大出口农产品依次为罗非鱼、无醇饮料、不含可可的糖食、虾类、鸡及产品，出口额合计33.1亿美元，占全省农产品出口额的19.1%。其中，无醇饮料、不含可可的糖食和鸡及产品出口额同比分别增长3.5%、24.6%和1.2%，罗非鱼和虾类出口额分别下降13.6%和24.5%。

前五大进口农产品依次为大豆、鸡及产品、牛肉、奶粉和虾类，进口额合计104.5亿美元，占全省农产品进口额的32.5%，进口额同比分别增长62%、6.8%、49.4%、2.9%和50.2%（表111）。

表 111 2022 年广东主要贸易产品

单位：亿美元、%

出口产品	出口额	同比增长	占比	进口产品	进口额	同比增长	占比
罗非鱼	8.2	−13.6	4.7	大　豆	23.1	62.0	7.2
无醇饮料	8.0	3.5	4.6	鸡及产品	21.6	6.8	6.7
不含可可的糖食	7.3	24.6	4.2	牛　肉	20.9	49.4	6.5
虾　类	5.2	−24.5	3.0	奶　粉	20.6	2.9	6.4
鸡及产品	4.4	1.2	2.6	虾　类	18.3	50.2	5.7

前五大出口市场依次为中国香港、美国、英国、马来西亚和日本，合计占全省农产品出口额的 59.7%，出口额同比分别增长 9.4%、2.5 倍、13.4 倍、92.3%和 13.2%。

前五大进口来源地依次为巴西、美国、泰国、智利和新西兰，合计占全省农产品进口额的 47%，进口额同比分别增长 16.3%、9.4%、29.7%、28.8%和 14.2%（表 112）。

表 112 2022 年广东农产品主要出口市场和进口来源地

单位：亿美元、%

出口市场	出口额	同比增长	占比	进口来源地	进口额	同比增长	占比
中国香港	47.6	9.4	27.5	巴　西	38.1	16.3	11.9
美　国	31.7	247.8	18.3	美　国	37.9	9.4	11.8
英　国	11.4	1 342.2	6.6	泰　国	36.5	29.7	11.3
马来西亚	7.4	92.3	4.3	智　利	23.8	28.8	7.4
日　本	5.1	13.2	3.0	新西兰	14.8	14.2	4.6

广东促进农产品出口主要政策和措施：

（1）出台促进农产品出口文件。出台《关于扎实推进我省农业外贸保稳提质工作的通知》《关于印发预制菜等农产品食品出口属地查检工作指引的通知》《关于印发进一步促进广东省农产品出口的通知》，聚焦农业外贸堵点痛点难点，持续推出务实举措，支持农产品及预制菜等扩大出口。印发《关于加大力度推进广东农业领域对接 RCEP 促进农业国际合作与农产品贸易的通知》，指导各地充分把握和利用好 RCEP 政策红利，指导企业用足用好政策，扩大农产品国际贸易规模。

（2）积极培育农产品出口和农业对外合作主体。积极培育广东省农产品出口示范基地和出口龙头企业，推动企业申报国家级国贸基地，引导支持农业企业积极开拓出口市场。全省培育国家级国贸基地及纳入管理体系基地 14 家、培育广东省农产品出口示范基地 147 家。创建国家级农业对外开放试验区和境外农业对外合作示范区 2 个、省级 6 个。创建国家级台湾农民创业园、海峡两岸农业合作试验区 5 个、省级粤台农业合作园区 4 个。

（3）多措并举促进特色优势农产品出口。依托农产品“12221”市场体系建设，创新开展广东荔枝等特色优势农产品海外宣传推广工作。联动广东荔枝主产区和国内外销区市场，立体化、高频次强化宣传推介，广东荔枝、柚子、菠萝、茶叶、兰花等特色优势农产品点亮国内外地标屏幕；广东惠州、广东茂名分别在英国、阿联酋等国举办广东荔枝海外推介活动；打造“喊全球吃广东水果”话题，邀请外国驻华使领馆官员、海外友人等为广东荔枝等农产品录制视频代言；搭建“网络节+云展会”线上线下交流平台，策划一系列品牌营销主题活动等。

（4）抢抓 RCEP 涉农机遇。大力推动农业领域高质量对接 RCEP，印发《关于加大力度推进广东农业领域对接 RCEP 促进农业国际合作与农产品贸易的通知》《关于扎实推进我省农业外贸保稳提质工作的通知》《关于印发进一步促进广东省农产品出口的通知》。推动各地积极探索创建 RCEP 农业合作园区，德庆县、高州市等县市创建了 RCEP 农产品（国际）采购交易中心，惠州市建设了“省级荔枝 RCEP 国际合作先行试验区”，广州市南沙区申报国家级农业对外开放合作试验区，创建了 RCEP 预制菜展示体验中心。积极推动特色优势农产品出口，水海产品、菠萝、荔枝、贡柑、食用菌、预制菜、富贵竹、蝴蝶兰等出口至 RCEP 成员国。

（5）努力拓宽农业国际合作平台。组织国贸基地企业参加各类农业展会及农业国际交流合作活动，提高广东特色优势农产品国际知名度，拓展出口渠道，推动广东农产品走向国际市场。统筹用好媒体资源，做好农产品海外宣传推广，依托央视、新华网、南方报业等主流媒体，打造农业对外宣传媒体矩阵。2022 年 5 月，“国际茶日”中国主场活动在广东潮州举办，推动茶文化、茶经济的交流互鉴，促进广东茶产业高质量发展。

（6）深入企业调研助力农业外贸保稳提质。邀请农产品及预制菜生产、贸易、冷链、航空等关联企业开展工作座谈，了解企业困难，倾听意见建议，为企业开展农产品贸易搭建沟通对接、资源集聚平台，帮助企业对接资源，加强农产品出口工作调度协调，共同促进农产品贸易高质量发展。

（二十）广西壮族自治区

2022 年，广西农产品贸易额 89.9 亿美元，同比下降 2%。其中，出口额 22 亿美元，增长 21.3%；进口额 67.9 亿美元，下降 7.8%。逆差 45.9 亿美元，缩小 17.3%。

广西农产品贸易额占全国农产品贸易总额的 2.7%。其中，出口额占全国农产品出口总额的 2.2%；进口额占全国农产品进口总额的 2.9%。

前五大出口农产品依次为调味香料、洋葱、柑橘、马铃薯和蘑菇，出口额合计 7.8 亿美元，占全区农产品出口额的 35.5%。其中，洋葱、柑橘和马铃薯出口额同比分别增长21%、5.8倍和1.9%，调味香料和蘑菇出口额分别下降8%和23.5%。

前五大进口农产品依次为大豆、榴莲、油菜籽、淀粉和木薯干，进口额合计51.9亿美元，占全区农产品进口额的76.4%。其中，大豆、淀粉和木薯干进口额同比分别增长15.1%、1.4倍和1.4倍，榴莲和油菜籽进口额分别下降63.7%和40.8%（表113）。

表113 2022年广西主要贸易产品

单位：亿美元、%

出口产品	出口额	同比增长	占比	进口产品	进口额	同比增长	占比
调味香料	2.5	−8.0	11.2	大　豆	39.6	15.1	58.3
洋　葱	1.9	21.0	8.9	榴　莲	4.5	−63.7	6.7
柑　橘	1.6	581.5	7.5	油菜籽	3.9	−40.8	5.7
马铃薯	1.0	1.9	4.5	淀　粉	2.0	136.3	2.9
蘑　菇	0.8	−23.5	3.5	木薯干	1.9	143.8	2.8

前五大出口市场依次为越南、美国、中国香港、泰国和马来西亚，出口额合计占全区农产品出口额的78.8%，出口额同比分别增长22%、29.3%、28%、1.1倍和0.6%。

前五大进口来源地依次为巴西、越南、泰国、美国和加拿大，进口额合计占全区农产品进口额的87.5%。其中，自巴西和越南进口额同比分别增长17.9%和52.1%，自泰国、美国和加拿大进口额分别下降55.1%、22.8%和37.9%（表114）。

表114 2022年广西农产品主要出口市场和进口来源地

单位：亿美元、%

出口市场	出口额	同比增长	占比	进口来源地	进口额	同比增长	占比
越　南	13.6	22.0	62.0	巴　西	33.6	17.9	49.4
美　国	1.8	29.3	8.0	越　南	7.8	52.1	11.4
中国香港	0.8	28.0	3.6	泰　国	7.3	−55.1	10.7
泰　国	0.8	105.8	3.4	美　国	7.0	−22.8	10.3
马来西亚	0.4	0.6	1.8	加拿大	3.9	−37.9	5.7

广西促进农产品出口主要政策和措施：

（1）应对国内外新冠疫情，畅通出口运输渠道。一是强化统筹调度和督导。派专人驻点督导重点地市，协调解决通关、物流、资金等困难。实行区市联动奖励，激励重点外贸大市发挥外贸稳增长主力军作用。二是加大政策支持力度。及时出台稳外贸16条措施、《2022年稳外贸促增长若干措施》《广西稳住外贸外资基本盘若干措施》等多项政策措施；实施中小微出口企业海外信用风险保障支持计划，扩大对中小微外贸企业的承保覆盖面；抢抓 RCEP 落地生效机遇，编制出台出口 RCEP 零关税优势商品清单等“三张清单”。三是持续优化口岸运行调度。建立驻点协调员制度、重点产业链供应链“白名单”制度，实施口岸通关“预通报”制度、口岸畅通调度督导工作机制，创新采取甩挂通关等分类通关模式，服务产业链供应链重点企业通关，全力保障货运物流运输畅通。

（2）组织开展 2022 年供粤港澳大湾区和出口农产品示范基地认定工作。按照分年分批、优中选优的原则组织申报，重点推荐已获得供粤港澳大湾区和出口农产品示范基地项目创建资金、并已通过验收的基地申报认定，进一步推进广西农业高质量发展和农产品出口。

（3）大力提高出口农产品质量。坚持从严从紧开展农产品认证，鼓励企业联手科研单位，完善技术标准，建立食品安全卫生质量检测体系和追溯体系。

（二十一）海南省

2022 年，海南农产品贸易额 23.2 亿美元，同比增长 48.1%。其中，出口额 6.1 亿美元，增长 2.7%；进口额 17.1 亿美元，增长 75.8%。逆差 11 亿美元，扩大近 3 倍。

海南农产品贸易额占全国农产品贸易总额的 0.7%。其中，出口额占全国农产品出口总额的 0.6%；进口额占全国农产品进口总额的 0.7%。

前五大出口农产品依次为罗非鱼、墨鱼及鱿鱼、牡蛎、虾类和鲜鸡蛋，出口额合计 4.8 亿美元，占全省农产品出口额的 78.6%。其中，罗非鱼、墨鱼及鱿鱼和牡蛎出口额同比分别增长 0.5%、31.9% 和 1.4 倍，虾类和鲜鸡蛋出口额分别下降 34.2% 和 0.6%。

前五大进口农产品依次为油菜籽、椰子、大豆、高粱和大麦，进口额合计 8 亿美元，占全省农产品进口额的 46.7%。其中，油菜籽、大豆、高粱和大麦进口额同比分别增加 1.6 倍、1.2 倍、8.7 倍和 21.7%，椰子进口额下降 7.6%（表 115）。

表 115　2022 年海南主要贸易产品

单位：亿美元、%

出口产品	出口额	同比增长	占比	进口产品	进口额	同比增长	占比
罗非鱼	4.3	0.5	71.1	油菜籽	2.6	155.6	15.1
墨鱼及鱿鱼	0.3	31.9	4.1	椰　子	1.5	−7.6	8.7
牡　蛎	0.1	143.5	2.1	大　豆	1.4	115.7	8.4
虾　类	0.07	−34.2	1.2	高　粱	1.4	873.2	7.9
鲜鸡蛋	0.06	−0.6	1.0	大　麦	1.1	21.7	6.6

前五大出口市场依次为美国、以色列、日本、墨西哥和中国香港，合计占全省农产品出口额的67.5%。其中，对日本和中国香港出口额同比分别增长13.9%和58.9%，对美国、以色列和墨西哥出口额分别下降0.4%、7.8%和18.1%。

前五大进口来源地依次为加拿大、新西兰、印度尼西亚、巴西和美国，合计占全省农产品进口额的60.1%，进口额同比分别增长89.3%、7.3倍、9.4%、3.5倍和1.9倍（表116）。

表116　2022年海南农产品主要出口市场和进口来源地

单位：亿美元、%

出口市场	出口额	同比增长	占比	进口来源地	进口额	同比增长	占比
美　国	2.7	−0.4	43.6	加拿大	3.4	89.3	20.2
以色列	0.5	−7.8	8.2	新西兰	2.2	730.9	12.8
日　本	0.4	13.9	5.8	印度尼西亚	1.7	9.4	9.9
墨西哥	0.4	−18.1	5.8	巴　西	1.5	353.6	8.7
中国香港	0.2	58.9	4.1	美　国	1.5	186.4	8.5

海南促进农产品出口主要政策和措施：

（1）创建省级国贸基地。在积极申报国家级国贸基地的基础上，开展省级国贸基地创建工作，年内认定7家企业为省级国贸基地。通过基地创建培育打造产业集聚度高、生产标准高、出口附加值高、品牌认可度高、综合服务水平高的农业对外贸易骨干力量。

（2）创新发展线上展会。2022年中国（海南）国际热带农产品冬季交易会首次设立电商直播间，增加了“数字冬交会”等线上平台。展会在美国、韩国、日本等国超过150家媒体发布相关新闻，国外浏览量超过5 000万人次，有效拓宽农产品销售渠道。

（二十二）重庆市

2022年，重庆农产品贸易额24.9亿美元，同比下降2.9%。其中，出口额2亿美元，增长16.6%；进口额22.9亿美元，下降4.3%。逆差20.9亿美元，缩小5.9%。

重庆农产品贸易额占全国农产品贸易总额的0.7%。其中，出口额占全国农产品出口总额的0.2%；进口额占全国农产品进口总额的1%。

前五大出口农产品依次为宠物食品、榨菜、蚕丝、加工猪肉和葡萄，出口额合计0.8亿美元，占全市农产品出口额的36.9%。其中，宠物食品、榨菜、蚕丝和加工猪肉出口额同比分别增长25.1%、2%、8.3%和2.3%，葡萄出口额下降30.7%。

前五大进口农产品依次为牛肉、榴莲、大豆、虾类和乳品，进口额合计15.8亿美元，占全市农产品进口额的69.6%。其中，牛肉、大豆、虾类和乳品进口额同比分别增加1.2倍、31.7%、7.9倍和15.3%，榴莲进口额下降24.6%（表117）。

表117 2022年重庆主要贸易产品

单位：亿美元、%

出口产品	出口额	同比增长	占比	进口产品	进口额	同比增长	占比
宠物食品	0.3	25.1	12.9	牛　肉	4.9	115.6	21.6
榨　菜	0.2	2.0	9.3	榴　莲	4.5	−24.6	19.7
蚕　丝	0.1	8.3	5.8	大　豆	2.7	31.7	12.0
加工猪肉	0.1	2.3	5.2	虾　类	1.9	793.2	8.5
葡　萄	0.1	−30.7	3.7	乳　品	1.8	15.3	7.8

前五大出口市场依次为中国香港、越南、美国、韩国和斯洛文尼亚，合计占全市农产品出口额的45%，出口额同比分别增长2.3%、1.6倍、25.2%、30.4%和81.4%。

前五大进口来源地依次为泰国、巴西、澳大利亚、厄瓜多尔和阿根廷，合计占全市农产品进口额的64.9%。其中，自巴西、澳大利亚、厄瓜多尔和阿根廷进口额同比分别增长37.8%、46.2%、9.3倍和1.2倍，自泰国进口额下降30.8%（表118）。

表118 2022年重庆农产品主要出口市场和进口来源地

单位：亿美元、%

出口市场	出口额	同比增长	占比	进口来源地	进口额	同比增长	占比
中国香港	0.2	2.3	11.9	泰　国	6.4	−30.8	28.0
越　南	0.2	164.2	10.1	巴　西	4.0	37.8	17.6
美　国	0.2	25.2	9.5	澳大利亚	1.9	46.2	8.5
韩　国	0.2	30.4	8.2	厄瓜多尔	1.3	933.7	5.7
斯洛文尼亚	0.1	81.4	5.3	阿根廷	1.2	121.8	5.1

重庆促进农产品出口主要政策和措施：

（1）强化基地建设。指导农产品出口企业对接国际标准、申请国际认证，组织企业积极申报国贸基地，年内5家企业被农业农村部认定为国贸基地。

（2）推动贸易对接。与驻泰使馆举行

线上投资贸易对接交流会。组织企业参加新加坡亚洲国际食品与酒店展。挖掘出口潜力产品，积极对接海外销售渠道，实现开州蜜桃和奉节贝贝南瓜等产品首次出口新加坡。

(3) 开展出口培训。举办柑橘出口培训调研会、农产品贸易对接培训会等活动，鼓励企业用好支持政策，提高开拓国际市场的能力。

(二十三) 四川省

2022 年，四川农产品贸易额 28.9 亿美元，同比增长 39.4%。其中，出口额 13.7 亿美元，增长 45.3%；进口额 15.2 亿美元，增长 34.5%。逆差 1.5 亿美元，缩小 21.4%。

四川农产品贸易额占全国农产品贸易总额的 0.9%。其中，出口额占全国农产品出口总额的 1.4%；进口额占全国农产品进口总额的 0.6%。

前五大出口农产品依次为菠菜、白酒、豇豆及菜豆、药材和柑橘，出口额合计 2.6 亿美元，占全省农产品出口额的 18.9%。其中，菠菜、豇豆及菜豆、药材和柑橘出口额同比分别增加 638.2 倍、190.4 倍、5.2%和 49.9%，白酒出口额下降 5.1%。

前五大进口农产品依次为大豆、牛肉、奶粉、棕榈油和菜籽油，进口额合计 7.3 亿美元，占全省农产品进口额的 48%。其中，大豆、牛肉、棕榈油和菜籽油进口额同比分别增长 59.1%、93.3%、1.1 倍和 2.6 倍，奶粉进口额下降 30.6%（表 119）。

表 119 2022 年四川主要贸易产品

单位：亿美元、%

出口产品	出口额	同比增长	占比	进口产品	进口额	同比增长	占比
菠　菜	1.0	63 823.4	7.0	大　豆	2.4	59.1	15.7
白　酒	0.7	−5.1	5.4	牛　肉	1.7	93.3	11.1
豇豆及菜豆	0.4	19 043.3	2.8	奶　粉	1.3	−30.6	8.7
药　材	0.3	5.2	1.9	棕榈油	1.1	112.4	7.0
柑　橘	0.2	49.9	1.7	菜籽油	0.8	264.6	5.2

前五大出口市场依次为西班牙、中国香港、美国、菲律宾和印度尼西亚，出口额合计占全省农产品出口额的 57.7%，出口额同比分别增长 55.6%、4.1 倍、18.2%、22.6%和 1 倍。

前五大进口来源地依次为巴西、新西兰、美国、印度尼西亚和澳大利亚，进口额合计占全省农产品进口额的 47%，进口额同比分别增长 34.6%、8.3%、15.7%、5.2 倍和 66%（表 120）。

表 120　2022 年四川农产品主要出口市场和进口来源地

单位：亿美元、%

出口市场	出口额	同比增长	占比	进口来源地	进口额	同比增长	占比
西班牙	2.9	55.6	21.3	巴西	2.0	34.6	13.0
中国香港	2.4	413.1	17.5	新西兰	1.5	8.3	10.0
美国	1.2	18.2	8.9	美国	1.4	15.7	9.3
菲律宾	0.7	22.6	5.1	印度尼西亚	1.3	522.0	8.4
印度尼西亚	0.7	102.6	4.9	澳大利亚	1.0	66.0	6.3

四川促进农产品出口主要政策和措施：

（1）围绕国贸基地建设加快培育外贸主体。2022 年 3 家企业入选国贸基地名单，目前全省共有 6 家入选。持续开展省级国贸基地建设，并评定省级国贸示范基地，为下一步参评国家级国贸基地打牢基础；安排专项资金加强基地创建，支持农产品出口全产业链建设和四川农产品出口联盟能力提升，对开展海外仓建设企业给予经费补贴；组织开展农产品出口专题培训，促进出口企业能力提升。

（2）坚持发挥国际展会贸促平台作用。组织企业参加香港美食博览暨香港国际茶展（线上展）、东博会、第 6 届中国—南亚博览会、中国（澳门）国际高品质消费博览会、莫斯科国际食品展等国际展会，助力茶叶、食用菌、蔬菜、水果、调味品、水产品、肉制品等地方特色农产品对接国际市场。

（3）疏通农产品贸易堵点。协调铁路、海关、口岸等部门推进解决农产品依托国际班列出口问题，开行 3 趟中亚专列助力四川茶叶等农产品出口，实现中高端绿茶、红茶首次出口中亚市场。帮助攀枝花晚熟芒果对接俄罗斯市场。

（二十四）贵州省

2022 年，贵州农产品贸易额 11.4 亿美元，同比增长 28.1%。其中，出口额 8.3 亿美元，增长 7.4%；进口额 3.1 亿美元，增加 1.6 倍。顺差 5.2 亿美元，缩小 20.8%。

贵州农产品贸易额占全国农产品贸易总额的 0.3%。其中，出口额占全国农产品出口总额的 0.8%；进口额占全国农产品进口总额的 0.1%。

前五大出口农产品依次为白酒、烤烟、红茶、绿茶和蔬菜汁，出口额合计 7.6 亿美元，占全省农产品出口额的 91.5%。其中，白酒、烤烟和蔬菜汁出口额同比分别增长 33.8%、70.4%和 1.9 倍，红茶和绿茶出口额分别下降 58.9%和 65.8%。

前五大进口农产品依次为牛肉、榴莲、活牛、虾类和玉米，进口额合计 2.3 亿美元，占全省农产品进口额的 74.2%。其中，榴莲和玉米进口额同比分别下降 55.1%和 4.1%，牛肉进口额增加 51.2 倍。（表 121）。

表 121 2022 年贵州主要贸易产品

单位：亿美元、%

出口产品	出口额	同比增长	占比	进口产品	进口额	同比增长	占比
白　酒	5.7	33.8	68.9	牛　肉	1.8	5 124.5	56.9
烤　烟	0.9	70.4	11.1	榴　莲	0.2	−55.1	6.8
红　茶	0.5	−58.9	5.5	活　牛	0.1	—	4.7
绿　茶	0.4	−65.8	4.5	虾　类	0.1	—	4.4
蔬菜汁	0.1	191.3	1.3	玉　米	0.1	−4.1	4.1

前五大出口市场依次为中国香港、马来西亚、印度尼西亚、比利时和澳大利亚，合计占全省农产品出口额的40%。其中，对马来西亚、印度尼西亚、比利时和澳大利亚出口额同比分别增长67.9%、1倍、25.9%和1.6倍，对中国香港出口额下降43.7%。

前五大进口来源地依次为巴西、阿根廷、乌拉圭、新西兰和泰国，合计占全省农产品进口额的66.6%。其中，自阿根廷和新西兰进口额同比分别增加11.5倍和52.2倍，自泰国进口额下降54.8%（表122）。

表 122 2022 年贵州农产品主要出口市场和进口来源地

单位：亿美元、%

出口市场	出口额	同比增长	占比	进口来源地	进口额	同比增长	占比
中国香港	1.8	−43.7	21.3	巴　西	0.7	—	23.8
马来西亚	0.4	67.9	4.9	阿 根 廷	0.4	1 150.7	13.6
印度尼西亚	0.4	104.2	4.8	乌 拉 圭	0.3	—	10.4
比 利 时	0.4	25.9	4.5	新 西 兰	0.3	5 222.7	10.1
澳大利亚	0.4	163.4	4.5	泰　国	0.3	−54.8	8.7

贵州促进农产品出口主要政策和措施：

（1）强化政策引领和公共服务。制定《贵州省外贸倍增行动计划》《促进贵州省农产品出口贸易方案》，全面推进农产品贸易高质量发展。完善农产品出口促进工作机制，建立外贸专员制度、重点外贸企业联系制度、厅关协作制度，强化省市县三级纵向联动和商务、海关、税务、外汇等中央驻黔部门横向协作。提升农产品贸易便利化水平，设立进出口鲜活易腐农食产品查验绿色通道，对符合条件的商品实施“优先查验”和“5+2”预约查验，推动相关农产品进出口环节“无障碍，快放行”。

(2) 支持外贸转型升级基地建设。落实国家外贸转型升级基地建设有关政策措施，支持遵义市白酒国家外贸转型升级基地和湄潭茶叶、都匀茶叶、盘州刺梨等省级外贸转型升级基地建设，提升其外贸公共服务能力，推进农产品贸易高质量发展。

(3) 拓展国际营销及仓储体系。支持贵州省（俄罗斯）农产品营销服务公共平台建设，鼓励企业构建“海外仓＋展示中心＋入驻超市服务＋跨境电商”物流体系，推进农产品出口消费渠道下沉。

(二十五) 云南省

2022年，云南农产品贸易额61.5亿美元，同比下降12.5%。其中，出口额27.1亿美元，下降37.3%；进口额34.4亿美元，增长26.9%。由顺差转为逆差，逆差7.3亿美元。

云南农产品贸易额占全国农产品贸易总额的1.8%。其中，出口额占全国农产品出口总额的2.8%；进口额占全国农产品进口总额的1.5%。

前五大出口农产品依次为葡萄、柑橘、烤烟、咖啡和菠菜，出口额合计8.1亿美元，占全省农产品出口额的30.1%。其中，葡萄、柑橘和菠菜出口额同比分别下降23.7%、72.2%和54.7%，烤烟和咖啡出口额分别增长11.4%和3.2倍。

前五大进口农产品依次为大豆、榴莲、山竹、大米和甘蔗，进口额合计23.1亿美元，占全省农产品进口额的67.2%。其中，榴莲、大米和甘蔗进口额同比分别增长80.8%、1.1倍和20.6%，大豆和山竹进口额分别下降2%和6.7%（表123）。

表123 2022年云南主要贸易产品

单位：亿美元、%

出口产品	出口额	同比增长	占比	进口产品	进口额	同比增长	占比
葡萄	2.2	−23.7	8.1	大豆	12.7	−2.0	36.9
柑橘	1.8	−72.2	6.8	榴莲	5.8	80.8	17.0
烤烟	1.6	11.4	6.0	山竹	1.7	−6.7	4.9
咖啡	1.3	321.1	4.8	大米	1.6	105.9	4.6
菠菜	1.2	−54.7	4.4	甘蔗	1.3	20.6	3.8

前五大出口市场依次为越南、泰国、中国香港、缅甸和印度尼西亚，合计占全省农产品出口额的70.1%。其中，对越南、泰国、中国香港和缅甸出口额同比分别下降55.2%、0.7%、67.6%和13.2%，对印度尼西亚出口额增长15.1%。

前五大进口来源地依次为巴西、泰国、缅甸、老挝和美国，合计占全省农产品进口额的 91.1%。其中，自巴西、泰国、缅甸和老挝进口额同比分别增长 6.1%、30.7%、2.3 倍和 85.6%，自美国进口额下降 21%（表 124）。

表 124　2022 年云南农产品主要出口市场和进口来源地

单位：亿美元、%

出口市场	出口额	同比增长	占比	进口来源地	进口额	同比增长	占比
越　南	8.8	−55.2	32.3	巴　西	10.5	6.1	30.4
泰　国	4.1	−0.7	15.1	泰　国	10.0	30.7	29.0
中国香港	2.8	−67.6	10.3	缅　甸	6.6	228.7	19.3
缅　甸	1.9	−13.2	6.8	老　挝	2.3	85.6	6.8
印度尼西亚	1.5	15.1	5.6	美　国	1.9	−21.0	5.6

云南促进农产品出口主要政策和措施：

（1）持续推进品牌打造。实施农业品牌建设工程，培育农业品牌精品，组织开展区域公用品牌、企业品牌遴选推荐，其中昭通苹果进入国家农业品牌精品培育计划。开展 2022 年云南省“10 大名品”、绿色食品“10 强企业”和“20 佳创新企业”评选认定。

（2）积极助力国贸基地发展。推动优化营商环境创新举措落地，建立国贸基地“企业联络员制度”，通过调研、座谈、回访等方式，及时发现、解决企业生产经营过程中的问题，推动企业发展。

（二十六）西藏自治区

2022 年，西藏农产品贸易额 1 390.7 万美元，同比下降 20.2%。其中，出口额 1 215.7 万美元，增长 2.4%；进口额 175 万美元，下降 68.5%。顺差 1 040.7 万美元，扩大 64.8%。贸易额、进口额、出口额占全国比例均不足 0.1%。

前五大出口农产品依次为饲料添加剂、羊毛、大蒜、山羊绒和冬虫夏草，出口额合计 1 090.8 万美元，占全省农产品出口额的 89.7%。其中，大蒜和山羊绒出口额同比分别下降 33.9% 和 42.8%，饲料添加剂、羊毛和冬虫夏草出口额分别增长 92.9%、33% 和 1.2 倍。

前五大进口农产品依次为葡萄酒、烟草精汁、棉花、牛肉和饼干，进口额合计 129.5 万美元，占全省农产品进口额的 74%。其中，葡萄酒、烟草精汁和饼干进口额同比分别增长 95.3%、1.6 倍和 86.8 倍，棉花进口额下降 18.1%（表 125）。

表 125 2022 年西藏主要贸易产品

单位：万美元、%

出口产品	出口额	同比增长	占比	进口产品	进口额	同比增长	占比
饲料添加剂	409.4	92.9	33.7	葡萄酒	82.9	95.3	47.4
羊　毛	292.3	33.0	24.0	烟草精汁	17.2	158.4	9.8
大　蒜	146.9	−33.9	12.1	棉　花	10.6	−18.1	6.0
山羊绒	143.2	−42.8	11.8	牛　肉	9.6	—	5.5
冬虫夏草	99.0	120.9	8.1	饼　干	9.2	8 684.9	5.3

前五大出口市场依次为尼泊尔、中国香港、印度、越南和波兰，出口额合计占全省农产品出口额的 83.7%。对尼泊尔和印度出口额同比分别下降 18.6% 和 41.4%，对中国香港和越南出口额分别增长 41.7% 和 1.7 倍。

进口来源地依次为美国、印度、智利和法国。其中，自美国和印度进口额分别增加 1.9 倍和 85.2%，自法国进口额下降 49.3%（表 126）。

表 126 2022 年西藏农产品主要出口市场和进口来源地

单位：万美元、%

出口市场	出口额	同比增长	占比	进口来源地	进口额	同比增长	占比
尼泊尔	464.5	−18.6	38.2	美　国	106.6	192.0	60.9
中国香港	177.7	41.7	14.6	印　度	55.8	85.2	31.9
印　度	148.2	−41.4	12.2	智　利	9.6	—	5.5
越　南	142.5	172.1	11.7	法　国	3.0	−49.3	1.7
波　兰	84.8	—	7.0				

西藏促进农产品出口主要政策和措施：

2022 年，组织 74 家企业参加了第 131、132 届中国进出口商品交易会（以下简称“广交会”），开展牛羊绒制品、青稞制品、林下产品、药材和茶叶等地区特色农产品推广。召开中国西藏与尼泊尔经贸协调委员会第十次视频会议，就若干农产品贸易合作事项达成一致意见。

（二十七）陕西省

2022 年，陕西农产品贸易额 16.6 亿美元，同比增长 17.9%。其中，出口额 6.2 亿美元，增长 12.5%；进口额 10.4 亿美元，增长 21.4%。逆差 4.2 亿美元，扩大 37.5%。

陕西农产品贸易额占全国农产品贸易总额的 0.5%。其中，出口额占全国农产品出口总额的 0.6%，进口额占全国农产品进口总额的0.4%。

前五大出口农产品依次为苹果汁、苹果、梨、绿豆和面筋，出口额合计1.9亿美元，占全省农产品出口额的29.3%。其中，梨和面筋出口额同比分别增加1.5倍和10倍，苹果汁、苹果和绿豆出口额分别增长5.3%、3.6%和40%。

前五大进口农产品依次为大豆、菜籽油、绿豆、葵花油和红花油、棕榈油，进口额合计9.5亿美元，占全省农产品进口额的91.3%。其中，菜籽油、葵花油和红花油进口额同比分别增加1.2倍和8.3倍，大豆和绿豆进口额分别增长34.7%和2.9%，棕榈油进口额与上年基本持平（表127）。

表127 2022年陕西主要贸易产品

单位：亿美元、%

出口产品	出口额	同比增长	占比	进口产品	进口额	同比增长	占比
苹果汁	0.8	5.3	12.6	大　豆	8.3	34.7	79.2
苹　果	0.4	3.6	6.6	菜籽油	0.7	122.8	7.1
梨	0.3	148.7	4.8	绿　豆	0.3	2.9	2.9
绿　豆	0.2	40.0	2.8	葵花油和红花油	0.1	827.9	1.2
面　筋	0.2	1 002.8	2.5	棕榈油	0.1	0.0	0.8

前五大主要出口市场依次为美国、泰国、越南、日本和澳大利亚，合计占全省农产品出口额的54.5%。其中，对泰国、越南、日本和澳大利亚出口额同比分别增长21.8%、1.9倍、10.6%和92.5%，对美国出口额下降2.3%。

前五大进口来源地依次为巴西、俄罗斯、阿根廷、美国和缅甸，合计占全省农产品进口额的89.4%。其中，自巴西、俄罗斯、阿根廷和缅甸进口额同比分别增长51.9%、4.5倍、2.3倍和31.3倍，自美国进口额下降59.3%（表128）。

表128 2022年陕西农产品主要出口市场和进口来源地

单位：亿美元、%

出口市场	出口额	同比增长	占比	进口来源地	进口额	同比增长	占比
美　国	1.9	−2.3	31.2	巴　西	7.2	51.9	69.0
泰　国	0.5	21.8	8.2	俄罗斯	0.8	445.6	7.5
越　南	0.4	192.1	6.2	阿根廷	0.6	227.2	5.8
日　本	0.3	10.6	4.8	美　国	0.5	−59.3	5.1
澳大利亚	0.3	92.5	4.1	缅　甸	0.2	3 129.9	2.0

陕西促进农产品出口的主要政策和措施：

（1）推动与上合组织成员国农业合作。举办第29届中国杨凌农业高新科技成果博览会、2022年上合组织现代农业发展圆桌会、首届上合组织农业博览会等重点活动，开展面向上合组织国家的“云参观”“云实训”活动。

（2）强化专业人才培养培训。围绕“一带一路”农产品贸易与市场营销、农产品出口政策等重点内容，面向重点农业涉外企业负责人、高素质职业农民等相关人员，举办全省农业“走出去”线上专题培训。

（3）举办参与各类国际展会活动。依托进博会、丝绸之路国际博览会等国际会展平台开展各类农业科技、产能、产品示范推介和展览展销。举办“一带一路”农业贸易与乡村振兴论坛，邀请国内外专家学者围绕构建高水平开放格局、保障全球农食链稳定开展研讨交流，为农产品贸易高质量发展出谋划策。成功举办安康市平利县2022年“国际茶日”分会场活动、参加“大使品茶”云活动等，传播弘扬茶文化，提高陕茶世界影响力。

（二十八）甘肃省

2022年，甘肃农产品贸易额5.4亿美元，同比增长1.9%。其中，出口额3.7亿美元，增长25.4%；进口额1.7亿美元，下降26.5%。顺差2亿美元，扩大3倍。

甘肃农产品贸易额占全国农产品贸易总额的0.2%。其中，出口额占全国农产品出口总额的0.4%，进口额占全国农产品进口总额的0.1%。

前五大出口农产品依次为蔬菜种子、鲜苹果、苹果汁、罂粟子和加工番茄，出口额合计2.1亿美元，占全省农产品出口总额的57%，出口额同比分别增长37.4%、8.6%、17.4%、3倍和1.2倍。

前五大进口农产品依次为豌豆、亚麻子、玉米、棕榈油和高粱，进口额合计0.8亿美元，占全省农产品进口总额的47%。其中，高粱进口额同比增长22.6%，豌豆、亚麻子、玉米和棕榈油进口额分别下降29.2%、2.9%、52.8%和7.9%（表129）。

表129 2022年甘肃主要贸易产品

单位：亿美元、%

出口产品	出口额	同比增长	占比	进口产品	进口额	同比增长	占比
蔬菜种子	0.7	37.4	18.6	豌　豆	0.3	−29.2	17.3
鲜苹果	0.7	8.6	18.3	亚麻子	0.2	−2.9	10.6
苹果汁	0.3	17.4	8.5	玉　米	0.1	−52.8	8.1
罂粟子	0.2	299.1	6.4	棕榈油	0.1	−7.9	7.1
加工番茄	0.2	116.1	5.3	高　粱	0.1	22.6	5.9

前五大出口市场依次为美国、荷兰、越南、尼泊尔和印度，合计占全省农产品出口总额的 42.9%。其中，对越南和印度出口额同比分别增加 1.9 倍和 33.3 倍，对美国和荷兰出口额分别增长 25.7% 和 18.7%，对尼泊尔出口额下降 2.5%。

前五大进口来源地依次为澳大利亚、哈萨克斯坦、乌克兰、加拿大和印度尼西亚，合计占全省农产品进口总额的 58.9%。其中，自澳大利亚和哈萨克斯坦进口额同比分别增长 27.1% 和 1.6 倍，自乌克兰、加拿大和印度尼西亚进口额分别下降 46.7%、73.3% 和 6.8%（表 130）。

表 130　2022 年甘肃农产品主要出口市场和进口来源地

单位：亿美元、%

出口市场	出口额	同比增长	占比	进口来源地	进口额	同比增长	占比
美　国	0.4	25.7	11.2	澳大利亚	0.3	27.1	16.7
荷　兰	0.3	18.7	9.4	哈萨克斯坦	0.3	155.0	14.8
越　南	0.3	185.3	8.8	乌克兰	0.2	−46.7	10.2
尼泊尔	0.3	−2.5	7.3	加拿大	0.2	−73.3	10.0
印　度	0.2	3 327.4	6.2	印度尼西亚	0.1	−6.8	7.2

甘肃促进农产品出口主要政策和措施：

（1）完善政策支持举措。深入贯彻落实党中央、国务院一系列稳外贸政策措施，制定印发《关于做好跨周期调节进一步稳外贸的实施意见》《甘肃省关于推动外贸保稳提质的实施意见》《甘肃省促进外向型优势产业加快发展的若干措施》等系列政策文件。用足用好外经贸发展专项资金，支持农产品贸易企业降低综合成本、培育竞争优势、完善营销渠道、发展新兴业态。

（2）培育壮大出口基地。加大国贸基地和河西地区种子、天水市苹果、酒泉市肃州区洋葱、平凉市静宁县苹果国家外贸转型升级基地等基地建设力度。积极开展省级基地培育工作，年内新认定静宁县红牛、岷县中药材 2 个省级农产品外贸转型升级基地。

（3）打造贸易促进平台。指导企业在尼泊尔、泰国、缅甸、美国等 15 个国家和地区设立国际营销网点。引导农产品企业依托兰州、天水跨境电商综试区和兰州陆港型国家物流枢纽等对外开放平台，发展外贸新业态新模式。举办“甘肃—韩国线上贸易洽谈对接会”“兰州—新加坡特色产品供需对接会”“中国（甘南）—马来西亚特色产品暨中藏药材推介会”“2022 年中马企业合作对接会”等贸易促进活动，推动甘肃特色农产品拓展国际市场。

（4）强化服务保障措施。充分发挥全省外贸联席会议机制，建立《甘肃省外贸外资“一企一策”纾困台账》，梳理农产品企业急需解决的困难和问题，明确责任部门，开展精准帮扶。指导农产品贸易企业办理出口资质，提升农产品出口通关效率。深入挖掘农产品出口新增长点，积极争取供港澳活牛配额，推动玉米种子、茶叶、半夏、豆制品和华池香菇等实现首次出口。

（二十九）青海省

2022 年，青海农产品贸易额 5 153.9 万美元，同比增长 10.9%。其中，出口额 2 669.9 万美元，下降 27.9%；进口额 2 484 万美元，增加 1.6 倍。顺差 185.9 万美元，缩小 93.3%。贸易额、出口额和进口额占全国总额比重均不足 0.1%。

前五大出口农产品依次为冬虫夏草、鳟鱼、枸杞、植物油脂及其分离品、干草汁液及浸膏，出口额合计 2 154.7 万美元，占全省农产品出口额的 80.7%。其中，植物油脂及其分离品、干草汁液及浸膏出口额同比分别增长 54.3%和 5.5%，冬虫夏草、鳟鱼和枸杞出口额分别下降 18.9%、49.4%和 37.9%。

前五大进口农产品依次为牛肉、猪杂碎、羊毛、羊肉和燕麦，进口额合计 2 328 万美元，占全省农产品进口额的 93.7%。其中，牛肉进口额同比增加 3 倍，羊毛、羊肉和燕麦进口额分别增长 90.6%、86.5%和 10.1%（表 131）。

表 131　2022 年青海主要贸易产品

单位：万美元、%

出口产品	出口额	同比增长	占比	进口产品	进口额	同比增长	占比
冬虫夏草	879.4	−18.9	32.9	牛　肉	2 050.9	302.9	82.6
鳟　鱼	790.6	−49.4	29.6	猪杂碎	114.7	—	4.6
枸　杞	240.6	−37.9	9.0	羊　毛	66.5	90.6	2.7
植物油脂及其分离品	139.3	54.3	5.2	羊　肉	56.7	86.5	2.3
干草汁液及浸膏	104.8	5.5	3.9	燕　麦	39.2	10.1	1.6

前五大出口市场依次为俄罗斯、中国香港、日本、新加坡和法国，合计占全省农产品出口额的 74%，出口额同比分别下降 49.4%、10%、20%、7.8%和 5%。

前五大进口来源地依次为新西兰、澳大利亚、乌拉圭、丹麦和巴西，合计占全省农产品进口额的 91.6%。其中，自新西兰和澳大利亚进口额同比分别增加 9.9 倍和 92.6 倍，自乌拉圭和丹麦进口额分别下降 33%和 50.5%（表 132）。

表 132 2022 年青海农产品主要出口市场和进口来源地

单位：万美元、%

出口市场	出口额	同比增长	占比	进口来源地	进口额	同比增长	占比
俄罗斯	790.6	−49.4	29.6	新西兰	964.6	993.2	38.8
中国香港	734.3	−10.0	27.5	澳大利亚	871.3	9 263.7	35.1
日本	187.9	−20.0	7.0	乌拉圭	254.2	−33.0	10.2
新加坡	163.8	−7.8	6.1	丹麦	131.2	−50.5	5.3
法国	100.4	−5.0	3.8	巴西	53.9	—	2.2

青海促进农产品出口主要政策和措施：

（1）着力打造“青字号”农产品品牌。以打造绿色有机农畜产品输出地为契机，培育企业自主品牌，提高产品深加工能力，提升产品附加值；支持农产品出口企业开展国际质量认证，不断提升农产品品质和国际竞争力；加大农产品出口自主品牌建设，支持企业在境外开展专利申请和商标注册，鼓励企业加强与品牌推广机构的合作，着力提高品牌的国际市场知名度。

（2）推进出口农产品标准化基地建设。围绕枸杞、牦牛、藏羊、高原冷水鱼等优势特色农产品，大力创建国家级食品农产品质量安全示范区和出口标准化示范基地，从源头上提升出口农产品的质量安全水平。同时加强各部门协同合作，促进农业种质资源引进，推动农畜产品质量安全体系建设，夯实农畜产品出口质量安全基础。

（3）支持企业积极开拓国际市场。为国贸基地企业搭建平台加大海外推介力度，指导企业开展产业链价值链提升和国际展示营销。积极组织企业参加进博会、广交会、东博会、中国—阿拉伯国家博览会等国际性综合展会，支持企业融入全球农产品供应链。鼓励企业在境外建设展示销售中心或销售网点，入驻国内外知名跨境电商平台拓展市场。

（三十）宁夏回族自治区

2022 年，宁夏农产品贸易额 2.2 亿美元，同比下降 16.1%。其中，出口额 1.6 亿美元，下降 26.5%；进口额 5 713.9 万美元，增长 41.9%。顺差 1.0 亿美元，缩小 41.5%。

宁夏农产品贸易额占全国农产品贸易总额的 0.1%。其中，出口额占全国农产品出口总额的 0.2%；进口额占全国农产品进口总额的 0.02%。

前五大出口农产品依次为枸杞、西兰花、马铃薯、饲料添加剂和发酵粉，出口额合计 6 865.3 万美元，占全区农产品出口额的 42.9%。其中，西兰花、马铃薯和发酵粉出口额同比分别增长 36.8%、6.8% 和 18%，枸杞和饲料添加剂出口额分别下降 9.4% 和 85.7%。

前五大进口农产品依次为亚麻籽、饲草料、种牛、菜籽油和马铃薯，进口额合计

4 238.4 万美元，占全区农产品进口额的74.2%。其中，亚麻籽和菜籽油进口额同比分别增加 8 倍和 2.3 倍，饲草料和马铃薯进口额分别下降 29%和 78.4%（表 133）。

表 133 2022 年宁夏主要贸易产品

单位：万美元、%

出口产品	出口额	同比增长	占比	进口产品	进口额	同比增长	占比
枸　杞	3 093.8	−9.4	18.8	亚麻籽	2 001.5	798.9	35.0
西兰花	1 228.1	36.8	7.5	饲草料	949.2	−29.0	16.6
马铃薯	1 162.1	6.8	7.1	种　牛	620.1	—	10.9
饲料添加剂	845.9	−85.7	5.1	菜籽油	335.9	226.8	5.9
发酵粉	535.4	18.0	3.3	马铃薯	331.7	−78.4	5.8

前五大出口市场依次为马来西亚、中国台湾、美国、德国和日本，合计占全区农产品出口额的 64.2%。其中，对马来西亚和中国台湾出口额同比分别增长 39.1%和19.2%，对美国、德国和日本出口额分别下降 44.3%、18.6%和 6.8%。

前五大进口来源地依次为俄罗斯、新西兰、美国、哈萨克斯坦和蒙古国，合计占全区农产品进口额的 89%。其中，自俄罗斯和哈萨克斯坦进口额同比分别增加 7.2 倍和15.4 倍，自美国和蒙古国进口额分别下降28.2%和 57.9%（表 134）。

表 134 2022 年宁夏农产品主要出口市场和进口来源地

单位：万美元、%

出口市场	出口额	同比增长	占比	进口来源地	进口额	同比增长	占比
马来西亚	3 902.5	39.1	23.7	俄 罗 斯	1 811.6	720.4	31.7
中国台湾	2 224.2	19.2	13.5	新 西 兰	1 122.5	—	19.6
美　　国	2 133.3	−44.3	13.0	美　　国	1 061.9	−28.2	18.6
德　　国	1 600.1	−18.6	9.7	哈萨克斯坦	838.1	1 544.8	14.7
日　　本	712.6	−6.8	4.3	蒙 古 国	250.5	−57.9	4.4

宁夏促进农产品出口主要政策和措施：

（1）开展农产品展示展销。建设集农产品展示销售、宣传推介、观摩品鉴、文化创意、商务洽谈、电商服务等功能于一体的名优特色农产品展销中心，举办宁夏品质中国行（广州站、福州站、北京站）和全国知名经销商走进宁夏等推介活动，开展宁夏名优特色农产品和“闽宁特产线上行”等系列营销促销活动。

（2）推进农产品品牌战略。制定农产品

“三品一标”高质量发展行动方案，发布宁夏特色优质农产品品牌目录，建立完善区域公用品牌建设管理标准体系，中宁枸杞、贺兰山东麓葡萄酒、宁夏大米被列入中欧地理标志互保名录。构建以国家、行业和地方标准为基础、团体标准和企业标准为骨干的新型标准体系。申报全国现代农业全产业链标准化示范基地10个，创建出口农产品标准化基地10个。

（3）开展农业企业培训。组织企业参加RCEP涉农政策、海关AEO认证、“走出去”风险防范和应对等培训、海外商标注册与保护线上辅导7期150人次。对接俄罗斯SLC丝路集团，开辟俄罗斯及中亚地区饲草料供应市场。

（4）支持国贸基地建设。组织国贸基地企业成功申报以葡萄酒和枸杞为主导产业的2个国家现代农业产业园和1个国家农作物种质资源库，推选企业成功入选2022年国家级健康养殖和生态养殖示范区。葡萄酒联合体企业依托国家葡萄酒综试区建设和中国（宁夏）国际葡萄酒文化旅游博览会，大力推广“贺兰山东麓葡萄酒”品牌。

（三十一）新疆维吾尔自治区

2022年，新疆农产品贸易额17.8亿美元，同比增长40.4%。其中，出口额10.2亿美元，增长32.8%；进口额7.6亿美元，增长52.2%。顺差2.6亿美元，与上年基本持平。

新疆农产品贸易额占全国农产品贸易总额的0.5%。其中，出口额占全国农产品出口总额的1%，进口额占全国农产品进口总额的0.3%。

前五大出口农产品依次为番茄、核桃、柑橘、葡萄和瓜子，出口额合计7.1亿美元，占全区农产品出口额的69.6%。其中，番茄、柑橘和瓜子出口额同比分别增长55.3%、2倍和16.2%，核桃和葡萄出口额分别下降8.5%和28.1%。

前五大进口农产品依次为菜籽油、葵花油和红花油、亚麻子、葵花籽和红花子，进口额合计3.5亿美元，占全区农产品进口额的46.0%，进口额同比分别增加1.1倍、1.6倍、1.5倍、1.7倍和57.9%（表135）。

表135 2022年新疆主要贸易产品

单位：亿美元、%

出口产品	出口额	同比增长	占比	进口产品	进口额	同比增长	占比
番　茄	4.6	55.3	45.0	菜籽油	1.5	106.1	19.9
核　桃	1.4	−8.5	13.3	葵花油和红花油	0.7	161.5	9.2
柑　橘	0.5	200.3	4.7	亚麻子	0.6	152.5	7.8
葡　萄	0.3	−28.1	3.3	葵花籽	0.5	169.5	6.2
瓜　子	0.3	16.2	3.2	红花子	0.2	57.9	2.6

前五大出口市场依次为吉尔吉斯斯坦、哈萨克斯坦、俄罗斯、意大利和泰国，出口额合计占全区农产品出口额的 52.4%。其中，对泰国出口额同比下降 0.7%，对吉尔吉斯斯坦、哈萨克斯坦、俄罗斯和意大利出口额分别增加 1.3 倍、2.1%、1 倍和 20.5%。

前五大进口来源地依次为哈萨克斯坦、印度尼西亚、俄罗斯、乌兹别克斯坦和缅甸，进口额合计占全区农产品进口额的 92.5%，进口额同比分别增长 96.3%、52.2%、58.3%、1.3倍和8.1倍（表136）。

表 136　2022 年新疆农产品主要出口市场和进口来源地

单位：亿美元、%

出口市场	出口额	同比增长	占比	进口来源地	进口额	同比增长	占比
吉尔吉斯斯坦	1.9	132.8	18.3	哈萨克斯坦	3.0	96.3	40.0
哈萨克斯坦	1.2	2.1	11.9	印度尼西亚	2.2	52.2	28.6
俄罗斯	1.0	103.2	9.5	俄罗斯	1.4	58.3	18.8
意大利	0.7	20.5	6.8	乌兹别克斯坦	0.2	125.8	3.0
泰国	0.6	−0.7	5.9	缅甸	0.2	805.0	2.1

新疆促进农产品出口主要政策和措施：

（1）搭建外销平台促进农产品贸易。依托第七届中国—亚欧博览会，举办全国对口援疆农产品交易专场暨脱贫地区农产品产销对接活动和农业国际合作优质农产品展，开展专场推介活动，伊犁、喀什、巴州、克州、和田及吐鲁番市等地涉农外向型企业产品在展会上受到国内外采购商的高度关注。

（2）积极宣传推介新疆特色优势农产品。通过强化电商平台销售、拓展线下直销、发挥农产品产销联盟作用、推进网络直播带货、加强消费帮扶、扩大品牌营销等措施，不断拓宽农产品销售渠道。加快“品味新疆”平台建设，引导 100 家新疆特色农业优质产品商家入驻。组织参加东博会等国际展会，为企业“走出去”搭建平台，大力开拓东盟国家农产品市场。

（3）加强外向型农业产业化龙头企业帮扶指导。一是出台《新疆维吾尔自治区关于促进农业产业化龙头企业做大做强的实施意见》（新农产〔2022〕165 号）。二是编制《新疆维吾尔自治区发展农产品加工业相关扶持政策汇编》，宣传普及支持政策。三是持续开展自治区外向型农业产业化龙头企业调度监测，定期调度了解并推动解决外向型农业龙头企业在生产经营、政策应用等方面的困难和问题。

（4）积极出台政策支持国贸基地建设。印发《新疆维吾尔自治区关于加快推进外向型农业高质量发展的指导意见》，明确提出加强国贸基地建设，加快培育建设一批面向国际市场、对标国际标准、打造国际品牌、迈向国际价值链中高端国贸基地，有效地推动新疆国贸基地建设。

主要贸易伙伴

东 盟

(一) 生产

东盟是全球主要的稻谷产地。2022 年，主产国印度尼西亚、越南、泰国、缅甸和菲律宾大米产量分别为 3 400 万吨、2 700 万吨、2 020 万吨、1 250 万吨和 1 241.1 万吨，分别占全球大米总产量的 6.7%、5.3%、4%、2.5%和 2.4%（表 137）。

表 137　2022 年东盟主要国家大米产量及贸易量

单位：万吨、%

国　家	产　量	占全球总产量比重	出口量	占全球出口量比重
印度尼西亚	3 400.0	6.7	—	—
越　南	2 700.0	5.3	710.0	12.7
泰　国	2 020.0	4.0	850.0	15.3
缅　甸	1 250.0	2.5	240.0	4.3
菲律宾	1 241.1	2.4	—	—
柬埔寨	593.3	1.2	170.0	3.1
老　挝	195.0	0.4	5.0	0.1
马来西亚	170.0	0.3	10.0	0.2
文　莱	0.1	—	—	—
新加坡	0.0	—	—	—

数据来源：美国农业部。

东盟也是全球第一大棕榈油生产地，印度尼西亚和马来西亚两国产量合计占全球总产量的比重约为85%。2022年，印度尼西亚棕榈油产量为4 550万吨，占全球总产量的58.7%，同比下降0.2个百分点；马来西亚棕榈油产量为1 920万吨，占全球总产量的24.8%，增加0.1个百分点（表138）。

表138　2022年东盟主要国家棕榈油产量及出口量

单位：万吨、%

国　家	产　量	占全球总产量比重	出口量	占全球出口量比重	对华出口量	对华出口量占产量比重	对华出口量占出口总量比重
印度尼西亚	4 550.0	58.7	2 845.0	55.7	335.1	7.4	11.8
马来西亚	1 920.0	24.8	1 690.0	33.1	158.9	8.3	9.4
合　计	6 470.0	83.5	4 535.0	88.8	494.0	—	—

数据来源：产量和出口量来自美国农业部，对中国出口量来自中国海关统计。

（二）贸易

泰国、越南是东盟主要大米出口国。2022年，泰国大米出口量850万吨，占全球大米出口量15.3%，是仅次于印度的第二大大米出口国；越南大米出口量710万吨，占全球的12.7%，近年来稳居全球第三。菲律宾、印度尼西亚和马来西亚是东盟主要的大米进口国，2022年进口量分别为360万吨、175万吨和125万吨，占全球大米进口量的6.6%、3.2%和2.3%。

印度尼西亚、马来西亚是东盟主要的棕榈油出口国。2022年，印度尼西亚棕榈油出口量2 845万吨，占全球棕榈油出口量的55.7%；马来西亚棕榈油出口量1 690万吨，占全球出口量的33.1%。中国是全球仅次于印度的第二大棕榈油进口国，也是印、马两国棕榈油主要出口市场。印度尼西亚对华棕榈油出口量335.1万吨，同比下降28.7%；马来西亚对华棕榈油出口量158.9万吨，下降4.7%。

2022年，中国与东盟农产品贸易额607.2亿美元，同比增长14.5%。东盟是中国第一大农产品出口市场，出口额237.4亿美元，增长10.3%，主要大类有水产品、蔬菜、水果、饮品类、糖料及糖，出口额合计158.4亿美元，占中国对东盟农产品出口总额的66.7%。主要品种有墨鱼及鱿鱼、大蒜、苹果、调味品、动植物油脂、动物饲料、葡萄、柑橘和冷冻蔬菜等，出口额分别为21.4亿美元、9.7亿美元、7.5亿美元、7.1亿美元、6.8亿美元、6.7亿美元、6.4亿美元、5.8亿美元和4.3亿美元，合计占中国对东盟农产品出口总额31.9%。

东盟是中国第三大农产品进口来源地，仅次于巴西和美国，中国自东盟进口额369.8亿美元，同比增长17.4%，主要大类有水果、植物油、水产品、粮食制品和薯类，进口额合计257.9亿美元，占中国自东盟农产品进口总额的69.7%。主要品种有棕榈油、榴莲、木薯淀粉、木薯、大米、香蕉、起酥油、冻小虾及对虾、山竹等，进口额分别为58.4亿美元、40.3亿美元、22.1亿美元、20.4亿美元、10.4亿美元、10.2亿美元、8.1亿美元、7亿美元和6.8亿美元，合计占中国自东盟农产品进口总额的49.6%（表139）。

表139 2022年中国与东盟主要贸易产品

单位：亿美元、%

出口产品	出口额	占比	进口产品	进口额	占比
水产品	54.9	23.1	水果	94.5	25.6
蔬菜	49.8	21.0	植物油	71.2	19.2
水果	33.3	14.0	水产品	45.2	12.2
饮品类	10.4	4.4	粮食制品	26.6	7.2
糖料及糖	10.0	4.2	薯类	20.4	5.5

数据来源：中国海关。

（三）贸易政策

泰国。5月，泰国公布于2022年7月1日全面启用无纸化植物检疫电子证书（ePhyto），进一步提升泰国农产品出口效率。该证书此前仅对22种对华出口农产品使用。

缅甸。4月，缅甸商贸部发布了第5/2022号通令，将包括进口酵母、杂项食品等在内的1131类商品列入进口监管清单，规定自5月1日起，清单商品需提前办理进口许可证，并按照国际HS编码税号缴纳相应税款。

菲律宾。5月，菲律宾为缓解国际局势对国内食品价格和供应的影响，菲律宾将削减猪肉等产品进口关税措施有效期延长至年底，其中猪肉配额内关税15%、配额外关税25%，大米关税35%，玉米配额内关税5%、配额外关税15%。

印度尼西亚。2月，印度尼西亚商务部规定所有毛棕榈油及其衍生产品的出口商都需遵守“国内市场义务”（DMO），强制要求食用油出口商必须在国内销售一定数量的食用油。4月，印度尼西亚暂停棕榈油及所有食用油和相关原材料出口。5月，印度尼西亚取消对棕榈油的出口禁令。7月，印度尼西亚取消对棕榈油产品征收的出口税，有效期至8月31日，以再次尝试促进出口和缓解国内高库存。

越南。4月，越南工贸部发布第640/QD-BCT号决议，对原产于中国和印度尼西亚的味精作出反倾销第一次期中复审终裁。其中，将中国涉案产品反倾销税调整为每吨3 445 645～6 385 289越南盾，维持印度尼西亚涉案产品反倾销税每吨 5 289 439 越南盾不变。

美 国

(一) 生产

美国是全球主要农产品生产国和贸易国。2022 年，美国牛肉和鸡肉产量比上年略有增长。其中，牛肉产量 1 289.5 万吨，同比增长 1.3%；鸡肉产量 2 100.5 万吨，增长 3%。小麦产量 4 490.2 万吨，同比基本持平。玉米、棉花、大豆和猪肉产量均下降。玉米产量 3.5 亿吨，下降 8.9%；棉花产量 319.6 万吨，下降 16.2%；大豆产量 1.2 亿吨，下降 4.2%；猪肉产量 1 225.2 万吨，下降 2.5%（表 140）。

表 140 2022 年美国主要农产品产量及出口量

单位：万吨、%

产　品	产 量	全球总产量	占全球总产量比重	出口量	占本国产量比重
玉　米	34 875.1	115 136.4	30.3	4 889.7	14.0
大　豆	11 637.7	38 301.1	30.4	5 415.9	46.5
小　麦	4 490.2	78 379.8	5.7	2 109.2	47.0
鸡　肉	2 100.5	10 108.6	20.8	331.7	15.8
牛　肉	1 289.5	5 941.3	21.7	160.7	12.5
猪　肉	1 225.2	11 377.5	10.8	287.3	23.4
棉　花	319.6	2 490.1	12.8	261.3	81.7

数据来源：美国农业部。

(二) 贸易

美国是全球农产品第一大出口国，多数农产品出口量居全球前列。2022 年，美国农产品出口额达 1 960 亿美元，同比增长 11%，创历史新高。其中，牛肉出口量 160.7 万吨，增长 2.9%；鸡肉出口量 331.7 万吨，同比基本持平。玉米、大豆、小麦、猪肉和棉花出口量均下降。其中，玉米出口量 4 889.7 万吨，下降 22.1%；大豆出口量 5 415.9 万吨，下降 7.8%；小麦出口量 2 109.2 万吨，下降 3.2%；猪肉出口量 287.3 万吨，下降 9.9%；棉花出口量 261.3 万吨，下降 17.9%。

美国是中国第二大农产品进口来源地和第三大出口市场。2022 年，中美农产品贸易额为 523 亿美元，同比增长 16%。其中，对美出口额 102.5 亿美元，增长 37.8%；进口额 420.5 亿美元，增长 7.9%。前五大对美出口农产品是鳕鱼、罗非鱼、植物液汁及浸膏、宠物食品、墨鱼及鱿鱼，出口额合计 19.3 亿美元，占对美农产品出口额的 18.8%。前五大自美进口农产品是大豆、玉米、原棉、高梁和牛肉，进口额合计 315.8 亿美元，占自美农产品进口额的 75.1%（表 141）。

表 141 2022 年中国与美国主要贸易产品

单位：亿美元、%

出口产品	出口额	占 比	进口产品	进口额	占 比
鳕 鱼	6.1	6.0	大 豆	191.1	45.4
罗非鱼	4.3	4.2	玉 米	52.8	12.6
植物液汁及浸膏	3.6	3.5	原 棉	30.6	7.3
宠物食品	2.7	2.6	高 粱	23.9	5.7
墨鱼及鱿鱼	2.6	2.5	牛 肉	17.4	4.1

数据来源：中国海关。

（三）政策变化

2 月 4 日，美国贸易代表办公室（USTR）宣布，美国和欧盟将恢复包括活体、生鲜及加工产品在内的双壳贝类双边贸易。美国是全球主要水产品出口国之一，此前由于食品安全监管标准存在差异，美国与欧盟自 2011 年起暂停了双边贝类贸易。协议生效后，美国华盛顿州、马萨诸塞州与欧盟成员国中的西班牙、荷兰获准向对方出口，促进美国贝类生产商和水产企业拓展新的国际市场。

3 月 23 日，美国贸易代表办公室（USTR）宣布，豁免 352 项中国商品的加征关税，其中包括冻黑线鳕鱼、冻比目鱼、帝王蟹肉、雪蟹肉、珍宝蟹肉和填充用羽毛羽绒等 12 项农产品。规定适用于 2021 年 10 月 12 日至 2022 年 12 月 31 日间自中国进口的商品。

5 月，美国宣布启动“印太经济框架”（Indo-Pacific Economic Framework，IPEF），美国、日本、韩国、印度、澳大利亚、新西兰、印度尼西亚、泰国、马来西亚、菲律宾、新加坡、越南、文莱和斐济 14 个国家为初始成员国。

巴 西

（一）生产

巴西是全球主要农产品生产国。2022 年，大豆、咖啡、柑橘和柑橘汁产量均居全球首位，食糖和牛肉产量居全球第二，玉米、豆油、豆粕、鸡肉、棉籽、棉籽油和棉籽粕产量均居全球第三。

2022 年，巴西主要农产品产量为大豆 15 300 万吨，同比增长 18.1%；玉米 12 500 万吨，增长 7.8%；食糖 3 545 万吨，下降 15.7%；柑橘 1 652.4 万吨，下降 2.4%；鸡肉 1 425 万吨，下降 1.7%；牛肉 1 035 万吨，增长 6.2%；咖啡 348.6 万吨，下降 16.9%（表 142）。

表 142　2022 年巴西主要农产品产量

单位：万吨、%

产　品	产　量	占全球总产量比重
大　豆	15 300.0	39.9
玉　米	12 500.0	10.9
豆　粕	4 087.6	16.1
食　糖	3 545.0	19.7
柑　橘	1 652.4	34.8
鸡　肉	1 425.0	14.1
牛　肉	1 035.0	17.4
豆　油	1 016.0	16.7
棉　籽	441.6	10.6
猪　肉	435.0	3.8
咖　啡	348.6	35.0
棉　花	289.6	11.6
棉籽粕	200.0	13.2
柑橘汁	111.9	71.8
奶　酪	74.5	3.4
棉籽油	67.2	13.5
全脂奶粉	56.8	12.7

数据来源：美国农业部。巴西国家地理统计局数据显示，2022 年大豆产量 1.195 亿吨，下降 11.4%；玉米产量 1.102 亿吨，增长 25.5%。

（二）贸易

2022 年，巴西是全球最大的大豆、食糖、牛肉、鸡肉、咖啡和柑橘汁出口国，第二大玉米、棉花、豆粕、豆油和花生油出口国。

大豆出口量 9 200 万吨，同比增长 16.3%，占全球大豆出口量的 54.9%。其中，对华出口量 5 439.4 万吨，下降 6.5%，占其出口量的 59.1%。

玉米出口量 5 000 万吨，同比增长 4.2%，占全球玉米出口量的 27.6%。对华无出口。

食糖出口量 2 595 万吨，同比下降 19.3%，占全球食糖出口量的 38.3%。其中，对华出口量 417.4 万吨，下降 10.3%，占其出口量的 16.1%。

鸡肉出口量444.5万吨，同比增长5.2%，占全球鸡肉出口量的32.8%。其中，对华出口量55.3万吨，下降15%，占其出口量的12.4%。

牛肉出口量289.8万吨，同比增长24.9%，占全球牛肉出口量的23.8%。其中，对华出口量110.5万吨，增长28.7%，占其出口量的38.1%。

咖啡出口量238.1万吨，同比下降13.1%，占全球咖啡出口量的27.6%。其中，对华出口量2万吨，增长1.8%，占其出口量的0.8%。

柑橘汁出口量104万吨，同比下降1.9%，占全球柑橘汁出口量的75.8%。其中，对华出口量7.7万吨，下降2.2%，占其出口量的7.4%。

豆油出口量225万吨，同比下降6.6%，占全球豆油出口量的18.6%。其中，对华出口量14.5万吨，下降64.5%，占其出口量的6.4%。

棉花出口量174.2万吨，同比增长3.5%，占全球棉花出口量的19.8%。其中，对华出口量59.7万吨，下降12.2%，占其出口量的34.3%（表143）。

表143 2022年巴西主要农产品出口量

单位：万吨、%

产　品	出口量	占全球出口量比重	对华出口量	对华出口量占其产量比重	对华出口量占其出口量比重
大　豆	9 200.0	54.9	5 439.4	35.6	59.1
玉　米	5 000.0	27.6	—	—	—
食　糖	2 595.0	38.3	417.4	11.8	16.1
豆　粕	2 100.0	30.3	—	—	—
鸡　肉	444.5	32.8	55.3	3.9	12.4
牛　肉	289.8	23.8	110.5	10.7	38.1
咖　啡	238.1	27.6	2.0	0.6	0.8
豆　油	225.0	18.6	14.5	1.4	6.4
棉　花	174.2	19.8	59.7	20.6	34.3
猪　肉	131.9	12.1	41.7	9.6	31.6
柑橘汁	104.0	75.8	7.7	6.9	7.4
花生油	15.2	37.1	12.3	110.8	80.9

数据来源：出口量和产量来源于美国农业部，对华出口量来源于中国海关。

2022年，巴西是中国农产品第一大进口来源地，进口额524.4亿美元，同比增长15.6%，占中国农产品进口总额的22.2%；逆差519.8亿美元，扩大15.7%。主要进口产品为大豆、牛肉、食糖、棉花、鸡肉、猪肉、花生油、豆油和柑橘汁，合计占中国自巴西农产品进口额的98.2%，其中大豆占71.2%。大豆进口额373.2亿美元，增长12.4%；牛肉75.3亿美元，增长62.9%；食糖19.8亿美元，增长8.9%；棉花15.5亿美元，增长26.2%；鸡肉15.2亿美元，增长4.5%；猪肉10亿美元，下降39.9%；花生油2.3亿美元，增加1.4倍；豆油2亿美元，下降45.7%；柑橘汁1亿美元，下降8.7%（表144）。

中国对巴西出口农产品以蔬菜、水产品和畜产品为主。全年蔬菜出口量5.8万吨，同比下降17.4%；出口额1.2亿美元，下降6.6%。其中，大蒜出口额5 014.2万美元，下降25.8%，占对巴西蔬菜出口额的43.1%；蘑菇出口额3 974万美元，增长17.2%，占对巴西蔬菜出口额的34.2%。水产品出口量1.5万吨，下降5.6%；出口额7 571.9万美元，下降2.1%。其中，鳕鱼出口额3 022.8万美元，增长12.4%，占对巴西水产品出口额的39.9%。畜产品出口量1万吨，下降6.1%；出口额7 619.3万美元，增长19.3%。其中，肠衣出口额7 207.7万美元，增长23.5%，占对巴西畜产品出口额的94.6%。

表144　2022年中国自巴西进口主要农产品

单位：亿美元、%

产　品	进口额	同比增长	占自巴西农产品进口额比重
大　豆	373.2	12.4	71.2
牛　肉	75.3	62.9	14.4
食　糖	19.8	8.9	3.8
棉　花	15.5	26.2	3.0
鸡　肉	15.2	4.5	2.9
猪　肉	10.0	−39.9	1.9
花生油	2.3	135.8	0.4
豆　油	2.0	−45.7	0.4
柑橘汁	1.0	−8.7	0.2
咖　啡	0.8	42.1	0.2

数据来源：中国海关。

（三）政策变化

3月，巴西政府为降低通胀压力，将基本食品篮中的咖啡、人造黄油、奶酪、通心粉、糖和豆油的进口关税减至零。5月，将牛肉、鸡肉、小麦和小麦粉、玉米、饼干和其他糕点产品等进口关税减至零。5月，巴西和日本在数字和精准农业领域达成合作协议。7月，南方共同市场和新加坡达成了自由贸易协定，取消了约90%双边贸易的进口关税。

1月，中国海关与巴西海关正式实施“经认证的经营者”（AEO）制度互认安排，中国海关高级认证企业可在巴西海关享受通关便利。5月，中巴高委会第六次会议就中巴农产品贸易达成一致，中国海关总署与巴西农业部签署巴西玉米、脱壳花生等部分农产品输华检验检疫要求协定。9月，中国海关总署与巴西农业部签署大豆蛋白、橙纤维颗粒、豆粕等农产品输华检验检疫要求协定。

欧　盟

（一）生产

欧盟主要农产品包括谷物、油籽、畜产品、水果和食糖。2022年谷物收获面积及单产均下降。全年谷物收获面积5 104.7万公顷，同比下降2%；产量26 767.6万吨，下降9.3%。其中，小麦产量13 388万吨，下降3%；玉米产量5 227万吨，下降28.9%。猪肉产量2 207.9万吨，下降1.4%。油菜籽产量1 959.7万吨，增长14.8%。牛肉产量663.9万吨，下降2.3%（表145）。

表145　2022年欧盟主要农产品产量和贸易量

单位：万吨、%

产　品	产　量	进口量	出口量	出口量占产量比重
小　麦	13 388.0	731.4	3 217.7	24.0
玉　米	5 227.0	2 399.9	399.7	7.6
猪　肉	2 207.9	17.7	510.6	23.1
油菜籽	1 959.7	557.0*	43.0*	2.2
牛　肉	663.9	34.0	103.0	15.5

数据来源：欧盟委员会。

* 油菜籽贸易数据来源于美国农业部，为2021/2022年度数据。

（二）贸易

欧盟是中国农产品第三大进口来源地和第一大出口市场。2022年，中欧农产品贸易额305.9亿美元，同比下降8.1%；中国逆差73.9亿美元，缩小52.4%。中国自欧盟进口额189.9亿美元，下降22.1%。主要进口奶粉、葡萄酒、猪肉、猪杂碎和小麦，进口额合计 99.7 亿美元，占自欧盟农产品进口额的 52.5%。

中国对欧盟出口额 116 亿美元，同比增长 30.6%。主要出口产品包括化学改性动植物油脂、鳕鱼、肠衣、植物油脂和宠物食品，出口额合计 35.4 亿美元，占对欧盟农产品出口额的 30.5%（表 146）。

表 146　2022 年中国与欧盟主要贸易产品

单位：亿美元、%

出口产品	出口额	占　比	进口产品	进口额	占　比
化学改性动植物油脂	13.8	11.9	奶　粉	34.0	17.9
鳕　鱼	8.1	7.0	葡萄酒	23.6	12.4
肠　衣	4.9	4.2	猪　肉	20.7	10.9
植物油脂	4.7	4.1	猪杂碎	15.4	8.1
宠物食品	3.9	3.3	小　麦	6.1	3.2

数据来源：中国海关。

（三）政策变化

3 月 4 日，欧盟修订可将某些渔业产品引入联盟的第三国或地区名单。6 月 7 日，修订葡萄酒、烈性酒和农产品地理标志以及农产品质量计划的法规。6 月 30 日，欧盟与新西兰完成自贸协定谈判。7 月 1 日，欧盟和印度完成自贸协定第一轮谈判。7 月 18 日，欧盟和乌兹别克斯坦草签加强伙伴关系与合作协议。8 月 9 日，修订向欧盟出口动物源性食品国家残留监控计划批准名单。

英　国

（一）生产

2022 年，英国谷物种植面积 3 113 公顷。其中，主要产品软小麦种植面积 1 801 公顷，同比增长 2.3%，产量 1 554 万吨，增长 11%。大麦种植面积 1 125 公顷，下降 1.3%，产量 738.5 万吨，增长 6%。燕麦种植面积 187 公顷，增长 6.9%，产量 100.7 万吨，下降 10%（表 147）。

英国种植业（包括大田作物和园艺产品）仅占农业总产出的 39.9%，畜牧业占 59.8%。种植作物中，超过三分之一的作物为饲料作物。畜牧业主要以饲养乳牛、猪和家禽为主。2022 年，英国猪肉产量 105 万吨，同比增长 1.2%，达到自 1999 年以来的最高水平。牛肉产量 90.6 万吨，增长 1.9%。羊肉产量 29.2 万吨，增长 6.6%（表 147）。

英国粮食自给率较低，仅达 60%。除大麦与羊肉自给，每年需要从欧洲大陆进口大量蔬菜、水果和肉类等农产品。

表 147　2022 年英国主要农产品产量

单位：万吨、%

产　品	产　量	同比增长
软小麦	1 554.0	11.0
大　麦	738.5	6.0
燕　麦	100.7	−10.0
猪　肉	105.0	1.2
牛　肉	90.6	1.9
羊　肉	29.2	6.6

数据来源：欧盟粮食商会、英国农业和园艺发展委员会。

（二）贸易

2022 年，中英农产品贸易总额 36.2 亿美元，同比增长 42%。中国对英国出口额 24.3 亿美元，增长 92%；主要出口产品包括鳕鱼、宠物饲料、鸡及产品、天然蜂蜜和面食，合计占对英农产品出口额的 22.1%（表 148）。中国自英国进口额 11.9 亿美元，下降 7.8%，主要进口产品包括威士忌酒、猪肉、猪杂碎、鲜奶和生牛马皮，合计占自英农产品进口额的 67.9%（表 149）。

表 148　2022 年中国对英国主要农产品出口额

单位：亿美元、%

产　品	出口额	同比增长	占对英农产品出口额比重
鳕　鱼	2.7	24.1	11.1
宠物饲料	1.0	9.1	4.1
鸡及产品	0.7	151.5	2.9
天然蜂蜜	0.5	−10.7	2.1
面　食	0.5	3.3	1.9
合　计	5.5	—	22.1

数据来源：中国海关。

表 149　2022 年中国自英国主要农产品进口额

单位：亿美元、%

产　品	进口额	同比增长	占自英农产品进口额比重
威士忌酒	4.7	25.1	39.3
猪　肉	1.5	−42.1	12.4
猪杂碎	1.1	2.0	9.6
鲜　奶	0.6	17.3	4.8
生牛马皮	0.2	0.5	1.8
合　计	8.1	—	67.9

数据来源：中国海关。

（三）贸易政策

4月27日，英国全国农民工会公布未来出口战略，计划到2030年促进英国农产品、食品和饮料出口增长30%，出口总额超过300亿英镑。

5月7日，英国政府宣布了一项100万英镑的一揽子计划，促进海产品出口并在海外开展推介促销活动。

10月8日，英国羊肉近20多年来首次出口至美国。此前，受疯牛病影响，美国一直禁止进口英国羊肉。2021年12月，美国农业部（USDA）修改了禁止从英国进口羊肉的规定，并于2022年1月3日生效。

日　本

（一）生产

日本国土面积狭小，耕地资源稀缺，人均土地资源相对有限。农业占国内生产总值的比重不足5%，农产品供给对外依存度高。2022年日本耕地面积432.5万公顷，同比下降0.6%。水稻种植面积135.5万公顷，下降3.4%，产量726.9万吨，下降3.9%；麦类种植面积29.1万公顷，增长2.7%，产量122万吨，下降8.4%。日本畜牧业产值占农业总产值的40%，2022年牛肉产量49.1万吨，增长3.4%；猪肉产量129.3万吨，下降1.7%（表150）。

表150　2022年日本主要农产品产量

单位：万吨、%

农产品	产量	同比增长
水　稻	726.9	−3.9
麦　类	122.0	−8.4
牛　肉	49.1	3.4
猪　肉	129.3	−1.7

数据来源：日本农林水产省。

（二）贸易

日本是全球主要农产品进口国，主要进口畜产品、谷物、油籽和果蔬等产品。2022年日本是中国农产品第二大出口市场，仅次于中国香港；中国仍是日本农产品第二大进口来源地。

2022年中日农产品贸易额123.3亿美元，同比增长3.8%。其中，中国对日农产品出口额106亿美元，增长3.3%；自日农产品进口额17.3亿美元，增长6.8%。顺差88.7亿美元，扩大2.6%。

中国对日本前五大出口农产品是鸡及产

品、鳗鱼、墨鱼及鱿鱼、药材和豆粕，出口额合计24.7亿美元，占对日农产品出口额的23.3%；前五大进口产品是扇贝、无醇饮料、咖啡及制品、烈性酒和膨化食品，进口额合计6.5亿美元，占自日农产品进口额的37.7%（表151）。

表151 2022年中国与日本主要贸易产品

单位：亿美元、%

出口产品	出口额	所占比重	进口产品	进口额	所占比重
鸡及产品	8.3	7.8	扇　贝	3.4	19.7
鳗　鱼	6.4	6.0	无醇饮料	1.0	5.8
墨鱼及鱿鱼	6.0	5.7	咖啡及制品	0.9	5.2
药　材	2.3	2.2	烈性酒	0.6	3.5
豆　粕	1.7	1.6	膨化食品	0.6	3.5

数据来源：中国海关。

（三）政策变化

3月4日，日本在内阁会议上通过《农林水产品与食品出口促进法》修正案，通过建立品目团体认定制度、明确“重点出口商品”、建立“农产品出口支持平台”等措施支持开拓海外市场。4月28日，公布一揽子应对能源价格和物价上涨的紧急对策，包括支持补偿生产者损失、稳定进口供应和强化生产体制等。年内，日本国内多次爆发高致病性禽流感疫情，扑杀大量家禽，为防止疫情输入，先后暂停从法国、西班牙、美国等国进口活禽、禽肉和蛋制品。

新西兰

（一）生产

新西兰是传统农业强国，农林牧渔等初级产业对GDP贡献约为11%，初级产业产品出口额占新西兰货物总出口额的八成左右，是新西兰经济发展的支柱产业。新西兰畜牧业高度发达，始终处于农业主导地位。2022年，新西兰牛奶产量2 110万吨，同比下降4.1%；全脂奶粉产量148.5万吨，下降7.2%；黄油产量50万吨，增长6.4%；乳酪产量37.5万吨，下降1.3%；脱脂奶粉产量35万吨，增长6.1%。据新西兰统计局预测，截至2022年6月，绵羊存栏量2 515万头，下降2.3%；奶牛存栏量591.7万头，下降4.3%；肉牛存栏量384.2万头，下降3.1%（表152）。

表 152　2022 年新西兰主要畜产品产量

单位：万吨、万头、%

产　品	产　量	占全球总产量比重
牛　奶	2 110.0	3.2
全脂奶粉	148.5	33.3
黄　油	50.0	4.4
乳　酪	37.5	1.7
脱脂奶粉	35.0	7.5
绵　羊	2 515.0*	—
奶　牛	591.7*	—
肉　牛	384.2*	—

数据来源：美国农业部。

*　数据来源于新西兰统计局，为 2022 年 6 月预测数据。

（二）贸易

2022 年，新西兰全脂奶粉出口量 145 万吨，同比下降 10.3%，居全球首位；黄油出口量 50 万吨，增长 14.7%；脱脂奶粉出口量 35.5 万吨，增长 8.9%；乳酪出口量 33.5 万吨，下降 6.4%；鲜奶出口量 29 万吨，增长 4.7%；牛肉出口量 64.7 万吨，下降 5.3%（表 153）。

表 153　2022 年新西兰主要畜产品出口量

单位：万吨、%

产　品	出口量	占产量比重	占全球出口量比重
全脂奶粉	145.0	97.6	71.3
黄　油	50.0	100.0	46.1
脱脂奶粉	35.5	101.4*	15.4
乳　酪	33.5	89.3	11.3
鲜　奶	29.0	1.4	8.6
牛　肉	64.7	89.2	5.3

数据来源：美国农业部。

*　新西兰脱脂奶粉期初库存为 11.3 万吨，期末库存为 9.8 万吨。

2022 年，中国与新西兰农产品贸易额 121.9 亿美元，同比增长 5.5%。其中，中国对新出口额 3.4 亿美元，增长 41.5%，占中国农产品出口总额的 0.3%。前五大出口农产品是不含可可的糖食、墨鱼及鱿鱼、可可制品、面食和鳕鱼，出口额分别为

1 235.5 万美元、1 009.5 万美元、935.7 万美元、919.4 万美元和 890.2 万美元，合计占中国对新农产品出口额的 14.7%（表 154）。

2022 年，中国自新西兰农产品进口额 118.5 亿美元，同比增长 4.7%，占中国农产品进口总额的 5%。前五大进口农产品是奶粉、牛肉、羊肉、鲜奶和黄油，进口额分别为 42.7 亿美元、13.9 亿美元、12.1 亿美元、7.6 亿美元和 5.5 亿美元，合计占中国自新农产品进口额的 69.1%（表 154）。

表 154　2022 年中国与新西兰主要贸易产品

单位：亿美元、%

出口产品	出口额	占对新农产品出口额比重	进口产品	进口额	占自新农产品进口额比重
不含可可的糖食	0.1	3.6	奶　粉	42.7	36.0
墨鱼及鱿鱼	0.1	3.0	牛　肉	13.9	11.8
可可制品	0.1	2.8	羊　肉	12.1	10.2
面　食	0.1	2.7	鲜　奶	7.6	6.5
鳕　鱼	0.1	2.6	黄　油	5.5	4.6

数据来源：中国海关。

新西兰是中国奶粉进口的最大来源地，2022 年进口量 79.6 万吨，占中国奶粉进口总量的 60%。新西兰也是中国牛肉进口的第四大来源地和羊肉进口的第一大来源地，进口量分别为 21.6 万吨和 19.5 万吨，占中国进口总量的 8%和 54.6%。此外，新西兰还是中国猕猴桃和苹果进口的最大来源地，进口量分别为 10.7 万吨和 5.6 万吨，占中国进口总量的 91%和 58.3%。

（三）政策变化

1 月，RCEP 正式生效，首批生效的国家包括文莱、柬埔寨、老挝、新加坡、泰国、越南等东盟 6 国和中国、日本、新西兰、澳大利亚等非东盟 4 国。新西兰 92%的商品税目对 RCEP 成员免除进口关税。RCEP 关于易腐货物 6 小时通关、经核准出口商自主声明等贸易便利化措施，有助于域内企业降低合规成本，缩短货物清关时间，提高本地区经营的透明度和可预测性。

4 月 7 日，《中华人民共和国政府与新西兰政府关于升级〈中华人民共和国政府与新西兰政府自由贸易协定〉的议定书》正式生效，引入经核准出口商原产地自主声明制度，承诺在满足相应条件下对货物快速放行，还新增了农业合作条款，旨在农业科技合作等领域建立更加紧密深入的伙伴关系。

7 月 1 日，新西兰与欧盟完成自贸协定谈判。在货物市场准入方面，新西兰将对自欧盟进口的全部商品取消进口关税；欧盟 98.5%的商品税目将经 7 年过渡期后对自新进口免除关税。

9月，新西兰议会正式通过了禁止牲畜海运出口的《动物福利修正法案》，明确从2023年4月30日开始，新西兰将彻底停止活体牲畜海运出口。

澳大利亚

(一) 生产

澳大利亚是全球重要农产品生产国和出口国。2022年，小麦、高粱和棉花产量增长，大麦、食糖和牛肉产量下降。其中，小麦产量3 634.7万吨，同比增长13.9%；高粱产量273.3万吨，增长66.8%；棉花产量127.7万吨，增加1.1倍。大麦产量1 390.6万吨，下降5.1%；食糖产量412.3万吨，下降4.9%；牛肉产量187.8万吨，下降2.8%（表155）。

表155　2022年澳大利亚主要农产品产量及出口量

单位：万吨，%

产　品	产　量	占全球总产量比重	出口量	占本国产量比重
小　麦	3 634.7	4.7	2 589.0	71.2
大　麦	1 390.6	9.3	810.5	58.3
食　糖	412.3	2.3	327.7	79.5
牛　肉	187.8	3.2	94.0	50.1
高　粱	273.3	4.6	202.7	74.2
棉　花	127.7	5.1	76.1	59.6

数据来源：澳大利亚农业部、美国农业部。

(二) 贸易

2022年，小麦出口量2 589万吨，同比增长31.5%；大麦出口量810.5万吨，增长17.8%；高粱出口量202.7万吨，增加1.8倍；棉花出口量76.1万吨，增加2倍。食糖出口量327.7万吨，下降1.2%；牛肉出口量94万吨，下降4.2%。

2022年，中国对澳大利亚农产品出口额14.9亿美元，同比增长35%；自澳农产品进口额113.6亿美元，增长21%。前五大出口农产品是糖、墨鱼及鱿鱼、面食、烈性酒和虾类，出口额合计3.1亿美元，占对澳农产品出口额的21.0%；前五大进口农产品是小麦、羊毛、牛肉、羊肉和奶粉，进口额合计69.5亿美元，占自澳农产品进口额的61.2%（表156）。

表 156　2022 年中国与澳大利亚主要贸易产品

单位：亿美元、%

出口产品	出口额	占对澳农产品出口额比重	进口产品	进口额	占自澳农产品进口额比重
糖	0.9	6.0	小　麦	21.0	18.5
墨鱼及鱿鱼	0.7	5.3	羊　毛	18.0	15.8
面　食	0.6	3.5	牛　肉	15.9	14.0
烈性酒	0.5	3.4	羊　肉	7.9	7.0
虾　类	0.4	2.9	奶　粉	6.7	5.9

数据来源：中国海关。

（三）政策变化

区域与双边政策。4 月 2 日，澳大利亚与印度签署一项自贸协定。该协定大幅削减了印度对羊肉、羊毛、龙虾等澳大利亚农产品的进口关税。

修改更新进口要求。2 月 13 日，修改食用熟种子进口要求。4 月 19 日，修正硬骨鱼的进口条件，新增鱼油产品进口要求。5 月 17 日，发布新鲜大蒜头进口要求。7 月 13 日，修订葵花籽仁的进口检查要求，并更新进口大蒜相关要求。8 月 30 日，发布禁止进口新鲜、冷冻、干燥和粉末状巨型芋头的通知。10 月 28 日，发布进口腌制和罐头类水果、蔬菜、藻类产品等农产品的生物安全条件及要求。11 月 3 日，发布进口杀菌（袋装、罐头）食品、进口面条包括方便面的生物安全条件及要求。12 月 21 日，发布真空包装食用坚果进口条件。

发布出口控制法规。6 月 30 日，发布 2022—22 号出口乳制品通告，修订了出口乳制品企业注册规定。11 月 22 日，发布澳大利亚出口动植物源性食品等产品退运管理规定。

加拿大

（一）生产

加拿大主要生产小麦、生猪、油菜籽、玉米、牛奶等农产品。2022 年，小麦产量 3 382.4 万吨，同比增长 56.2%；生猪出栏量 2 950 万头，下降 2.4%；油菜籽产量 1 817.4 万吨，增长 44.3%；玉米产量 1 453.9 万吨，增长 4%；牛奶产量 1 023 万吨，增长 8%；大麦产量 998.7 万吨，增长 43.7%；大豆产量 654.3 万吨，增长 4.3%；燕麦产量 522.6 万吨，增加 1 倍；菜籽粕产量 522.2 万吨，下降 8.4%；菜籽油产量 365.2 万吨，下降 13.4%（表 157）。

表 157 2022 年加拿大主要农产品产量

单位：万吨、万头、%

产　品	产　量	同比增长
小　麦	3 382.4	56.2
生　猪*	2 950.0	−2.4
油菜籽	1 817.4	44.3
玉　米	1 453.9	4.0
牛　奶*	1 023.0	8.0
大　麦	998.7	43.7
大　豆	654.3	4.3
燕　麦	522.6	100.5
菜籽粕	522.2	−8.4
菜籽油	365.2	−13.4

数据来源：加拿大统计局。

* 生猪和牛奶数据来源于美国农业部。

（二）贸易

加拿大是谷物、油料及畜产品的重要出口国，其生猪、油菜籽、菜籽粕、菜籽油和燕麦的出口量均居全球第一。2022 年，小麦出口量 2 500 万吨，同比增长 64.5%；油菜籽出口量 840 万吨，增长 58.5%；生猪出口量 651.5 万头，下降 2.4%；菜籽粕出口量 495 万吨，增长 11.2%；大豆出口量 420 万吨，与上年持平；菜籽油出口量 325 万吨，增长 14%；大麦出口量 280 万吨，增长 75%；燕麦出口量 190 万吨，增长 46.2%（表 158）。

表 158 2022 年加拿大主要农产品出口量

单位：万吨、万头、%

产　品	出口量	占产量比重	占全球出口量比重
小　麦	2 500.0	73.9	11.7
油菜籽	840.0	46.2	43.6
生　猪	651.5	22.1	75.2
菜籽粕	495.0	94.8	60.9
大　豆	420.0	64.2	2.5
菜籽油	325.0	89.0	49.0
大　麦	280.0	28.0	9.4
燕　麦	190.0	36.4	67.9

数据来源：美国农业部。

2022年，中加农产品贸易额92.8亿美元，同比下降7.1%，占中国农产品贸易总额的2.8%。其中，中国对加出口额16.9亿美元，增长33.1%，占中国农产品出口总额的1.7%。主要出口鳕鱼、贝类及软体动物、虾类、面食和糖，出口额合计5.1亿美元，占对加农产品出口额的30.1%（表159）。

表159 2022年中国对加拿大农产品出口额

单位：万美元、%

出口产品	出口额	同比增长	占对加农产品出口额比重
鳕　鱼	16 103.0	79.8	9.5
贝类及软体动物	10 932.3	16.4	6.5
虾　类	9 377.0	1.2	5.5
面　食	7 494.1	45.8	4.4
糖	7 015.8	12.1	4.2

数据来源：中国海关。

中国自加农产品进口额75.9亿美元，同比下降13%，占中国农产品进口总额的3.2%。主要进口油菜籽、菜籽粕、小麦、豌豆、大麦和龙虾，进口额合计50.4亿美元，占自加农产品进口额的66.3%（表160）。

表160 2022年中国自加拿大农产品进口额

单位：亿美元、%

进口产品	进口额	同比增长	占自加农产品进口额比重
油菜籽	15.1	5.6	19.9
菜籽粕	8.2	39.0	10.8
小　麦	7.9	−2.5	10.4
豌　豆	7.3	2.8	9.6
大　麦	6.4	−36.0	8.4
龙　虾	5.5	2 650.0	7.2

数据来源：中国海关。

（三）政策变化

3月，加拿大启动了新阶段的地方粮食基础设施基金（LFIF），投资额达2 000万加元。该资金将在未来两年内到位，用于支持以社区为基础的非营利组织制定应对粮食安全挑战的长期解决方案。7月，加拿大政府发布公报，修订食品药品法规并补充食品法规。

非洲

(一) 生产

2022年，非洲农业生产总体趋稳。谷物产品中，玉米产量9 130.6万吨，同比下降3.7%；高粱产量2 898.4万吨，增长10.9%；小米产量1 417.9万吨，增长22.9%。油脂油料产品中，花生产量1 690.9万吨，增长2%；花生油产量126.3万吨，增长0.2%；花生粕产量144.8万吨，增长0.3%；橄榄油产量42.8万吨，下降22.9%。水果产品中，橙子产量606.8万吨，增长4.3%。饮品中，咖啡产量115.8万吨，增长2%（表161）。

表161 2022年非洲主要农产品产量

单位：万吨、%

产品	产量	同比增长	占全球总产量比重
玉米	9 130.6	−3.7	7.9
高粱	2 898.4	10.9	49.5
花生	1 690.9	2.0	33.7
小米	1 417.9	22.9	46.5
橙子	606.8	4.3	12.8
花生粕	144.8	0.3	18.3
花生油	126.3	0.2	19.7
咖啡	115.8	2.0	11.6
橄榄油	42.8	−22.9	15.2

数据来源：美国农业部。

(二) 贸易

2022年，中非农产品贸易额88.1亿美元。其中，中国对非出口额36.1亿美元，同比下降1%；自非进口额52亿美元，增长3.3%。逆差15.9亿美元，扩大14.5%。

中国自非前十大进口来源地依次为南非、苏丹、津巴布韦、埃塞俄比亚、埃及、尼日尔、贝宁、坦桑尼亚、莫桑比克和塞内加尔。其中，自南非、苏丹和津巴布韦进口额合计占比44.8%。中国对非前十大出口市场依次为南非、加纳、摩洛哥、埃及、尼日利亚、科特迪瓦、阿尔及利亚、塞内加尔、多哥和塞拉利昂。其中，对南非、加纳和摩洛哥出口额合计占比32.3%（表162）。

表 162 2022 年中国与非洲主要国家农产品贸易

单位：亿美元,%

进口来源地	进口额	占自非洲农产品进口额比重	出口市场	出口额	占对非洲农产品出口额比重
南　　非	8.6	16.5	南　　非	4.8	13.3
苏　　丹	8.1	15.6	加　　纳	3.6	9.9
津巴布韦	6.6	12.7	摩 洛 哥	3.3	9.1
埃塞俄比亚	3.9	7.5	埃　　及	3.2	8.8
埃　　及	3.3	6.4	尼日利亚	2.3	6.2
尼 日 尔	3.2	6.1	科特迪瓦	2.0	5.5
贝　　宁	2.5	4.9	阿尔及利亚	1.5	4.2
坦桑尼亚	2.2	4.2	塞内加尔	1.4	4.0
莫桑比克	1.9	3.7	多　　哥	1.1	2.9
塞内加尔	1.9	3.7	塞拉利昂	0.9	2.6

数据来源：中国海关。

中国对非主要出口茶叶、大米、罗非鱼、番茄罐头和糖，出口额合计占比 49.6%；自非主要进口芝麻、烤烟、花生、棉花和柑橘，进口额合计占比 61.9%（表 163）。

表 163 中国与非洲主要贸易产品

单位：亿美元,%

出口产品	出口额	占对非洲农产品出口额比重	进口产品	进口额	占自非洲农产品进口额比重
茶　叶	7.3	20.3	芝　麻	13.0	25.1
大　米	3.4	9.4	烤　烟	7.6	14.5
罗非鱼	3.1	8.5	花　生	5.5	10.7
番茄罐头	2.9	8.1	棉　花	3.5	6.7
糖	1.2	3.3	柑　橘	2.6	4.9

数据来源：中国海关。

（三）政策变化

7 月，湖南开通首条至非洲国际货运航线“长沙—亚的斯亚贝巴”货运航线，来自非洲的葡萄和西梅等水果运抵长沙。8 月，肯尼亚鲜食牛油果正式进入中国市场，成为首个向中国出口鲜食牛油果的非洲国家。9 月，埃及宣布降低 150 多种生产投入品适用的进口关税税率；用于处理农作物、稻草和饲料的设备，以及分拣水果和鸡蛋的设备适用进口关税税率从 5%降至 2%；肥料和种子适用税率均从5%降至2%。自2022年9月1日起，中国对原产于多哥共和国等16个最不发达国家的98%税目产品实施零关税。

韩 国

(一) 生产

韩国主要的粮食作物是大米。2022年，受不利天气条件影响，韩国大米产量同比下降3%，由上年的388.2万吨降至376.4万吨。

牛肉、猪肉和鸡肉均产不足需，依赖进口。2022年，猪肉产量141.5万吨，同比增长0.6%；鸡肉93万吨，下降0.5%；牛肉32.6万吨，增长7.2%。

蔬菜主要种植品种有白菜、萝卜和辣椒等。2022年，白菜产量135.2万吨，同比增长17.9%；萝卜产量48.4万吨，增长11.1%；辣椒产量6.9万吨，下降25.6%。

水果主要种植品种中，苹果产量56.6万吨，同比增长9.7%；梨产量25.1万吨，增长19.4%。

主要养殖水产品有牡蛎和海参等，主要捕捞水产品包括鲭鱼、带鱼、凤尾鱼、金枪鱼和虾蟹等。2021年，韩国水产品产量382万吨，同比增长2.9%。其中，养殖水产品产量239.7万吨，增长3.9%，占水产品总产量的62.8%；近海捕捞水产品产量94.1万吨，增长0.8%，占水产品总产量的24.6%；远洋捕捞水产品产量43.9万吨，增长0.5%，占水产品总产量的11.5%（表164）。

表164 2022年韩国主要农产品产量

单位：万吨、%

产 品	产 量	同比增长
大 米	376.4	−3.0
水产品*	382.0	2.9
猪 肉	141.5	0.6
白 菜	135.2	17.9
鸡 肉	93.0	−0.5
苹 果	56.6	9.7
萝 卜	48.4	11.1
牛 肉	32.6	7.2
梨	25.1	19.4
辣 椒	6.9	−25.6

数据来源：韩国统计局。

* 水产品为2021年数据。

(二) 贸易

韩国主要进口畜产品、谷物和水产品，主要出口水产品和水果，是中国第4大农产品出口市场，第25大农产品进口来源地。

2022年，中韩农产品贸易额76.1亿美元，同比增长13%。中国对韩农产品出口额62.2亿美元，增长17.2%，占中国农产品出口总额的6.3%；自韩农产品进口额13.9亿美元，下降2.8%。顺差48.3亿美元。

对韩出口以水产品和蔬菜为主，分别占对韩农产品出口总额的29.9%和20.1%，其中，出口水产品主要为墨鱼及鱿鱼、章鱼，蔬菜主要为加工保藏蔬菜等。此外，制造淀粉过程中的残渣及类似品和大米也对韩出口较多（表165）。

表165 2022年中国对韩国主要农产品出口额

单位：亿美元、%

产 品	出口额	同比增长	占对韩农产品出口额比重
加工保藏蔬菜	5.9	6.1	9.5
墨鱼及鱿鱼	4.4	34.7	7.1
章 鱼	2.4	2.5	3.8
淀粉残渣	2.2	23.8	3.5
大 米	1.8	−2.7	2.9

数据来源：中国海关。

自韩主要进口水产品、粮食制品和饮品，分别占自韩进口总额的22%、17.2%和16.9%。其中，进口水产品主要为紫菜，粮食制品主要为面食，饮品主要为无醇饮料（表166）。

表166 2022年中国自韩国主要农产品进口额

单位：亿美元、%

产 品	进口额	同比增长	占自韩农产品进口额比重
面 食	1.9	18.8	13.4
无醇饮料	1.5	−18.6	10.4
食 糖	1.0	3.3	6.9
紫 菜	0.9	−2.9	6.5
奶 粉	0.7	−1.8	4.7

数据来源：中国海关。

（三）贸易政策

2月1日，RCEP对韩国正式生效。4月，《中韩进出口水产品卫生管理协议》发布并实施。6月，为缓解供需矛盾、稳定韩国国内物价，韩国政府决定在2022年底前对食用油、面粉、猪肉等13种进口商品适用零税率配额关税。7月，中韩两国正式启动中韩自贸协定第二阶段谈判，以负面清单模式开展高水平服务贸易和投资自由化磋商。10月，韩国将自由销售证书发放对象从加工食品扩大到农水产品。

阿根廷

（一）生产

阿根廷生产的主要农产品是大豆、玉米和小麦。2022年，种植面积最大的农作物是大豆，产量4 100万吨，占全球总产量的10.7%，居全球第三位。玉米和小麦产量分别为4 700万吨和1 250万吨，占全球总产量的4.1%和1.6%。玉米、大豆、小麦、大麦等作物产量同比分别下降5.1%、6.6%、43.6%和20.8%（表167）。

表167 2022年阿根廷主要农产品产量

单位：万吨、%

产　品	产　量	同比增长	占全球总产量比重
玉　米	4 700.0	−5.1	4.1
大　豆	4 100.0	−6.6	10.7
豆　粕	2 964.0	−3.9	41.9
小　麦	1 250.0	−43.6	1.6
牛　奶	1 190.0	0.0	1.8
豆　油	751.0	−3.8	42.4
葵花籽	440.0	8.6	8.7
大　麦	420.0	−20.8	2.8
高　粱	350.0	2.9	6.0
牛　肉	311.0	3.7	5.2
鸡　肉	234.0	2.0	2.3

数据来源：美国农业部。

（二）贸易

玉米、豆粕、小麦、豆油、大豆、大麦、高粱是阿根廷主要出口农产品。2022年阿根廷是全球大豆第四大出口国、豆油和豆粕第一大出口国，大豆、豆油和豆粕出口量分别为390万吨、415万吨和2 620万吨（表168）。

表 168 2022 年阿根廷主要农产品出口量

单位：万吨、%

产　品	出口量	同比增长
玉　米	3 469.2	−15.3
豆　粕	2 620.0	−1.5
小　麦	750.0	−53.1
豆　油	415.0	−14.8
大　豆	390.0	36.3
大　麦	270.0	−30.8
高　粱	210.0	23.5

数据来源：美国农业部。

2022 年阿根廷是中国第 13 大贸易伙伴，农产品贸易额 77.9 亿美元，同比增长 18.2%。其中，中国自阿进口额 77.3 亿美元，增长 18.3%；中国对阿出口额 5 952.6 万美元，增长 4.7%。

阿根廷是中国第七大农产品进口来源地，中国自阿主要进口牛肉、大豆、大麦、高粱、鸡及产品和豆油，进口额分别为 27.2 亿美元、24.3 亿美元、8.5 亿美元、6.9 亿美元、2.2 亿美元和 1.6 亿美元，合计占中国自阿农产品进口额的 91.2%。其中，除豆油进口额下降 61%，其他 5 种农产品进口额均增长（表 169）。

表 169 2022 年中国自阿根廷主要农产品进口额

单位：亿美元、%

产品	进口额	同比增长	占自阿根廷农产品进口额比重
牛　肉	27.2	33.9	35.2
大　豆	24.3	13.0	31.4
大　麦	8.5	68.7	10.9
高　粱	6.9	20.5	8.9
鸡及产品	2.2	24.3	2.8
豆　油	1.6	−61.0	2.0

数据来源：中国海关。

中国主要向阿根廷出口蔬菜、水果、糖料及糖、饮品、粮食制品、水产品、畜产品、坚果等，出口前八大农产品为蘑菇、大蒜、木耳、辣椒、烈性酒、葡萄糖、紫菜和瓜子，出口额合计 1 805.5 万美元，占对阿农产品出口额的 30.3%（表 170）。

表 170　2022 年中国对阿根廷主要农产品出口额

单位：万美元、%

产　品	出口额	同比增长	占对阿根廷农产品出口额比重
蔬　菜	1 684.8	14.3	28.3
蘑　菇	722.4	13.6	12.1
大　蒜	317.0	−7.8	5.3
木　耳	196.8	1 961.1	3.3
辣　椒	193.9	−20.1	3.3
水　果	455.6	20.9	7.7
糖料及糖	224.0	62.1	3.8
葡萄糖	108.2	170.4	1.8
饮品类	178.7	−58.4	3.0
烈性酒	115.5	22.8	1.9
粮食制品	153.0	76.3	2.6
水产品	146.4	−34.7	2.5
紫　菜	87.4	−43.3	1.5
畜产品	73.2	−43.8	1.2
坚　果	65.2	46.9	1.1
瓜　子	64.3	63.6	1.1

数据来源：中国海关。

（三）贸易政策

2 月，中国同阿根廷签署了共建“一带一路”谅解备忘录，阿根廷正式加入“一带一路”倡议。9 月 5 日—30 日，11 月 28 日—12 月 31 日，阿根廷实行了两轮“大豆美元”汇率政策，以促进大豆出口、增加外汇收入，对大豆及其制品出口分别实行 1∶200 和 1∶230 美元兑比索价格（官方汇率在 1∶165 左右）。10 月 17 日，推出进口监管系统“阿货物进口系统（SIRA）”，全方位追溯进口流程，打击重复进口、伪造文书等违规行为，进一步强化进口监管。

俄罗斯

（一）生产

俄罗斯主要农产品为粮食、畜产品和油料。俄联邦统计局数据显示，2022年，粮食产品产量1.6亿吨，同比增长29.9%。其中，小麦产量1亿吨，增长37%；大麦产量2 339万吨，增长30%；玉米产量1 585万吨，增长4%；燕麦产量453.1万吨，增长20%；黑麦产量217.9万吨，增长26.5%。油料作物产量2 910万吨，增长17%。其中，葵花籽产量1 640万吨，增长4.5%；大豆产量600万吨，增长22.6%；油菜籽产量450万吨，增长61.6%。植物油产品中，葵花籽油产量590万吨、菜籽油产量99.9万吨、豆油产量82.5万吨，分别增长14.3%、35.6%和16.2%（表171）。

表171 2022年俄罗斯主要农产品产量

单位：万吨，%

产 品	产 量	同比增长	占全球总产量比重
小 麦	10 423.7	37.0	10.6
大 麦	2 339.0	30.0	13.2
玉 米	1 585.0	4.0	1.3
燕 麦	453.1	20.0	17.6
黑 麦	217.9	26.5	18.0
葵花籽	1 640.0	4.5	30.5
大 豆	600.0	22.6	1.4
油菜籽	450.0	61.6	4.2

数据来源：俄罗斯联邦农业部，美国农业部。

（二）贸易

小麦、大麦、玉米、葵花籽油和葵花籽粕是俄罗斯主要出口农产品。2022年，小麦出口量4 600万吨，同比增长39.4%；大麦出口量450万吨，增长36.4%；玉米出口量540万吨，增长35%；葵花籽油出口量395万吨，增长25.4%；葵花籽粕出口量225万吨，增长11.1%。

俄罗斯是中国第12大农产品贸易伙伴。2022年，中俄农产品贸易额85亿美元，同比增长43%。其中，中国对俄农产品出口额23.9亿美元，增长43.1%；自俄农产品进口额61.1亿美元，增长42.9%。逆差37.2亿美元，扩大42.8%。

中国自俄进口农产品主要是鳕鱼、菜籽油、蟹类、鸡及产品和大豆，进口额分别为

13.7 亿美元、8.4 亿美元、7.7 亿美元、3.8 亿美元和 3.8 亿美元，同比分别增长 61.9%、1.1 倍、15%、48%和 64%，合计占自俄农产品进口额的 61.5%。对俄出口农产品主要是加工蘑菇、鲜冷冻鱼类、墨鱼及鱿鱼、加工番茄和柑橘，出口额分别为 1.3 亿美元、9 329.4 万美元、7 757.2 万美元、7 667.8 万美元和 7 230.5 万美元。其中，加工蘑菇、墨鱼及鱿鱼、加工番茄和柑橘出口额分别增长 10.2%、21.7%、88.4%和 645.7 倍；鲜冷冻鱼类出口额下降 31.3%（表 172）。

表 172　2022 年中国与俄罗斯主要贸易产品

单位：亿美元、%

进口产品	进口额	同比增长	占自俄农产品进口额比重	出口产品	出口额	同比增长	占对俄农产品出口额比重
鳕　鱼	13.7	61.9	22.5	加工蘑菇	1.3	10.2	5.4
菜籽油	8.4	107.5	13.8	鲜冷冻鱼类	0.9	−31.3	3.9
蟹　类	7.7	15.0	12.6	墨鱼及鱿鱼	0.8	21.7	3.2
鸡及产品	3.8	48.0	6.3	加工番茄	0.8	88.4	3.2
大　豆	3.8	64.0	6.3	柑　橘	0.7	64 567.8	3.0

数据来源：中国海关。

（三）贸易政策

乌克兰危机爆发以来，俄罗斯对粮油等农产品、化肥等农资产品实施了一系列禁限令。2 月 15 日—6 月 30 日，对出口至欧亚经济联盟以外的小麦、混合麦、黑麦、大麦和玉米设置 1 100 万吨配额；3 月 10 日再次决定禁止向欧亚经济联盟成员国出口谷物（至 8 月底）。3 月 10 日起，禁止向“不友好”国家出口化肥，并建议化肥生产商停止化肥出口。7 月 22 日，联合国主导土耳其、俄罗斯、乌克兰签署了黑海港口外运协议。同日，俄罗斯与联合国签署有效期三年的俄食品与化肥出口正常化备忘录。

乌克兰

（一）生产

乌克兰地处东欧大平原，国土面积的三分之二为黑土地，占世界黑土总量的四分之一，具有农业独特优势，是大麦、小麦、玉米和葵花籽的主要生产国。2022 年谷物产量 5 542.8 万吨，占全球谷物总产量的 2%。其中，玉米 2 700 万吨，同比下降 35.9%；小麦 2 100 万吨，下降 36.4%；葵花籽 1 220 万吨，下降 30.3%；牛奶 748 万吨，下降 16.9%；大麦 610 万吨，下降 38.5%；葵花籽油 520.3 万吨，增长 12%；葵花籽粕

499.7万吨，增长12%；油菜籽350万吨，增长16.1%（表173）。

表173 2022年乌克兰主要农产品产量

单位：万吨、%

产　品	产　量	同比增长	占全球总产量比重
玉　米	2 700.0	−35.9	2.3
小　麦	2 100.0	−36.4	2.7
葵花籽	1 220.0	−30.3	12.3
牛　奶	748.0	−16.9	1.1
大　麦	610.0	−38.5	4.1
葵花籽油	520.3	12.0	25.0
葵花籽粕	499.7	12.0	22.5
油菜籽	350.0	16.1	4.0

数据来源：美国农业部。

（二）贸易

乌克兰是全球重要的谷物出口国，2022年谷物出口量4 759.5万吨，占全球出口量的9.7%。其中，玉米出口量2 800万吨，占全球出口量的15.8%；小麦出口量1 680万吨，占全球出口量的7.7%；大麦出口量240万吨，占全球出口量的8%。乌克兰也是全球油籽和植物油的重要出口国，2022年油籽和植物油出口量分别为877.5万吨和417.1万吨，分别占全球出口量的2.9%和5.5%。主要出口油菜籽和葵花籽油，出口量分别占全球出口量的16.1%和34%。

2022年，中国与乌克兰农产品贸易额31.3亿美元。其中，中国对乌出口额1.5亿美元，同比下降40.5%；自乌进口额29.8亿美元，下降43.2%。逆差28.3亿美元，缩小43.4%。

中国自乌主要进口玉米、葵花籽粕、葵花油和红花油、大麦和牛肉，进口额分别为16.5亿美元、6.6亿美元、4.3亿美元、0.8亿美元和0.6亿美元，合计占自乌农产品进口额的96.3%。其中，牛肉进口额同比增长9.8%，玉米、葵花籽粕、葵花油和红花油、大麦进口额分别下降29.8%、13.5%、54%和91.4%。对乌主要出口鳗鱼、饲料添加剂、墨鱼及鱿鱼、虾类和罗非鱼，出口额分别为1 327.2万美元、1 069.5万美元、1 021.9万美元、336.6万美元和335.1万美元，分别下降53.1%、64.1%、61.3%、49%和67.4%，合计占对乌农产品出口额的26.4%（表174）。

表 174 2022 年中国与乌克兰主要贸易产品

单位：亿美元、%

进口产品	进口额	同比增长	占自乌农产品进口额比重	出口产品	出口额	同比增长	占对乌农产品出口额比重
玉　米	16.5	－29.8	55.4	鳗　鱼	0.1	－53.1	8.5
葵花籽粕	6.6	－13.5	22.1	饲料添加剂	0.1	－64.1	6.9
葵花油和红花油	4.3	－54.0	14.3	墨鱼及鱿鱼	0.1	－61.3	6.6
大　麦	0.8	－91.4	2.6	虾　类	0.03	－49.0	2.2
牛　肉	0.6	9.8	1.9	罗非鱼	0.03	－67.4	2.2

数据来源：中国海关。

（三）政策变化

3 月，乌克兰对小麦、玉米及葵花籽油以及禽肉和鸡蛋等主要农产品实施出口管制，出口须取得政府颁发的出口许可证，后将玉米和葵花籽油从禁止出口名单中去除。4 月 9 日，乌克兰内阁批准了第 422 号决议，对出口活牛、冷冻牛肉、干燥或熏制的肉类和可食用内脏、肉或内脏的可食用粉等解除出口禁令，取消零配额，实施出口许可证制度。5 月，乌克兰农业政策和食品部宣布限制荞麦、黑麦和燕麦等农产品出口。7 月 22 日，联合国主导土耳其、俄罗斯、乌克兰签署了有效期 120 天的黑海港口外运协议，规定可以从敖德萨等三个港口经黑海出口乌克兰的谷物、食品与化肥；并且于 11 月 17 日将该协议有效期延长 120 天。9 月 3 日，乌克兰跨部门国际贸易委员会发布公告，决定终止对进口奶酪保障措施调查，不实施保障措施。

印　度

（一）生产

印度是传统的农业大国，耕地面积约 1.6 亿公顷，居全球第二位，仅次于美国。主要粮食作物是稻谷和小麦，主要经济作物是油料和棉花。2022 年，印度小米、黄油、牛奶、食糖产量均居全球首位，棉花、棉籽、棉籽油、稻谷、花生和花生油产量均居全球第二，小麦产量居全球第三，油菜籽和菜籽油产量居全球第四，牛肉产量居全球第五。

2022 年，小米产量 1 200 万吨，同比增长 2.6%；黄油产量 650 万吨，增长 3.2%；牛奶产量 2 亿吨，增长 1.8%；食糖产量 3 688 万吨，增长 9.2%；棉花产量 555 万吨，增长 4.5%；棉籽产量 1 082.6 万吨，下降 4.5%；棉籽油产量 133 万吨，下降

1%；稻谷产量1.3亿吨，下降4.1%；花生产量665万吨，下降2.2%；花生油产量122.1万吨，下降4.1%；小麦产量1亿吨，下降6%；油菜籽产量1 150万吨，增长4.6%；菜籽油产量387.5万吨，增长5.7%（表175）。

表175 2022年印度主要农产品产量及出口量

单位：万吨、%

产 品	产 量	占全球总产量比重	出口量	占本国产量比重
牛 奶	20 250.0	30.8	1.0	0.0
稻 谷	12 500.0	24.9	2 150.0	17.2
小 麦	10 300.0	13.1	590.0	5.7
食 糖	3 688.0	20.4	1 173.0	31.8
棉 花	555.2	22.3	54.4	9.8
花 生	665.0	13.3	75.0	11.3
黄 油	650.0	57.0	4.4	0.7

数据来源：美国农业部。

（二）贸易

2022年，印度大米和花生油出口量居全球首位，食糖、花生、菜籽粕出口量居全球第二，牛肉出口量居全球第三，棉花出口量居全球第四。大米出口量2 150万吨，同比下降2.4%；花生油出口量11万吨，增加1.8倍；食糖出口量1 173万吨，增长39.5%；花生出口量75万吨，增长2.5%；牛肉出口量148万吨，增长5.6%；菜籽粕出口量100万吨，下降17.1%；棉花出口量54.5万吨，下降33.2%。

2022年，中国与印度农产品贸易额45.1亿美元。其中，中国对印度出口额5.7亿美元，同比增长36.9%，占中国农产品出口总额的0.6%。前五大出口产品依次为蚕丝、明胶、饲料添加剂、糖和罂粟子，出口额合计2.2亿美元，占对印度农产品出口额的38.6%。自印度进口额39.4亿美元，下降6.7%，占中国农产品进口总额的1.7%。前五大进口农产品依次为虾类、大米、蓖麻油、干辣椒和鲜冷冻鱼，进口额合计28亿美元，占自印度农产品进口额的71.1%（表176）。

（三）政策变化

出口限制措施。5月13日，印度外贸总局发布公告，对印度小麦出口实施临时禁令。5月24日，印度商业和工业部外贸总局宣布，将2021年10月至2022年9月的糖出口量限制在1 000万吨，这是印度6年来首次对糖出口设限。9月9日，印度对部分等级的大米出口征收20%关税，主要针对未碾米、去壳糙米、半精米和全精米等品

表 176 2022 年中国与印度主要贸易产品

单位：亿美元、%

出口产品	出口额	占对印农产品出口额比重	进口产品	进口额	占自印农产品进口额比重
蚕　丝	1.2	21.5	虾　类	9.4	23.9
明　胶	0.3	5.9	大　米	7.7	19.7
饲料添加剂	0.3	5.7	蓖麻油	5.2	13.2
糖	0.2	3.9	干辣椒	3.3	8.4
罂粟子	0.2	3.9	鲜冷冻鱼	2.4	6.0

数据来源：中国海关。

类，蒸谷米和印度香米除外。此外，还修订碎米出口政策，将由原来的“出口免税”调整为“禁止出口”，后于 11 月 29 日取消以上出口限制措施。10 月 28 日，对糖（原糖、精制糖和白糖）的出口限制延长一年至 2023 年 10 月 31 日，该限制不适用于根据关税减让配额出口至欧盟和美国的糖。

反规避立案调查。3 月 17 日，印度对华糖精启动反规避立案调查，对原产于或进口自中国的糖精启动反规避立案调查，审查涉案产品是否通过泰国进口到印度以规避反补贴税。

食品标准修订。11 月 21 日，印度食品安全标准局发布转基因食品标准草案。主要内容包括：转基因食品的制造、包装、储存、销售及进口须提前向 FSSAI 申领许可，FSSAI 于 6 个月内作出是否授予许可的决定；婴儿食品中不得添加转基因生物及源于转基因生物的食品原料；转基因成分含量超过 1%的食品须于正面标签标识“含转基因成分”。

进口政策调整。8 月 18 日，印度发布关于进口乳、猪肉、鱼及制品等食品都应附有出口国主管部门签发的健康证书的规定草案。10 月 10 日，印度食品安全标准局要求向印度出口乳及乳制品、肉及肉制品（包括禽肉、鱼及其产品）、蛋粉、婴儿食品、营养食品的食品生产企业必须向印度注册。10 月 17 日，印度食品安全标准局要求一些高风险食品只能通过指定的 61 个港口进口。

智　利

（一）生产

智利主要生产水产品、水果和葡萄酒。2022 年智利水产品产量 573.9 万吨，同比增长 7.5%；苹果产量 104 万吨，下降 0.6%；鲜食葡萄产量 73.7 万吨，下降 7.1%；樱桃产量 46.7 万吨，增长 19.1%；葡萄酒产量 12.4 亿升，下降 7.4%（表 177）。

表 177 2022 年智利主要农产品产量

单位：万吨、亿升、%

产　品	产　量	同比增长
水产品	573.9	7.5
苹　果	104.0	−0.6
鲜食葡萄	73.7	−7.1
樱　桃	46.7	19.1
葡萄酒*	12.4	−7.4

数据来源：智利国家渔业和水产养殖局、智利农业部、美国农业部。

* 葡萄酒单位为亿升，其他单位为万吨。

（二）贸易

2022 年，智利农产品贸易额 349.1 亿美元，同比增长 13.1%。其中，出口额 236.3 亿美元，增长 16.9%；进口额 112.8 亿美元，增长 5.9%。主要出口水产品、水果和葡萄酒，其中水产品出口额 102.8 亿美元，增长 36.1%；水果出口额 67.8 亿美元，增长 3.7%；葡萄酒出口额 19.2 亿美元，下降 3%。主要进口畜产品、谷物和饮品，其中畜产品进口额 22.8 亿美元，下降 7.5%；谷物进口额 15.7 亿美元，增长 18.2%；饮品进口额 11.8 亿美元，增长 0.5%。前三大农产品出口市场为美国、中国和日本，出口额分别占其农产品出口总额的 25.4%、17.3% 和 8.9%；前三大进口来源地为阿根廷、巴西和美国，进口额分别占其农产品进口总额的 24.5%、13.5%和 10.8%。

2022 年，中智农产品贸易额 54.8 亿美元，同比增长 23.2%。其中，中国对智利出口额 4.5 亿美元，下降 11.5%；自智利进口额 50.3 亿美元，增长 27.6%。中国对智利主要出口虾类、鱼油、粮食制品、糖和饲料添加剂，自智利主要进口樱桃、葡萄酒、鲜梅及李、鲑鱼和葡萄（表 178）。

表 178 2022 年中国与智利主要贸易产品

单位：亿美元、%

出口产品	出口额	同比增长	进口产品	进口额	同比增长
虾　类	1.0	−37.3	樱　桃	26.7	43.4
鱼　油	0.4	882.6	葡萄酒	3.3	−1.6
粮食制品	0.4	33.4	鲜梅及李	2.4	72.8
糖	0.2	7.3	鲑　鱼	2.2	126.3
饲料添加剂	0.2	20.6	葡　萄	1.9	5.4

数据来源：中国海关。

（三）政策变化

区域及双边政策。1月，智利和巴西自由贸易协定生效。此前，智利与包括巴西在内的南方共同市场签署了第35号经济补充协定（ECA），新协定在技术性贸易措施、卫生与植物卫生检疫措施、地理标志产品等方面进行了升级。2月，智利与阿拉伯联合酋长国宣布启动全面经济伙伴关系协定谈判。5月，智利和厄瓜多尔正式启动新的贸易一体化协议，对原有协议进行了升级，智利牛肉、家禽、猪肉、种子和植物油等例外农产品将享受优惠关税。

技术性贸易措施。3月7日，修订干制植物产品入境的植物检疫要求法规。6月11日，制订进口肉及肉制品的卫生要求。7月12日，制订进口花生检疫要求。9月，修订进口鲜、冷藏或冷冻禽肉、食用内脏和蜂产品的卫生要求。10月29日，修订进口马肉的卫生要求。

市场准入政策。2月18日，中国允许符合检验检疫要求的智利羊肉和牛肉进口。

中国香港

（一）贸易

2022年，中国香港农产品贸易额331.7亿美元，同比下降10.7%。其中，出口额89.1亿美元，下降7.2%；进口额242.6亿美元，下降11.9%。逆差153.5亿美元，缩小14.4%。主要进口农产品为谷物、畜产品和水果等（表179），主要出口水果、糖和谷物。

表179　2022年中国香港主要进口农产品

单位：万吨、%

产　品	进口量	同比增长	自内地进口量	自内地进口量占进口总量比重
小　麦	39.4	−9.6	7.3	18.5
大　米	31.0	6.9	2.1	6.8
猪　肉	26.5	−27.2	2.6	9.7
鸡　肉	21.0	−18.6	16.9	80.5
柑　橘	18.0	−5.8	3.6	20.2
食　糖	16.8	3.7	2.3	13.7
苹　果	12.5	−14.7	2.7	21.7
牛　肉	13.0	−65.0	—	—
葡　萄	12.0	0.7	1.0	8.0

数据来源：进口量来自美国农业部，自内地进口量来自中国海关。

2022年，内地与香港农产品贸易额121.4亿美元，同比增长8.7%。香港是内地第一大农产品出口市场，内地对港出口额113.6亿美元，增长7.6%；内地自港进口额7.8亿美元，增长26.1%。

内地对港出口前五大农产品依次为蘑菇、无醇饮料、鸡及产品、贝类及软体动物和茶叶，出口额分别为8.4亿美元、7.7亿美元、5.4亿美元、4.5亿美元和4.4亿美元，合计30.4亿美元，占内地对港农产品出口额的26.8%（表180）。

表180 2022年内地对港主要出口农产品

单位：亿美元、%

产　品	出口额	同比增长	占对港农产品出口额比重
蘑　菇	8.4	30.9	7.4
无醇饮料	7.7	2.0	6.8
鸡及产品	5.4	1.3	4.7
贝类及软体动物	4.5	−7.1	4.0
茶　叶	4.4	−36.6	3.9

数据来源：中国海关。

内地自港进口的主要农产品是糕点，进口额3.2亿美元，同比增长11.2%，占内地自港农产品进口额的41%。此外，自港进口水产品1.6亿美元，增加2.1倍，占内地自港农产品进口额的21%（表181）。

表181 2022年内地自港主要进口农产品

单位：亿美元、%

产　品	进口额	同比增长	占自港农产品进口额比重
糕　点	3.2	11.2	41.0
水产品	1.6	206.1	21.0

数据来源：中国海关。

（二）政策变化

2022年，香港特区政府食物环境卫生署食物安全中心多次宣布因部分国家地区爆发高致病性H5N1禽流感，暂停从相关地区进口禽肉及禽类产品。11月29日，香港特区政府商经局和海关与内地海关签署深化粤港澳大湾区AEO合作备忘录。

中国澳门

(一) 贸易

2022 年，中国澳门农产品贸易额 26.7 亿美元，同比增长 31.3%。其中，出口额 8 998.6 万美元，增长 50.8%；进口额 25.8 亿美元，增长 30.8%。逆差 24.9 亿美元，扩大 30.1%。

内地与澳门农产品贸易额 4.2 亿美元，同比下降 4.7%。其中，内地对澳出口额 4.1 亿美元，下降 4%；内地自澳进口额 951.8 万美元，下降 27.3%。

内地对澳出口前五大农产品依次为无醇饮料、鸡及产品、活猪、烈性酒和鲜蛋，出口额分别为 4 918 万美元、4 541.2 万美元、4 439.1 万美元、4 189.1 万美元和 1 886.4 万美元，合计 2 亿美元，占内地对澳农产品出口额的 48.8%（表 182）。

表 182　2022 年内地对澳主要出口农产品

单位：万美元、%

产　品	出口额	同比增长	占对澳农产品出口额比重
无醇饮料	4 918.0	0.3	11.8
鸡及产品	4 541.2	3.7	10.9
活　猪	4 439.1	−12.7	10.7
烈性酒	4 189.1	0.0	10.1
鲜　蛋	1 886.4	24.6	4.5

数据来源：中国海关。

内地自澳进口前五大农产品依次为卷烟、糕点、鱼胶、咖啡和饼干，进口额分别为 615.9 万美元、163.7 万美元、65.1 万美元、6.5 万美元和 5.3 万美元，合计 856.5 万美元，占内地自澳农产品进口额的 90%。其中，卷烟、糕点、咖啡和饼干进口额同比分别下降 37.3%、27.5%、52.3% 和 38.9%（表 183）。

表 183　2022 年内地自澳主要进口农产品

单位：万美元、%

产　品	进口额	同比增长	占自澳农产品进口额比重
卷　烟	615.9	−37.3	64.7
糕　点	163.7	−27.5	17.2
鱼　胶	65.1	—	6.8
咖　啡	6.5	−52.3	0.7
饼　干	5.3	−38.9	0.6

数据来源：中国海关。

中国台湾

（一）贸易

根据中国台湾“农委会”统计数据，2022年中国台湾农产品贸易额257.1亿美元，同比增长8.4%。其中，出口额52.4亿美元，下降7.6%；进口额204.7亿美元，增长13.1%。逆差152.3亿美元，扩大22.6%。主要出口农产品是水产品、谷物和花卉。主要进口农产品是谷物、畜产品和饮品。

大陆是台湾第三大农产品出口市场和第六大农产品进口来源地。2022年，两岸农产品贸易额为27.6亿美元。其中，大陆对台出口额22亿美元，同比增长2.9%；大陆自台进口额5.6亿美元，下降41.9%。顺差16.4亿美元，扩大39.5%。

大陆对台出口前五大农产品依次为墨鱼及鱿鱼、对虾、药材、鲍鱼和扇贝，出口额分别为3.1亿美元、1.3亿美元、1.1亿美元、1.1亿美元和0.9亿美元，合计占大陆对台农产品出口额的34.1%（表184）。

表184 2022年大陆对台主要出口农产品

单位：亿美元、%

产　品	出口额	同比增长	占对台农产品出口额比重
墨鱼及鱿鱼	3.1	29.1	14.1
对　虾	1.3	−24.2	6.0
药　材	1.1	6.0	5.1
鲍　鱼	1.1	−2.7	4.9
扇　贝	0.9	24.6	4.3

数据来源：中国海关。

大陆自台进口前五大农产品依次为羽毛、无醇饮料、墨鱼及鱿鱼、烈性酒和乌龙茶，进口额分别为7 268.5万美元、6 251万美元、4 995.9万美元、4 014.6万美元和1 901万美元，合计占大陆自台农产品进口额的43.7%（表185）。

表185 2022年大陆自台主要进口农产品

单位：亿美元、%

产　品	进口额	同比增长	占自台农产品进口额比重
羽　毛	0.7	3.9	13.0
无醇饮料	0.6	−32.7	11.2
墨鱼及鱿鱼	0.5	−60.2	8.9
烈性酒	0.4	−23.8	7.2
乌龙茶	0.2	−35.0	3.4

数据来源：中国海关。

（二）政策变化

6 月 10 日和 8 月 3 日，中国海关总署分别发布通告，因多次检出禁用药物和有害生物，自 6 月 13 日起暂停自台湾地区石斑鱼进口，自 8 月 3 日起暂停自台湾地区柑橘类水果和冰鲜白带鱼、冻竹荚鱼进口。

专论

2023 中 国 农 产 品 贸 易 发 展 报 告

农业贸易谈判

WTO农业谈判

2022年伊始，全球新冠疫情流行尚未结束，俄乌紧张局势加剧。全球粮食、能源价格一路走高，粮食安全问题引发国际社会广泛关注，各方迫切期望WTO在保障粮食贸易畅通、维护全球粮食安全等方面发挥积极作用。在此背景下，原定2020年6月召开的WTO第十二届部长级会议（MC12）终于在2022年6月于瑞士日内瓦总部召开，并在各方努力下取得诸多积极成果。

同时，美国继续阻挠WTO上诉机构大法官遴选，上诉机构依然处于停摆状态。WTO改革方面，各方仍存在较大分歧，多边贸易体制面临诸多挑战。总体看，2022年WTO农业谈判呈现以下特点。

（一）MC12在渔业补贴、粮食安全等方面达成诸多成果，有力提振多边信心

经过长达4年的孕育，2022年6月中旬WTO成功召开MC12，会议发布了《MC12成果文件》，这是WTO成员在2015年肯尼亚内罗毕第10届部长级会议后时隔7年再次达成协商一致的成果文件。经过各成员密集谈判和艰苦努力，MC12既达成了已谈判21年的《渔业补贴协定》，也就近期国际社会关注的热点问题进行了积极回应，在粮食安全和应对新冠疫情等方面取得了积极成果，充分证明了多边体制的生命力。《渔业补贴协定》旨在通过制定新的补贴规则，约束有害渔业补贴，助力海洋渔业资源可持续发展；MC12通过的《关于紧急应对粮食安全问题的部长宣言》中，各成员承诺采取措施便利农产品贸易、改善全球粮食和农产品市场运转，鼓励向贫弱国家提供粮食援助，帮助最不发达国家和粮食净进口发展中国家提高农业生产能力；《关于世界粮食计划署购粮免除出口禁止或限制的部长决定》中，成员承诺不对世界粮食计划署人道主义粮食采购实施出口禁止或限制措施。

MC12 取得的成果超出预期，成为多边主义一次关键而重要的胜利，表明了各成员对多边贸易体制的积极态度，提振了国际社会对多边贸易体制的信心。

（二）传统议题仍存在巨大分歧，各方立场针锋相对

在国内支持议题上，以澳大利亚、加拿大和巴西等为首的凯恩斯集团出口成员要求对扭曲贸易的国内支持空间进行总量封顶，目标是 2030 年全球扭曲贸易的国内支持空间总量削减一半，各成员按照自身在全球补贴空间所占比重削减。中国、印度、非洲集团和非加太集团（ACP）等广大发展中成员强调现行《农业协定》存在着巨大的规则不公平，最为突出的是少数成员拥有最具贸易扭曲性的综合支持量（AMS），应优先平衡规则和削减 AMS。美国强调国内支持必须与市场准入挂钩。10 国集团（G10）强调 MC12 农业议题之间必须平衡。在粮食安全公共储备（PSH）议题上，33 国协调组（G33）与非洲集团、ACP 等要求落实部长授权，期望达成粮食安全公共储备永久解决方案以维护疫情下发展中成员粮食安全和小农生计安全。加拿大、美国、澳大利亚、新西兰、巴拉圭、乌拉圭等成员则质疑粮食安全公共储备对发展中成员粮食的重要性，批评粮食安全公共储备政策缺乏透明度，担心利用管理价格收购的粮食安全公共储备用于出口。

（三）气候变化等新议题热度趋高，谈判复杂性恐进一步加剧

2022 年 6 月，WTO 总干事伊维拉表示，随着 WTO 将气候变化作为谈判核心，现在贸易绿色化已是当务之急；10 月，WTO 召开农业退思会重点聚焦气候变化、可持续发展等问题，总干事表示，WTO 农产品贸易规则不能很好应对当前全球农产品市场面临的挑战，需要更新；11 月，在第 27 届联合国气候变化会议（COP 27）上，WTO 发布《2022 年世界贸易报告：贸易与气候变化》。在 WTO 农业谈判框架下，部分发达成员及凯恩斯成员在退思会等场合明确提出将环境、气候变化等因素纳入农业补贴谈判，一些发展中成员对此持保留态度，除坚持优先解决既有授权议题外，也担心发达成员借此设置新的贸易壁垒并对农业支持形成新的约束。气候变化、环境保护等或成为农业谈判中的重要考虑因素，农业谈判复杂性将进一步增加。

自由贸易区谈判

（一）谈判概述

2022 年，受全球新冠疫情影响，中国与相关国家自由贸易协定谈判进程放缓，但各方面工作总体有序推进，谈判形式转为以线上磋商为主，部分自贸协定谈判取得一定突破。

1 月 1 日，RCEP 正式在文莱、柬埔寨、老挝、新加坡、泰国、越南等 6 个东盟成员国和中国、日本、新西兰、澳大利亚等 4 个非东盟成员国实施生效。此后，韩国、马来西亚和缅甸分别于 2 月 1 日、3 月 18 日和

5月1日起实施协定。截至2022年底，这一全球规模最大的自贸协定生效成员国已增至13个，仅对印度尼西亚、菲律宾尚未正式生效。4月7日，中国与新西兰自贸协定升级议定书正式生效。7月12日，中国与尼加拉瓜签署《中华人民共和国政府和尼加拉瓜共和国政府关于自由贸易协定早期收获的安排》，共同宣布启动中国—尼加拉瓜全面自由贸易协定谈判。7月13日，中国与韩国举行自贸协定第二阶段谈判首席谈判代表会议，双方就跨境服务贸易、投资和金融服务等议题规则和负面清单市场准入问题开展深入磋商。8月1日，中国与新加坡举行自贸协定升级后续谈判第四轮谈判首席谈判代表会议，双方就有关章节文本、服务贸易和投资负面清单等议题开展深入讨论。8月18日，根据《数字经济伙伴关系协定》（DEPA）联合委员会的决定，中国加入DEPA工作组正式成立，全面推进中国加入DEPA的谈判。9月29日，中国与海湾阿拉伯国家合作委员会（海合会）举行自贸协定第十轮谈判部级首席谈判代表会议，双方就货物贸易、服务贸易、投资、原产地规则、海关程序与贸易便利化等议题开展深入讨论。

截至2022年底，中国累计对外签署自贸协定19个，涉及26个国家和地区。2022年，中国与已签自贸协定伙伴间农产品贸易额合计1 317.1亿美元，占农产品贸易总额的39.4%。

1. 正在谈判的自贸区

中国—海合会自贸协定谈判于2004年7月启动，2022年召开了多轮首席谈判代表视频会议，并进行了数次工作组视频磋商。

中国—以色列自贸协定谈判于2016年3月启动，至2019年共开展了7轮正式谈判，2020—2022年举行了多次首席谈判代表会议和数次工作组视频磋商。

中国—韩国自贸协定第二阶段谈判于2017年12月启动，至2020年8月已开展6轮谈判，2021年召开了一轮首席谈判代表视频会议，并进行了多次工作组视频磋商。2022年7月13日，双方通过视频方式举行了自贸协定第二阶段谈判首席谈判代表会议，双方就跨境服务贸易、投资和金融服务等议题规则和负面清单市场准入问题开展深入磋商。

中国—新加坡自贸协定升级后续谈判于2020年12月启动，2021年召开了三轮首席谈判代表视频会议，并进行了多次工作组视频磋商。2022年8月1日，双方通过视频方式举行自贸协定升级后续谈判第四轮谈判首席谈判代表会议，就有关章节文本、服务贸易和投资负面清单等议题开展深入讨论。

中国—厄瓜多尔自贸协定谈判于2022年2月启动，4月26日，第一次首席谈判代表会议通过视频方式举行，双方就谈判职责范围文件（TOR）、货物关税减让、协定案文草案及下一步工作安排等议题进行深入磋商。2022年进行了多轮工作组视频磋商。

中国—尼加拉瓜自贸协定谈判于2022年7月启动，年内进行了多次工作组视频磋商，取得积极进展。

中国—东盟自贸区 3.0 版谈判于 2022 年 11 月启动，双方同意，谈判将涵盖货物贸易、投资、数字经济和绿色经济等领域，打造更加包容、现代、全面和互利的中国—东盟自贸区。

2. 谈判处于停滞的自贸区

中日韩自贸协定谈判于 2012 年 11 月启动，至 2019 年共开展了 16 轮正式谈判。

中国与巴拿马自贸协定谈判于 2018 年 6 月启动，至 2019 年共开展了 5 轮正式谈判。

中国与巴勒斯坦自贸协定谈判于 2018 年 10 月启动，至 2019 年仅开展了一次正式谈判。

中国与摩尔多瓦自贸协定谈判于 2017 年 12 月启动，至 2018 年共开展了 3 轮谈判。

中国与斯里兰卡自贸协定谈判于 2014 年 9 月启动，至 2017 年共开展了 5 轮谈判。

3. 处于可行性研究的自贸区

中国正在与哥伦比亚、斐济、尼泊尔、巴布亚新几内亚、加拿大、孟加拉国、蒙古国和瑞士等 8 个国家就建立或升级双边自贸协定开展联合可行性研究。

（二）中国与自贸伙伴农产品贸易情况

1. 中国与 RCEP

RCEP 生效后，中国对其他成员国的农产品自由化水平普遍在 92%左右；印度尼西亚、越南、马来西亚、泰国和菲律宾普遍在 80%～93%；澳大利亚和新西兰在 96%～99%；日本和韩国在 60%左右。其中，中日之间首次达成农产品关税减让安排；中国与韩国、东盟之间在若干农产品上做出超出现有双边自贸协定的开放承诺。

2022 年，中国与 RCEP 区域农产品贸易额 1 057 亿美元，达历史最高水平，同比增长 12.8%，高于中国与全球农产品贸易额增速 2.9 个百分点，比中国与 RCEP 区域货物贸易额增速高 8.7 个百分点。其中，出口额 423.9 亿美元，增长 10.2%，增速为近 11 年来最高值；进口额 633.1 亿美元，增长 14.6%。

2. 中国与东盟

2003 年中国和东盟自贸协定项下“早期收获计划”率先完成谈判并于 2004—2006 年生效；2004 年双方签署《中国—东盟货物贸易协定》并于 2005 年 7 月全面实施，2018 年货物降税安排执行结束。东盟成员国近 95%的农产品对华取消进口关税，包括鲜苹果、鲜葡萄、鲜梨、蘑菇、洋葱、胡萝卜、包菜和鱿鱼等。

2022 年，中国与东盟农产品贸易额 607.2 亿美元，同比增长 14.5%。其中，中国对东盟出口额 237.4 亿美元，增长 10.3%；自东盟进口额 369.8 亿美元，增长 17.4%。逆差 132.4 亿美元，扩大 32.9%。

从产品贸易结构看，中国对东盟主要出口水产品（墨鱼及鱿鱼、金枪鱼等）、蔬菜（大蒜、蘑菇等）、饮品（茶、咖啡及制品等）、糖料及糖，出口额分别为 54.9 亿美元、49.8 亿美元、10.4 亿美元和 10 亿美元，同比分别增长 14.6%、7%、5.3%和

38.3%；水果（苹果、葡萄、柑橘等）出口额33.3亿美元，下降18.7%。

中国自东盟主要进口水果（榴莲、香蕉、山竹等）、植物油（棕榈油）、水产品（小虾及对虾）、粮食制品（木薯淀粉、饼干等）和薯类（木薯），进口额分别为94.5亿美元、71.2亿美元、45.2亿美元、26.6亿美元和20.4亿美元，同比分别增长3.2%、0.4%、48.8%、26%和32.6%。

3. 中国与智利

中国与智利自贸协定于2006年生效，2015年双方货物降税安排执行结束，智利98%的农产品对华取消进口关税。双方分别于2008年4月与2012年9月签署了关于服务贸易和关于投资的补充协定。2016年11月，中智双方启动自贸协定升级谈判，并于2017年11月签署自贸协定升级议定书，2019年生效实施。

2022年，中智农产品贸易额54.8亿美元，同比增长23.2%。其中，中国对智利出口额4.5亿美元，下降11.5%；自智利进口额50.3亿美元，增长27.6%。逆差45.8亿美元，扩大33.1%。

中国对智利主要出口蔬菜（蘑菇、大蒜等）、粮食制品（面筋、面条等）、水果（水果罐头）和饮品（白酒、无醇饮料等），出口额分别为4 714.3万美元、3 578.6万美元、2 168.3万美元和2 001.9万美元，同比分别增长4.6%、33.4%、27.1%和10.4%；水产品（小虾及对虾、鱼油等）出口额1.9亿美元，下降33.1%。

中国自智利主要进口水果（樱桃、鲜梅及李、葡萄等）、水产品（鲑鱼、饲料用鱼粉等），进口额分别为33.8亿美元、6.8亿美元，同比分别增长40.7%、71.4%；畜产品（猪肉、牛肉、鸡及产品等）和饮品（葡萄酒等）进口额分别为5.4亿美元和3.3亿美元，分别下降25.6%和1.7%。

4. 中国与巴基斯坦

中国与巴基斯坦自贸协定第二阶段议定书降税安排于2020年1月1日起实施。中巴最终实现零关税的农产品税目比例将分别为57%和92%。

2022年，中巴农产品贸易额13.2亿美元，同比增长1.2%。其中，中国对巴出口额3.3亿美元，增长0.2%；自巴进口额9.9亿美元，增长1.6%。逆差6.6亿美元，扩大2.3%。

从贸易结构看，中国对巴主要出口蔬菜（生姜、大蒜等）、谷物（稻谷等）、调味香料（肉桂等）、糖料及糖（葡萄糖及糖浆等）和坚果（核桃等），出口额分别为9 980.6万美元、4 564万美元、1 742.8万美元、1 581.7万美元和1 371.9万美元。其中，蔬菜、调味香料和坚果同比分别下降21%、14.8%和32%，谷物、糖料及糖分别增长20.3%和21.1%。

中国自巴主要进口谷物（精米、碎米等）、水产品（饲料用鱼粉、墨鱼及鱿鱼、蟹类等）、油籽（芝麻等）和坚果。进口额分别为4.6亿美元、2.9亿美元、1.3亿美元和5 309.7万美元。其中，谷物、水产品和油籽进口额同比分别增长 14.1%、44.1%和 5.4%；坚果进口额下降 17.8%。

5. 中国与新西兰

中国与新西兰自贸协定于 2008 年生效，其中新西兰农产品降税安排在 2012 年执行完毕，取消了全部农产品自华进口关税。中国与新西兰升级自贸协定于 2022 年 4 月 7 日生效。

2022 年，中新农产品贸易额 121.9 亿美元，同比增长 5.5%。其中，中国对新出口额 3.4 亿美元，增长 41.5%；自新进口额 118.5 亿美元，增长 4.7%。逆差 115.1 亿美元，扩大 4%。

中国对新主要出口水产品（墨鱼及鱿鱼、小虾及对虾等）、蔬菜（大蒜等）、粮食制品（面食等）、水果（草莓等）和糖（不含可可的糖食等），出口额分别为 6 066.9 万美元、2 868.6 万美元、2 327.7 万美元、2 206.1 万美元和 2 107.6 万美元，同比分别增长 0.3%、6.8%、14.4%、36.2% 和 7%。

中国自新主要进口畜产品（奶粉、牛肉和羊肉等）和水产品（龙虾等），进口额分别为 97.2 亿美元和 5.2 亿美元，同比分别增长 4%和 6.1%；水果（猕猴桃、苹果等）进口额 6.3 亿美元，下降 3.4%。

6. 中国与秘鲁

中国与秘鲁自贸协定于 2010 年 3 月实施，至 2022 年双方已完成 13 次降税，秘鲁 95.5%的农产品对华实现了进口零关税，包括水产品、坚果、咖啡、香肠、鸡肉、羊肉、豆油、花生油、苹果、梨和红茶等。

2022 年，中秘农产品贸易额 27.4 亿美元，同比增长 5.2%。其中，中国对秘鲁出口额 1.4 亿美元，增长 12.8%；自秘鲁进口额 26 亿美元，增长 4.8%。逆差 24.6 亿美元，扩大 4.4%。

中国对秘鲁主要出口水产品（加工罗非鱼、金枪鱼等）、糖和蔬菜（蘑菇罐头、香菇、干木耳等），水产品出口额为 2 048.8 万美元，同比下降 43.1%，糖和蔬菜出口额分别为 1 744.8 万美元和 1 312.4 万美元，分别增长 19.6%和 64.5%。

中国自秘鲁主要进口水产品（饲料用鱼粉、墨鱼及鱿鱼和对虾等）和水果（越橘和葡萄等），水产品进口额 19.7 亿美元，同比下降 2.1%，水果进口额 5.7 亿美元，增长 37.9%。

7. 中国与哥斯达黎加

中国与哥斯达黎加自贸协定于 2011 年 8 月生效，至 2022 年已完成 12 次降税，哥斯达黎加 74%的农产品对华取消进口关税，包括冻牛肉、鲜冷羊肉、薯类、苹果、梨和酒类等。

2022 年，中哥农产品贸易额 2.3 亿美元，同比增长 32.4%。其中，中国对哥出口额 6 118.9 万美元，增长 1.3%；自哥进口额 1.7 亿美元，增长 49.2%。逆差 1.1 亿美元，扩大 1.1 倍。

中国对哥主要出口水产品（罗非鱼、墨鱼及鱿鱼等）、蔬菜（大蒜、蘑菇等），出口额分别为 2 395.1 万美元和 1 529.9 万美元，同比分别下降 4.3%和 13.6%。

中国自哥主要进口畜产品（牛肉等）、饮品（橙汁等）和花卉。其中，畜产品进口额 1.3 亿美元，同比增长 41.7%；饮品和花卉进口额分别为 378.6 万美元和 195.6 万美元，分别下降 10.2%和 19.6%。

8. 中国与冰岛

中国与冰岛自贸协定于 2014 年 7 月生效，冰岛随即完成其货物降税承诺，未设置降税过渡期，农产品对华取消进口关税比例为 85.8%，产品包括水产品、花卉、马铃薯、洋葱、黄瓜、豌豆、菠菜、甜玉米和部分粮食制品等。

2022 年，中冰农产品贸易额 1.6 亿美元，同比增长 32.4%。其中，中国对冰岛出口额 184.2 万美元，增长 3.1 倍；自冰岛进口额 1.6 亿美元，增长 31.4%。逆差 1.6 亿美元，扩大 30.4%。

中国对冰岛主要出口粮食制品（面食等）和水果（苹果等），出口额分别为 17.4 万美元和 6.9 万美元，同比分别下降 17.3%和 33.3%。

中国自冰岛主要进口水产品（冻鳗鱼、冻秋刀鱼和冻庸鲽鱼等），进口额为 1.6 亿美元，同比增长 31.3%。

9. 中国与瑞士

中国与瑞士自贸协定于 2014 年 7 月正式生效，瑞士随即完成其货物降税承诺，未设置降税过渡期，农产品对华取消进口关税比例为 54%，产品包括大部分水产品、动物杂碎、花卉、大部分蔬菜、柑橘、咖啡和部分谷物等。

2022 年，中瑞农产品贸易额 3.3 亿美元，同比增长 5.3%。其中，中国对瑞士出口额 8 627.5 万美元，增长 73.8%；自瑞士进口额 2.4 亿美元，下降 7.8%。逆差 1.5 亿美元，缩小 27%。

中国对瑞士主要出口饮品（白酒等）、蔬菜（干蘑菇等）、畜产品和粮食制品（面食等），出口额分别为 1 506 万美元、877 万美元、659.8 万美元和 648.5 万美元，饮品、蔬菜和粮食制品同比分别增长 24.7%、26.7%和 1 倍，畜产品下降 15.3%。

中国自瑞士主要进口饮品（可可制品、咖啡等）、畜产品（奶粉等）和粮食制品（饼干等），进口额分别为 7 572.5 万美元、7 402.2 万美元和 487.9 万美元。其中，畜产品和粮食制品同比分别下降 29.5%和 8.5%，饮品增长 3.8%。

10. 中国与澳大利亚

中国与澳大利亚自贸协定于 2015 年 12 月生效，2017 年澳大利亚货物降税承诺履行结束，对华取消全部货物进口关税。

2022 年，中澳农产品贸易额 128.5 亿美元，同比增长 22.5%。其中，中国对澳出口额 14.9 亿美元，增长 35%；自澳进口额 113.6 亿美元，增长 21%。逆差 98.7 亿美元，扩大 19.2%。

中国对澳主要出口水产品（墨鱼及鱿鱼、对虾等）、蔬菜（大蒜等）、粮食制品（面食、膨化食品等）、水果（苹果汁等）和饮品（白酒等），出口额分别为2.7亿美元、1.6亿美元、1.4亿美元、9 242.9万美元和9 104.2万美元，同比分别增长17.7%、13.9%、28.8%、9.8%和27.8%。

中国自澳主要进口畜产品（羊毛、牛羊肉、奶粉等）、谷物（小麦、高粱等）、坚果（扁桃核及仁等）和水产品（鲑鱼等），进口额分别为58.9亿美元、28.7亿美元、3.9亿美元和3.2亿美元，同比分别增长5%、1.2倍、26.9%和3.9%；水果（葡萄等）进口额2.1亿美元、下降31.5%。

11. 中国与韩国

中国与韩国自贸协定2015年12月生效，至2022年双方已完成8次降税，其中韩国农产品对华已实现进口零关税的税目比例为24%，产品包括冻鱼、谷子、葵花籽、棕榈果、西瓜籽、面食和矿泉水等。

2022年，中韩农产品贸易额76.1亿美元，同比增长13%。其中，中国对韩出口额62.2亿美元，增长17.2%；自韩进口额13.9亿美元，下降2.8%。顺差48.3亿美元，扩大24.8%。

中国对韩主要出口水产品（墨鱼及鱿鱼、章鱼、冻鱼等）、蔬菜（蘑菇、萝卜等）、油籽（花生、芝麻等）、粮食制品（面食、淀粉等）和饮品（无醇饮料、啤酒等），出口额分别为18.6亿美元、12.5亿美元、3.4亿美元、2.4亿美元和2亿美元，同比分别增长6.5%、10.1%、12.2%、18.5%和7.1%。

中国自韩主要进口粮食制品（面食等）和糖（砂糖等），进口额分别为2.7亿美元和1.1亿美元，同比分别增长7.3%和3.7%；水产品（紫菜、海参等）、饮品（无醇饮料、烈性酒等）和畜产品（奶粉等）进口额分别为2.9亿美元、2.1亿美元和8 159.5万美元，分别下降7.6%、12%和12.4%。

12. 中国与格鲁吉亚

中国与格鲁吉亚自贸协定于2018年1月生效，格鲁吉亚随即完成其货物降税承诺，未设置降税过渡期，农产品对华取消进口关税比例为85%，产品包括牛肉、猪肉、禽肉、水产品、乳品、包菜、豌豆、甜玉米、葡萄、梨、糖和酒类等。

2022年，中格农产品贸易额7 901.6万美元，同比增长66%。其中，中国对格出口额4 983.2万美元，增加1.6倍；自格进口额2 918.4万美元，增长2.4%；贸易平衡由逆差939.4万美元转为顺差2 064.8万美元。

中国对格主要出口畜产品（鸡肉等）、饮品（白酒等）和蔬菜（大蒜、加工蘑菇、干辣椒等），出口额分别为1 038.6万美元、777.6万美元和565.1万美元，同比分别增加1.3倍、1.2倍和85.8%。

中国自格主要进口饮品（葡萄酒、啤酒等）和调味香料，进口额分别为1 628.8万美元和1 160.7万美元，同比分别增长0.4%和14.5%。

13. 中国与毛里求斯

中国与毛里求斯自贸协定于2021年

1月生效，毛里求斯90%的农产品对华实现了进口零关税，产品包括罗非鱼、墨鱼及鱿鱼、大蒜、蘑菇和玉米等。

2022年，中毛农产品贸易额5 364.1万美元，同比增长0.3%。其中，中国对毛出口额4 717.5万美元，增长5.3%；自毛进口额646.6万美元，下降25.6%。顺差4 070.9万美元，扩大12.8%。

中国对毛主要出口水产品（鳀鱼、墨鱼及鱿鱼等）和蔬菜（大蒜等），出口额分别为2 534.4万美元和719.1万美元，同比分别增长4.3%和4.3%。

中国自毛主要进口糖（砂糖等）和水产品（饲料用鱼粉等），糖进口额509.8万美元，同比增长11.4%，水产品进口额133.7万美元，下降65.4%。

农业贸易救济

进口调查

1. 中国对原产于欧盟的进口马铃薯淀粉所适用的反补贴措施发起期终复审调查

根据商务部建议，国务院关税税则委员会决定，在反补贴措施期终复审调查期间，对原产于欧盟的进口马铃薯淀粉继续征收反补贴税。自2022年9月16日起，对原产于英国的进口马铃薯淀粉适用的反补贴措施到期终止。

2011年商务部决定对原产于欧盟的进口马铃薯淀粉征收反补贴税，税率为7.5%～12.4%。2016年、2017年、2021年商务部公告继承在马铃薯淀粉反补贴措施中所适用的反补贴税税率及其他权利义务。根据商务部2021年第3号公告，2020年12月31日英国脱欧过渡期结束后，之前已对欧盟实施的贸易救济措施继续适用于欧盟和英国，实施期限不变；该日期后对欧盟新发起的贸易救济调查及复审案件，不再将英国作为欧盟成员国处理。

2. 中国对原产于美国的进口干玉米酒糟所适用反补贴措施期终复审调查

2017年商务部决定对原产于美国的进口干玉米酒糟征收反补贴税，实施期限为5年，美国各公司税率为11.2%～12%。2019年应美国谷物协会申请，商务部对原产于美国的进口干玉米酒糟所适用的反倾销和反补贴措施进行复审，决定有必要继续对原产于美国的进口干玉米酒糟征收反倾销税和反补贴税。2022年应中国干玉米酒糟产业申请，商务部决定自2022年1月12日起对原产于美国的进口干玉米酒糟所适用的反补贴措施进行期终复审调查。

出口应诉

1. 新西兰对华罐装桃发起反倾销调查

2022年11月29日，新西兰商业、创新与就业部（MBIE）发布公告称，应新西兰唯一桃罐头生产商 Heinz Wattie's Limited 2022 年 8 月 31 日申请，对原产于或进口自中国的总重不超过 5 千克的罐装桃发起反倾销调查。涉案产品的海关编码为 2008700900。本案的倾销调查期为 2021 年 7 月 1 日至 2022 年 6 月 30 日，损害调查期为 2019 年 6 月至 2022 年 6 月。

2. 墨西哥对华罐装伞菇作出第三次反倾销日落复审终裁

2022 年 11 月 3 日，墨西哥经济部发布公告，对原产于或进口自中国的罐装伞菇继续设定 2.05 美元/千克的最低限价，对报关价格低于最低限价的进口涉案产品征收其差额作为反倾销税，同时设定进口自 Calkins Limited 的中国原产涉案产品和其他中国原产涉案产品的最高反倾销税额分别不超过 1.189 1 美元/千克和 0.612 1 美元/千克，措施自 2021 年 5 月 18 日起生效，有效期为 5 年。本案涉及墨西哥税号 20031001 项下的产品，但不包括在醋或乙酸里保存的罐装伞菇。公告自发布次日起生效。

3. 美国对新鲜大蒜发起第五次反倾销日落复审调查

2022 年美国商务部发布公告称，对进口自中国的新鲜大蒜发起第五次反倾销日落复审调查。1994 年美国商务部发布公告称，对进口自中国的新鲜大蒜启动反倾销调查，并于同年发布对华涉案产品反倾销征税令，此后，先后进行了 4 次日落复审，并分别于 2001 年 3 月 13 日、2006 年 10 月 19 日、2012 年 4 月 30 日和 2017 年 11 月 6 日，4 次延长了征税期限。

4. 美国对冷冻和罐装暖水虾作出第三次反倾销日落复审终裁

2022 年 9 月 6 日，美国商务部发布公告称，对进口自中国、印度、泰国和越南的冷冻和罐装暖水虾作出第三次反倾销快速日落复审终裁，裁定若取消本案的反倾销税将导致中国涉案产品的倾销以 112.81%的倾销幅度继续或再度发生。涉及美国协调关税税号 0306170003、0306170006、0306170009、0306170012、0306170015、0306170018、0306170021、0306170024、0306170027、0306170040、1605211030 和 1605291010 项下的产品。

5. 乌克兰终止对进口奶酪保障措施调查

2022 年 9 月 3 日，乌克兰跨部门国际贸易委员会发布公告，依据 2022 年 8 月 31 日第 SP－533/2022/441－01 号决议，决定终止对进口奶酪保障措施调查，不实施保障措施。涉案产品的乌克兰税号为 0406303100、0406303900、0406309000、0406902300、0406902500、0406903200、0406907800、0406908600、0406908900、0406909200、0406909910。公告自发布之日起生效。

6. 印度对华糖精作出反规避终裁

2022 年 7 月 26 日，印度商工部发布公告称，对原产于或进口自中国的糖精作出反规避终裁，裁定中国涉案产品经由泰国进口到印度以规避反补贴税，因此建议对中国糖精实施的反补贴措施及有效期同样适用于原产于或进口自泰国的糖精，即征收 CIF20%的反补贴税，有效期至 2024 年 7 月 29 日。本案涉及印度税号 29251100 项下产品。

7. 越南对涉华味精作出反倾销期中复审终裁

2022 年 4 月 8 日，越南工贸部发布公告，依据 2022 年 4 月 6 日第 640/QD-BCT 号决议，对原产于中国和印度尼西亚的味精作出反倾销第一次期中复审终裁，将中国涉案产品反倾销税调整为 3 445 645～6 385 289 越南盾/吨，维持印度尼西亚涉案产品反倾销税 5 289 439 越南盾/吨不变。本案涉及越南税号 29224220 项下的产品。

2019 年 10 月 31 日，越南对原产于中国和印度尼西亚的味精启动反倾销立案调查，并于 2020 年作出肯定性终裁，决定对中国涉案产品征收 3 529 958～6 385 289 越南盾/吨反倾销税，对印度尼西亚涉案产品征收 5 289 439 越南盾/吨反倾销税，有效期为 5 年。2021 年 9 月 30 日，越南对该案启动第一次期中复审立案调查。

8. 南非对自中国进口的冷/鲜大蒜产品反倾销日落复审案作出终裁

2022 年 3 月 2 日，南非国际贸易管理委员会（代表南部非洲关税同盟——SACU，成员国南非、博茨瓦纳、莱索托、斯威士兰和纳米比亚）发布公告，对自中国进口的冷/鲜大蒜产品反倾销日落复审案作出终裁，决定维持征税。涉案产品南非税号为：070320，07129090。

9. 马达加斯加对进口意大利面作出保障措施期中复审终裁

2022 年 1 月 7 日，WTO 保障措施委员会发布马达加斯加代表团向其提交的保障措施通报。2021 年 12 月 23 日，马达加斯加调查机关对进口意大利面作出保障措施期中复审终裁，决定维持现行保障措施不变，涉案产品包括通心粉、面条及任何其他形式的意大利面，涉及马达加斯加税号 19021100、19021900、19022000 和 19023000 项下的产品。

2019 年马达加斯加调查机关对进口意大利面启动保障措施立案调查。2020 年 WTO 保障措施委员会发布对进口涉案产品征收为期 4 年的保障措施税，具体如下：2019 年 8 月 1 日至 2020 年 7 月 31 日为 30%，2020 年 8 月 1 日至 2021 年 7 月 31 日为 29%，2021 年 8 月 1 日至 2022 年 7 月 31 日为 28%，2022 年 8 月 1 日至 2023 年 7 月 31 日为 27%。该案涉及马达加斯加税号 19021190、19021990、19022090 和 19023090 项下的产品。2021 年 6 月 25 日，马达加斯加对进口意大利面启动保障措施期中复审立案调查。

农业产业安全

农产品技术性贸易措施

一、技术性贸易壁垒措施（TBT）

据世贸组织（WTO）统计，2022 年，WTO 成员共提交涉农 TBT 通报 701 件，其中中国提交 3 件，通报内容涉及锯齿加工细绒棉、电子烟包装实施细则、电子烟警语标识。

通报数排在前十位的成员以非洲国家为主，依次为乌干达、坦桑尼亚、肯尼亚、巴西、布隆迪、卢旺达、以色列、美国、厄瓜多尔和马拉维，通报数量占全部通报数的 85.4%（表 186）。

表 186　2022 年提交涉农 TBT 通报的主要成员及通报数

成　员	通报数	成　员	通报数
乌干达	203	卢旺达	47
坦桑尼亚	105	以色列	32
肯尼亚	56	美　国	22
巴　西	53	厄瓜多尔	18
布隆迪	47	马拉维	16

701 件通报按照通报类型划分，包括常规措施通报 421 件、补遗通报 267 件、勘误通报 11 件及修订通报 2 件。

通报涉及产品较为多样，主要产品类别包括，乳品蛋品 67 件、蔬菜 54 件，饮料 52 件、油脂 52 件、仁果类产品 49 件、咖啡和茶 45 件、肉及食用杂碎 38 件。

二、实施卫生与植物卫生措施（SPS）

据 WTO 统计，2022 年 WTO 成员共提交 SPS 通报 2 175 件，其中中国提交 20 件，通报内容以食品添加剂的食品国家安全标准为主，鉴于 SPS 多涉及农产品和食品，故不再单独分类。

通报数排在前十位的成员依次为日本、巴西、泰国、乌干达、欧盟、加拿大、智利、美国、坦桑尼亚和秘鲁，通报数量占全部通报数的 61.4%（表 187）。

表 187　2022 年提交 SPS 通报的主要成员及通报数

成　员	通报数	成　员	通报数
日　本	354	加拿大	97
巴　西	223	智　利	74
泰　国	140	美　国	86
乌干达	132	坦桑尼亚	70
欧　盟	105	秘　鲁	55

“可能受影响的特定地区和国家”包括中国的通报有 24 件，其中泰国 2022 年 2 月 28 日发布 2 件针对中国的通报，暂停自中国进口家禽类和猪肉类。

2 175 件通报按照类型区分，包括常规措施通报 1 134 件、紧急措施通报 396 件、补遗通报 612 件、勘误通报 17 件、修订通报 13 件及等效认同通报 3 件。

从通报措施在 SPS 三大领域分布情况看，对可统计通报中“目的和理由”一栏的分析表明，2022 年，涉及食品安全的通报数量 1 164 件，涉及动物健康 408 件，涉及植物保护 189 件，保护人类免受动/植物有害生物危害 19 件，保护国家免受有害生物危害 6 件，无理由的 13 件，多种理由兼有的 376 件。

附录

农产品分类和统计口径说明

本报告所指农产品是根据乌拉圭回合农业协议界定的农产品范围（HS 产品口径）加上水产品。包括谷物、棉麻丝、油籽、植物油、饮品类、蔬菜、水果、畜产品、水产品等 20 大类，各大类产品涉及的 HS 编码如下：

各大类产品涉及的 4 位数 HS 编码

产品类别	产　品　税　号
1. 谷物	1001—1008，1101—1104，1904
小麦产品	1001，1008，1101，1103，1904
稻谷产品	1006，1102，1103
玉米产品	1005，1102—1104
大麦产品	1003，1104
2. 棉麻丝	0511，1404，5001—5003，5201—5203，5301—5305
棉花	1404，5201—5203
麻类	5301—5305
蚕茧及丝	0511，5001—5003
其他植物纤维	5305
3. 油籽	1201，1202，1204—1208，2008
食用油籽	1201，1202，1204—1208，2008
非食用油籽	1207，1208
4. 植物油	1507—1515
食用植物油	1507—1512，1514，1515
其他植物油	1513，1515

（续）

产品类别	产 品 税 号
5. 糖料及糖类	1209，1212，1701—1704
食糖	1701
6. 饮品类	0901—0903，1801—1806，2101，2201—2206，2208，2209
茶	0902，0903，2101
醋	2209
咖啡及制品	0901，2101
可可及制品	1801—1806
酒精及酒类	2203—2206，2207，2208
无醇饮料	2201，2202
7. 蔬菜	0701—0712，0714，0904，0910，1207，1209，1212，2001—2005，2008，2009，2103
8. 水果	0801，0803—0814，1203，2006—2009，2106，2204
9. 坚果	0801，0802，0811，1207，1212，2008
10. 花卉	0601—0604
11. 饼粕	2304—2306
12. 干豆（不含大豆）	0713，1106
13. 水产品	0106，0208，0210，0301—0308，0508，0511，1212，1504，1603—1605，2008，2301，2801，3913，7101
14. 畜产品	0101—0106，0201—0210，0401—0410，0502—0507，0510，0511，1501—1503，1505，1506，1601，1602，1901，2301，4101—4103，4301，5101—5103
15. 调味香料	0905—0910
16. 精油	3301
17. 粮食制品	1107—1109，1902—1905
18. 粮食（薯类）	0714，1105
19. 药材	1211
20. 其他农产品	0501，0509，0602，1106，1108，1209—1214，1301，1302，1401—1404，1516—1522，1901，2008，2101—2106，2207，2302，2303，2307—2309，2401—2404，2905，3501—3505，3809，3823，3913

附　表

附表 1　1995—2022 年中国农产品贸易变化情况

单位：亿美元、%

年　份	贸易额				同比增长		
	进出口总额	出口额	进口额	贸易差额[①]	进出口	出　口	进　口
1995	268.7	146.9	121.8	25.0			
1996	251.3	143.0	108.3	34.7	−6.4	−2.6	−11.1
1997	250.6	150.5	100.1	50.4	−0.3	5.2	−7.6
1998	223.0	139.3	83.7	55.6	−11.0	−7.4	−16.4
1999	218.3	135.9	82.4	53.5	−2.1	−2.4	−1.5
2000	269.4	156.8	112.6	44.2	23.4	15.4	36.7
2001	279.0	160.5	118.5	42.0	3.6	2.4	5.2
2002	306.0	181.3	124.7	56.6	9.7	13.0	5.3
2003	403.8	214.1	189.7	24.4	31.9	18.1	52.0
2004	514.5	233.6	280.9	−47.2	27.4	9.1	48.1
2005	563.4	275.5	287.9	−12.4	9.5	17.9	2.5
2006	635.5	313.8	321.7	−7.8	12.8	13.9	11.7
2007	781.9	369.9	412.0	−42.1	23.0	17.9	28.1
2008	992.4	404.7	587.7	−183.0	26.9	9.4	42.7
2009	922.4	395.4	527.0	−131.6	−7.1	−2.3	−10.3
2010	1 219.2	493.7	725.5	−231.8	32.2	24.9	37.7
2011	1 555.9	607.2	948.7	−341.5	27.6	23.0	30.8
2012	1 757.3	632.5	1 124.8	−492.3	12.9	4.2	18.6
2013	1 867.0	678.3	1 188.7	−510.4	6.2	7.2	5.7
2014	1 945.0	719.6	1 225.4	−505.8	4.2	6.1	3.1
2015	1 875.6	706.8	1 168.8	−462.0	−3.6	−1.8	−4.6
2016	1 845.6	729.9	1 115.7	−385.8	−1.6	3.3	−4.5
2017	2 013.9	755.3	1 258.6	−503.2	9.1	3.5	12.8
2018	2 177.1	804.5	1 372.6	−568.1	8.1	6.5	9.1
2019	2 300.7	791.0	1 509.7	−718.7	5.7	−1.7	10.0
2020	2 468.3	760.3	1 708.0	−947.7	7.3	−3.9	13.1
2021[②]	3 041.8	843.6	2 198.2	−1 354.6	23.2	10.9	28.7
2022	3 343.2	982.6	2 360.6	−1 378.0	9.9	16.5	7.4

注：①正数为顺差，负数为逆差，下同。②2021 年起农产品进、出口额数据口径为中国海关统计口径。

附表 2 1995—2022 年中国谷物贸易量变化情况

单位：万吨

年份	出口量					进口量				
	谷物	其中				谷物	其中			
		小麦产品	玉米产品	稻谷产品	大麦产品		小麦产品	玉米产品	稻谷产品	大麦产品
1995	64.9	22.5	11.5	5.7	0.2	2 040.4	1 162.7	526.4	164.5	127.4
1996	124.3	56.6	23.8	27.7	0.2	1 084.0	829.9	44.7	77.4	130.9
1997	834.8	45.8	667.1	95.2	0.7	417.0	192.2	0.3	35.9	187.4
1998	889.2	27.5	469.2	375.6	0.9	388.5	154.8	25.2	26.0	151.9
1999	738.4	16.4	433.3	271.7	0.6	340.1	50.5	7.9	19.1	226.9
2000	1 379.8	18.8	1 047.9	296.2	0.1	314.8	91.9	0.3	24.9	197.4
2001	876.9	71.3	600.0	187.0	0.1	344.4	73.9	3.9	29.3	236.8
2002	1 483.7	97.7	1 167.5	199.0	0.1	285.1	63.2	0.8	23.8	190.7
2003	2 200.4	251.4	1 639.1	261.7	0.5	208.7	44.7	0.1	25.9	136.3
2004	479.5	108.9	232.4	90.9	0.3	975.3	725.8	0.2	76.6	170.7
2005	1 017.5	60.5	864.2	68.6	0.4	627.2	353.9	0.4	52.2	217.9
2006	609.9	151.0	309.9	125.3	0.6	359.5	61.3	6.5	73.0	214.1
2007	991.2	307.3	491.8	134.3	11.8	155.7	10.1	3.5	48.7	91.3
2008	186.1	31.0	27.3	97.2	1.5	154.1	4.3	5.0	33.0	107.6
2009	137.1	24.5	13.0	78.6	1.4	315.1	90.4	8.4	35.7	173.8
2010	124.3	27.7	12.7	62.2	1.3	570.8	123.1	157.3	38.8	236.7
2011	121.5	32.8	13.6	51.6	0.6	544.7	125.8	175.4	59.8	177.6
2012	101.6	28.6	25.7	27.9	0.5	1 398.3	370.1	520.8	236.9	252.8
2013	100.1	27.8	7.8	47.8	0.1	1 458.5	553.5	326.6	227.1	233.5
2014	76.9	19.0	2.0	41.9	0.0	1 951.6	300.4	259.9	257.9	541.3
2015	53.3	12.2	1.1	28.7	0.0	3 271.5	300.7	473.0	337.7	1 073.2
2016	63.6	11.3	0.4	39.5	0.0	2 199.7	341.2	316.8	356.2	500.5
2017	161.6	18.3	8.6	119.7	0.0	2 560.1	442.2	282.7	402.6	886.3
2018	255.3	28.6	1.2	209.1	0.7	2 050.2	309.9	352.4	307.7	681.5
2019	323.6	31.3	2.6	274.8	0.0	1 791.8	348.8	479.3	254.6	592.9
2020	259.3	18.1	0.3	230.5	0.0	3 579.1	837.6	1 129.6	294.3	807.9
2021	262.0	8.4	0.8	244.8	0.0	6 537.9	976.8	2 835.6	496.5	1 248.1
2022	244.2	14.6	0.1	221.5	0.0	5 320.4	995.9	2 062.1	619.4	576.0

附表 3 1995—2022 年中国油籽贸易量变化情况

单位：万吨

年份	出口量：油籽	出口量：其中：食用油籽	出口量：其中：其中：花生	出口量：其中：其中：大豆	出口量：其中：其中：葵花籽	出口量：其中：其中：芝麻	进口量：油籽	进口量：其中：食用油籽	进口量：其中：其中：大豆	进口量：其中：其中：油菜籽	进口量：其中：其中：芝麻	进口量：其中：其中：棉籽
1995	106.9	102.4	49.0	37.6	1.1	13.0	41.7	41.6	29.8	9.2	0.4	0.0
1996	84.0	80.2	45.6	19.3	1.9	11.9	112.3	112.2	111.4	0.0	0.5	0.0
1997	56.0	53.1	28.2	18.8	1.6	4.1	297.0	296.9	288.6	5.5	1.4	0.0
1998	57.7	55.2	32.1	17.2	0.9	4.4	461.5	461.4	320.1	138.6	1.1	0.0
1999	85.1	81.8	47.9	20.7	2.3	9.7	694.2	694.1	432.0	259.5	0.1	0.0
2000	96.4	92.7	56.0	21.5	3.7	10.3	1 340.5	1 340.4	1 041.9	296.9	0.2	0.0
2001	115.3	108.4	70.7	26.2	3.9	6.8	1 570.8	1 567.6	1 394.0	172.4	0.7	0.0
2002	127.0	122.8	77.0	30.5	2.9	9.8	1 195.5	1 194.5	1 131.5	61.8	0.4	0.0
2003	130.7	126.3	76.2	29.5	7.0	10.4	2 099.6	2 098.4	2 074.1	16.7	6.6	0.0
2004	121.8	117.3	68.9	34.9	7.6	4.2	2 078.4	2 076.8	2 023.0	42.4	9.8	0.0
2005	142.1	136.7	77.4	41.3	11.5	5.1	2 705.8	2 704.2	2 659.1	29.6	15.4	0.0
2006	127.4	122.4	66.1	39.5	11.1	4.6	2 933.4	2 931.7	2 827.0	73.8	26.4	0.0
2007	134.5	129.0	63.8	47.5	11.6	4.7	3 193.6	3 191.5	3 082.1	83.3	19.4	0.0
2008	124.0	119.2	51.4	48.4	13.3	4.6	3 902.5	3 900.5	3 743.6	130.3	21.4	0.1
2009	114.9	109.5	56.6	35.6	12.2	3.8	4 636.1	4 633.1	4 255.2	328.6	31.1	0.0
2010	92.9	87.7	51.6	17.3	14.6	3.5	5 706.4	5 704.6	5 479.7	160.0	39.1	1.6
2011	96.9	91.2	48.8	21.4	17.0	3.6	5 484.1	5 481.8	5 264.0	126.2	38.9	37.7
2012	106.5	100.6	45.1	32.1	18.4	4.0	6 230.4	6 228.0	5 838.5	293.0	39.6	39.4
2013	93.4	87.0	42.5	20.9	19.0	3.7	6 786.6	6 783.5	6 337.5	366.2	44.1	14.3
2014	94.3	87.2	44.2	20.7	17.6	3.8	7 755.0	7 751.8	7 139.9	508.1	56.9	7.4
2015	90.4	84.2	41.2	13.4	25.2	3.5	8 760.3	8 757.1	8 169.4	447.1	80.6	0.8
2016	93.8	87.4	41.2	12.8	29.6	3.0	8 955.9	8 952.9	8 391.3	356.6	93.2	7.6
2017	116.9	110.0	52.5	11.4	41.0	4.1	10 204.2	10 200.5	9 552.6	474.8	71.2	26.4
2018	125.6	119.5	54.0	13.6	46.3	4.7	9 450.8	9 448.9	8 803.1	475.6	82.8	11.7
2019	122.9	116.0	50.4	11.7	48.0	5.6	9 334.0	9 330.8	8 851.1	273.7	81.3	0.6
2020	110.8	104.3	39.9	8.1	50.8	4.9	10 616.7	10 614.2	10 032.7	311.4	101.6	0.5
2021	98.3	93.1	37.0	7.5	42.7	5.3	10 207.0	10 203.5	9 652.2	264.6	117.4	13.7
2022	105.3	100.7	38.1	12.1	44.5	5.0	9 613.4	9 610.9	9 108.1	196.1	107.1	45.4

附表 4 1995—2022 年中国植物油贸易量变化情况

单位：万吨

年份	出口量						进口量					
	植物油	其中					植物油	其中				
		食用植物油	其中					食用植物油	其中			
			豆油	花生油	玉米油	菜籽油			豆油	花生油	棕榈油	菜籽油
1995	55.0	51.7	6.6	1.1	0.3	17.1	373.6	362.7	148.2	1.4	139.7	63.1
1996	50.3	48.2	12.7	0.6	0.0	17.4	276.1	267.4	129.5	0.5	100.9	31.6
1997	86.1	82.4	55.6	0.9	0.0	14.1	285.8	279.9	122.5	1.1	115.6	35.1
1998	34.0	30.9	18.6	1.0	0.0	7.3	218.5	206.7	82.9	0.9	93.0	28.5
1999	12.6	10.0	5.3	1.3	0.0	2.6	223.1	214.0	80.4	1.0	119.4	6.9
2000	13.9	11.2	3.5	1.5	0.2	5.4	202.2	187.1	30.8	1.0	139.1	7.5
2001	15.9	13.4	5.9	1.4	0.2	5.4	200.7	167.5	7.0	0.9	151.7	4.9
2002	12.4	9.8	4.7	1.1	0.4	1.8	344.0	321.2	87.0	0.4	222.1	7.8
2003	8.1	6.0	1.1	2.5	1.3	0.5	574.4	541.8	188.4	0.7	332.5	15.2
2004	8.8	6.6	1.9	1.4	2.0	0.5	709.4	676.4	251.7	0.0	385.7	35.3
2005	24.8	22.8	6.3	2.0	10.2	3.1	663.4	621.3	169.4	0.0	433.0	17.8
2006	41.9	40.0	11.8	1.3	11.5	14.5	725.7	671.5	154.3	0.0	508.2	4.4
2007	18.4	16.8	6.6	1.0	5.9	2.2	897.9	839.7	282.3	1.1	509.5	37.5
2008	26.4	24.9	13.4	1.1	8.4	0.7	874.4	817.1	258.6	0.6	528.2	27.0
2009	12.7	11.6	6.9	1.0	1.7	0.9	1 028.7	950.2	239.1	2.1	644.1	46.8
2010	11.0	9.6	5.9	0.8	1.3	0.4	922.2	826.2	134.1	6.8	569.6	98.5
2011	13.7	12.4	5.1	0.9	5.0	0.3	850.4	779.8	114.3	6.1	591.2	55.1
2012	11.3	10.1	6.5	0.8	1.2	0.7	1 052.3	959.9	182.6	6.3	634.1	117.6
2013	12.7	11.7	9.0	0.7	0.5	0.6	1 020.1	922.1	115.8	6.1	597.9	152.7
2014	14.6	13.5	10.0	1.0	0.4	0.7	868.5	787.3	113.5	9.4	532.4	81.0
2015	15.1	13.7	10.4	0.9	0.4	0.5	938.2	839.1	81.8	12.8	590.9	81.5
2016	12.7	11.5	8.1	0.9	0.5	0.5	783.1	688.4	56.0	10.7	447.8	70.0
2017	21.4	20.2	13.3	0.8	1.0	2.1	845.2	742.8	65.3	10.8	507.9	75.7
2018	31.1	29.6	21.8	1.0	1.0	1.5	926.4	808.7	54.9	12.8	532.7	129.6
2019	28.1	26.8	19.7	1.0	0.4	1.1	1 288.7	1 152.7	82.6	19.4	755.2	161.5
2020	18.7	17.2	10.8	1.2	0.9	0.3	1 290.7	1 169.5	96.3	26.9	646.1	193.2
2021	13.8	12.1	7.1	1.0	0.9	0.2	1 246.7	1 131.6	112.0	28.1	637.7	215.4
2022	18.9	17.7	10.7	1.1	1.9	0.2	830.3	726.4	34.3	23.1	494.4	106.1

附表5 1995—2022年中国棉花和食糖贸易变化情况

单位：万吨、亿美元

年份	棉花				食糖			
	出口量	出口额	进口量	进口额	出口量	出口额	进口量	进口额
1995	3.0	0.5	100.3	14.9	48.0	1.9	295.4	9.0
1996	1.2	0.1	75.1	12.8	66.5	2.5	125.5	3.9
1997	0.7	0.1	84.9	14.1	37.9	1.3	78.3	2.3
1998	5.2	0.6	31.0	3.8	43.6	1.2	50.8	1.5
1999	24.4	2.9	16.4	1.0	36.7	0.8	41.7	0.9
2000	29.9	3.1	25.1	1.4	41.5	0.8	64.1	1.2
2001	6.0	0.8	19.7	1.2	19.6	0.6	119.9	3.1
2002	15.9	1.7	24.5	2.0	32.6	0.8	118.3	2.4
2003	11.7	1.3	107.5	12.2	10.3	0.3	77.5	1.7
2004	1.2	0.2	211.4	32.4	8.5	0.3	121.4	2.8
2005	0.8	0.1	274.5	32.5	35.8	1.1	139.0	3.8
2006	1.6	0.3	398.0	49.8	15.4	0.6	136.5	5.5
2007	2.5	0.4	274.1	35.8	11.1	0.5	119.3	3.8
2008	2.4	0.4	226.4	35.6	6.2	0.3	78.0	3.2
2009	1.0	0.2	175.9	22.1	6.4	0.3	106.4	3.8
2010	0.7	0.1	312.8	58.5	9.4	0.6	176.6	9.1
2011	2.8	0.8	356.6	96.8	5.9	0.5	291.9	19.4
2012	2.3	0.4	541.3	120.0	4.7	0.4	374.7	22.4
2013	0.8	0.2	450.0	87.2	4.8	0.4	454.6	20.7
2014	1.4	0.3	266.9	51.6	4.6	0.4	348.6	14.9
2015	3.0	0.5	175.9	27.2	7.5	0.5	484.6	17.7
2016	0.8	0.2	124.0	17.8	14.9	0.8	306.2	11.7
2017	2.1	0.4	136.3	23.6	15.8	0.9	229.0	10.8
2018	5.1	1.0	162.7	32.0	19.6	1.0	279.6	10.3
2019	5.5	0.9	193.7	36.0	18.6	0.9	339.0	11.2
2020	0.6	0.8	223.2	35.9	14.7	0.7	527.3	18.0
2021	1.0	0.2	234.4	41.9	12.2	0.7	566.5	22.8
2022	3.4	1.1	202.6	53.0	18.0	1.1	527.5	25.6

附表 6 1995—2022 年中国主要蔬菜产品贸易量变化情况

单位：万吨

年份	出口量										进口量	
	大蒜	干香菇	干木耳	洋葱	生姜	干辣椒	番茄酱罐头	马铃薯	胡萝卜及芜菁	甘蓝	干辣椒	蔬菜种子
1995	14.1	—	—	—	10.0	4.1	5.8	3.1	3.7	0.4	0.2	0.4
1996	14.5	—	—	—	4.3	3.4	5.3	3.5	2.8	0.5	0.2	0.3
1997	16.4	—	—	—	4.4	5.3	10.2	3.8	1.7	0.8	0.0	0.4
1998	15.9	—	—	—	5.3	5.9	8.9	4.0	4.1	0.6	0.0	0.5
1999	29.2	—	—	—	8.2	5.1	10.3	7.3	4.8	0.8	0.0	1.1
2000	38.7	—	—	—	15.4	6.4	15.3	4.4	6.2	0.9	0.1	0.5
2001	54.9	—	—	—	17.4	8.5	29.6	8.4	8.8	1.4	0.1	0.4
2002	105.2	—	—	22.9	19.8	9.2	37.3	12.5	13.8	1.9	0.1	0.5
2003	114.6	1.8	0.7	43.5	22.4	12.0	40.4	16.4	20.3	3.0	0.0	0.5
2004	113.6	2.5	0.8	38.8	18.8	9.9	43.7	18.5	28.6	3.1	0.1	0.6
2005	116.1	2.4	0.8	53.5	24.0	9.4	60.1	24.7	39.0	2.4	0.1	0.7
2006	123.1	1.8	0.7	53.1	28.0	9.4	63.0	35.7	43.1	2.5	0.0	0.5
2007	144.6	2.0	0.8	61.7	27.3	7.8	84.5	36.9	41.9	11.2	0.3	0.5
2008	154.2	1.4	0.8	52.4	26.6	14.2	81.5	34.8	41.6	15.0	0.1	0.7
2009	160.2	2.3	0.8	50.3	34.0	15.3	80.4	38.7	42.9	15.0	0.1	0.7
2010	137.2	4.6	1.2	61.7	30.0	10.7	102.6	26.2	49.7	18.7	0.7	0.8
2011	167.1	7.3	1.3	71.9	40.9	14.4	112.4	38.2	57.1	26.1	0.7	0.8
2012	141.9	3.6	1.0	60.2	44.8	12.5	106.7	36.7	59.5	25.2	1.9	1.1
2013	163.2	7.6	2.1	72.8	38.0	12.1	98.1	30.8	59.1	27.4	0.4	1.2
2014	175.9	6.8	3.3	71.7	26.0	11.2	86.8	54.9	61.5	31.6	0.3	1.6
2015	176.0	7.7	3.8	85.5	42.2	11.7	98.7	41.0	65.3	35.6	0.3	2.1
2016	153.6	9.2	3.8	69.4	53.8	18.0	92.4	42.2	70.6	31.5	0.2	1.8
2017	171.9	12.8	4.6	90.4	45.5	17.8	84.9	52.6	71.9	45.2	0.8	1.7
2018	188.8	13.5	5.9	88.8	49.0	21.1	88.5	46.4	73.5	44.5	8.2	1.4
2019	176.8	9.4	3.9	95.9	53.8	20.8	92.6	51.9	78.0	50.4	16.9	1.3
2020	226.2	5.9	1.9	85.9	51.1	21.7	85.6	46.0	75.0	44.9	16.8	1.8
2021	216.1	5.3	1.9	66.5	45.7	23.4	76.5	46.4	66.7	42.6	22.4	1.0
2022	228.8	3.3	2.1	81.6	41.7	24.8	94.9	47.1	71.6	43.9	13.5	1.1

附表7 2001—2022年中国主要新鲜水果贸易量变化情况

单位：万吨

年份	出口量					进口量				
	苹果	柑橘	梨	葡萄	桃	香蕉	榴莲	火龙果	龙眼	樱桃
2001	30.4	17.1	18.2	0.1	0.4	41.4	5.7	0.0	7.6	0.0
2002	43.9	21.7	24.3	0.6	1.2	34.8	5.6	0.0	10.7	0.1
2003	60.9	29.2	29.7	1.3	1.9	42.1	6.8	0.0	9.5	0.1
2004	77.4	36.1	31.8	1.8	1.6	38.1	8.5	1.0	10.9	0.1
2005	82.4	46.6	36.8	2.1	1.7	35.6	7.5	2.2	14.3	0.0
2006	80.4	43.5	37.5	3.4	2.0	38.8	8.5	3.5	16.8	0.0
2007	101.9	56.4	40.5	5.5	2.4	33.2	10.6	4.7	17.5	0.1
2008	115.3	86.2	44.7	6.3	2.6	36.2	13.9	11.8	19.6	0.3
2009	117.2	111.2	46.3	10.0	4.0	49.1	19.6	19.5	25.6	0.6
2010	112.3	93.3	43.8	8.9	2.8	66.5	17.2	21.8	29.1	1.1
2011	103.5	90.2	40.3	10.6	3.9	81.9	21.1	34.0	33.9	2.4
2012	97.6	108.2	41.0	12.2	4.7	62.6	28.7	46.9	32.3	4.2
2013	99.5	104.1	38.1	10.5	3.7	51.5	32.2	53.9	36.5	3.8
2014	86.5	98.0	29.7	12.6	6.5	112.7	31.6	60.4	32.6	6.5
2015	83.3	92.1	37.3	20.8	8.3	107.4	29.9	81.3	35.4	9.2
2016	132.2	93.4	45.2	25.4	7.3	88.7	29.2	52.3	34.8	10.9
2017	133.5	26.9	51.9	28.0	9.6	103.9	22.4	53.3	52.9	10.2
2018	111.8	98.4	49.1	27.7	6.3	154.5	43.2	51.1	45.7	18.6
2019	97.1	101.4	47.0	36.6	12.1	194.0	60.5	43.6	40.6	19.4
2020	105.8	104.5	54.0	42.5	7.8	174.7	57.6	61.8	34.7	21.0
2021	107.8	91.7	51.0	35.1	4.4	186.4	82.1	58.7	46.9	31.4
2022	82.3	87.6	44.4	37.7	6.3	181.1	82.5	56.8	38.3	36.7

附表 8 1995—2022 年中国茶叶贸易变化情况

单位：千吨、万美元

年份	出口						进口					
	出口量			出口额			进口量			进口额		
	茶	其中		茶	其中		茶	其中		茶	其中	
		绿茶	红茶		绿茶	红茶		红茶	绿茶		红茶	绿茶
1995	167.5	66.9	68.0	27 907.4	11 052.0	8 933.4	2.3	1.9	0.3	192.0	111.6	46.1
1996	171.3	55.9	81.0	28 749.9	8 962.3	11 257.4	1.7	1.1	0.4	149.2	76.1	44.3
1997	204.3	78.8	87.1	33 914.3	12 441.7	12 314.9	1.0	0.6	0.2	135.2	52.1	42.3
1998	219.6	111.7	69.6	37 823.9	18 065.2	10 263.3	1.3	0.7	0.3	297.4	62.9	160.6
1999	200.9	121.6	33.6	34 489.3	18 942.9	4 657.8	2.0	0.6	1.0	414.0	50.1	247.6
2000	232.0	155.3	29.4	35 696.7	21 786.8	3 608.6	2.6	0.8	1.4	461.8	73.4	282.0
2001	255.1	163.2	40.9	35 242.9	19 952.5	4 127.5	1.8	0.6	0.9	359.3	46.8	205.8
2002	256.0	170.4	40.8	33 998.5	20 292.5	3 880.7	1.8	0.7	0.8	303.2	56.4	164.1
2003	261.9	181.7	37.8	37 601.5	24 112.3	3 631.2	3.0	1.6	0.9	477.5	84.9	252.3
2004	284.3	196.2	39.4	45 186.4	29 438.7	4 118.0	2.5	0.3	1.6	687.0	50.5	411.4
2005	291.1	206.2	35.8	50 104.7	33 078.7	3 994.4	3.1	0.7	1.8	920.6	99.3	518.7
2006	304.3	218.7	31.5	57 445.7	39 020.2	4 245.1	3.8	1.0	1.9	1 124.8	137.1	504.3
2007	295.4	223.7	30.3	63 822.4	43 139.9	4 319.5	6.0	1.5	3.5	1 878.2	185.4	875.7
2008	303.9	223.3	40.3	71 591.8	48 692.5	6 234.4	6.2	0.9	4.0	2 653.3	197.7	1 292.5
2009	308.9	229.3	40.1	73 981.4	52 453.2	6 437.6	4.7	0.7	3.1	2 442.8	224.0	1 198.4
2010	308.8	234.3	36.6	82 523.4	56 678.7	7 984.6	13.5	1.1	11.2	5 722.6	360.7	3 786.6
2011	329.5	257.4	35.6	101 756.8	70 638.4	10 872.4	14.9	1.6	11.9	6 648.1	390.4	4 690.9
2012	323.3	248.7	35.8	112 100.3	75 566.6	11 883.3	19.5	4.7	13.2	7 733.9	859.0	5 426.8
2013	335.4	264.5	32.9	134 117.9	93 249.3	12 836.5	20.7	6.2	12.7	8 267.8	1 107.9	5 328.3
2014	312.8	249.2	27.8	137 864.7	95 260.1	14 500.8	23.7	4.5	17.1	9 990.4	865.0	6 900.4
2015	336.5	272.1	28.1	148 834.8	100 535.2	20 634.2	24.3	2.4	18.8	12 006.5	842.6	7 705.9
2016	340.9	270.9	33.1	160 207.2	106 480.7	25 625.6	24.2	1.6	19.3	12 383.3	815.6	8 176.4
2017	367.0	294.6	35.6	172 910.4	113 396.4	27 769.1	32.0	25.5	2.2	16 857.7	10 664.3	1 180.0
2018	377.4	302.9	33.0	190 716.4	122 260.9	28 054.3	38.3	29.5	3.2	20 298.5	11 831.4	1 808.4
2019	380.1	303.9	35.2	217 437.6	132 795.2	34 925.0	45.8	36.4	4.1	20 631.9	12 606.5	1 764.2
2020	361.1	293.4	28.8	216 885.3	130 524.3	34 434.7	45.9	35.4	4.3	19 928.4	12 907.1	1 828.3
2021	383.4	312.3	29.6	252 902.4	148 754.5	41 499.4	49.1	38.9	4.3	19 962.1	13 898.2	1 105.5
2022	389.4	313.9	33.2	226 858.8	139 403.0	34 077.3	43.2	30.1	8.4	15 422.6	10 727.1	1 332.3

附表 9 1995—2022 年中国主要畜产品贸易量变化情况

单位：万吨

年份	出口量					进口量						
	鸡肉	加工猪肉	加工牛肉	肠衣	羽毛	猪肉	牛肉	羊肉	鸡肉	羊毛	奶粉	乳清粉
1995	40.9	7.9	5.9	4.0	2.7	0.3	0.3	0.2	30.8	22.6	2.6	3.4
1996	37.8	5.6	3.6	4.1	2.6	0.2	0.3	0.3	20.5	17.9	2.0	4.8
1997	36.7	5.2	3.2	4.3	2.9	0.3	0.3	0.4	19.2	15.7	2.8	7.4
1998	41.3	5.3	1.7	4.1	3.4	1.6	0.4	0.9	75.9	13.5	3.1	6.9
1999	50.6	5.6	1.6	4.8	3.3	5.8	0.5	1.0	80.1	15.4	5.8	8.3
2000	17.0	5.8	1.6	5.0	3.8	13.6	0.6	1.8	0.0	23.9	7.3	12.3
2001	56.3	6.8	1.7	5.0	3.7	9.4	0.4	2.5	65.6	25.0	6.0	12.0
2002	47.7	7.4	1.5	5.2	4.3	14.5	1.1	3.5	50.8	19.3	11.2	13.8
2003	40.1	9.2	1.7	6.2	3.8	14.9	0.8	3.4	57.4	16.7	13.5	16.1
2004	22.7	12.3	2.2	6.1	3.8	7.0	0.3	3.3	18.3	22.3	14.6	17.8
2005	35.5	13.6	3.5	6.2	3.7	3.1	0.1	4.1	37.8	24.9	10.8	18.7
2006	33.6	15.0	3.3	6.8	3.2	2.4	0.1	3.7	57.9	27.8	13.6	18.5
2007	32.7	13.5	3.0	6.8	3.1	8.6	0.4	4.7	78.6	31.1	9.9	16.7
2008	29.4	9.0	1.9	6.7	3.0	37.3	0.4	5.5	80.0	28.5	10.2	21.1
2009	31.8	9.1	1.4	6.9	2.7	13.5	1.4	6.6	73.2	30.8	24.9	28.8
2010	38.6	10.3	1.4	7.5	3.2	20.1	2.4	5.7	51.8	31.8	41.7	26.3
2011	42.9	10.7	1.7	8.6	3.3	46.8	2.0	8.3	38.6	32.2	45.4	34.2
2012	41.6	11.4	1.8	8.3	4.0	52.2	6.1	12.4	47.4	30.9	57.8	37.6
2013	42.3	11.5	1.6	7.9	4.0	58.4	29.4	25.9	54.8	35.0	86.4	43.1
2014	42.5	12.2	1.5	9.1	4.2	56.4	29.8	23.3	44.3	33.2	105.4	40.2
2015	41.0	10.6	1.2	9.4	4.0	77.8	47.4	22.3	39.5	35.3	73.4	43.3
2016	39.7	9.8	1.2	9.7	4.4	162.0	58.0	22.0	56.9	31.9	84.6	49.5
2017	44.1	10.9	1.1	10.6	5.4	121.7	69.5	24.9	45.1	34.6	104.0	52.7
2018	44.6	11.4	1.2	10.3	5.0	119.3	103.9	31.9	50.3	37.0	115.3	55.5
2019	36.6	7.8	1.1	9.6	4.6	199.4	165.9	39.2	78.1	27.5	139.5	45.1
2020	38.8	6.6	0.9	8.8	4.0	430.4	211.8	36.5	153.6	22.2	133.9	62.2
2021	45.8	6.4	0.9	8.4	4.6	357.4	233.3	41.1	147.1	28.7	157.1	71.8
2022	53.2	5.3	1.1	8.5	4.7	174.3	269.0	35.8	130.4	28.5	132.5	59.9

附表 10 1995—2022 年中国水产品贸易变化情况

单位：亿美元

年份	出口额						进口额			
	水产品	其中					水产品	其中		
		贝类及软体动物	罗非鱼	对虾	螃蟹	鳗鱼		饲料用鱼粉	鳕鱼	墨鱼及鱿鱼
1995	32.9	5.7	—	1.5	1.4	0.8	9.6	3.3	0.9	0.4
1996	30.3	5.1	—	0.5	1.2	0.5	12.1	5.7	1.0	0.5
1997	31.5	4.5	—	0.6	1.0	7.9	12.1	6.3	1.2	0.3
1998	28.4	3.8	—	0.5	0.9	6.8	10.3	3.1	2.6	0.3
1999	31.3	4.2	—	0.5	1.0	6.9	13.0	3.6	2.8	0.6
2000	38.2	4.5	—	0.9	1.3	7.7	18.5	5.7	3.4	1.4
2001	41.7	4.8	—	1.1	1.6	6.6	18.7	4.8	4.3	1.2
2002	46.8	5.8	0.5	1.5	2.1	6.2	22.8	6.3	5.5	1.2
2003	54.7	5.5	1.0	2.4	2.7	5.3	24.9	5.2	6.1	0.9
2004	69.5	6.7	1.6	2.7	3.8	8.6	32.4	7.6	7.6	1.7
2005	79.0	6.3	2.3	2.1	3.4	7.5	41.2	10.8	10.2	1.7
2006	93.6	6.8	3.7	1.1	3.9	7.4	43.0	9.4	10.1	2.3
2007	97.5	6.8	4.9	0.5	3.8	6.8	47.2	10.1	10.6	2.7
2008	106.7	7.2	7.3	0.5	4.8	5.6	54.1	14.0	8.8	3.5
2009	108.0	10.8	7.1	5.3	4.3	5.4	52.6	13.0	4.7	2.8
2010	138.3	16.6	10.1	6.8	5.2	8.0	65.4	16.6	5.4	3.3
2011	177.9	21.6	11.1	7.9	8.8	10.9	80.2	17.5	7.6	5.0
2012	189.8	36.1	11.6	14.3	10.8	12.0	80.0	16.9	15.7	5.3
2013	202.6	42.2	14.5	17.1	10.8	10.5	86.4	16.7	15.8	5.6
2014	217.0	49.3	15.2	17.4	12.0	10.0	91.9	15.6	16.9	6.2
2015	203.3	49.5	13.0	12.1	12.1	9.9	89.8	17.9	14.8	4.5
2016	207.4	51.0	12.2	14.3	10.9	9.1	93.7	16.1	14.8	3.2
2017	211.5	51.5	7.1	15.3	11.1	0.1	113.5	22.2	16.4	6.0
2018	224.4	52.6	13.8	13.8	10.3	11.7	148.9	22.2	17.4	6.5
2019	206.6	48.4	12.8	10.1	6.3	10.5	187.0	19.7	19.5	9.8
2020	190.4	46.9	12.2	9.2	5.6	9.9	155.6	19.5	17.0	7.5
2021	222.7	59.4	15.3	10.0	6.7	13.7	178.9	27.3	12.8	11.1
2022	230.3	65.3	14.0	4.8	6.3	12.6	237.1	29.6	19.7	9.9

注：2001 年以前罗非鱼没有单独税号。

附表 11 2022 年中国农产品贸易情况

单位：亿美元、%

产　品	出口额	同比增长	出口额占比重	产　品	进口额	同比增长	进口额占比重
农产品	982.6	16.5	100.0	农产品	2 360.6	28.7	100.0
水产品	230.3	5.0	23.4	油籽	658.6	13.3	27.9
蔬菜	172.2	9.2	17.5	畜产品	515.5	−1.5	21.8
水果	69.2	−7.9	7.0	水产品	237.1	31.5	10.0
畜产品	64.1	6.3	6.5	粮食（谷物）	196.6	−1.9	8.3
饮品类	53.4	2.5	5.4	水果	156.9	8.2	6.6
粮食制品	30.5	26.5	3.1	植物油	114.9	−14.1	4.9
糖料及糖	25.6	32.6	2.6	饮品类	76.4	−12.1	3.2
油籽	18.8	9.4	1.9	棉麻丝	60.2	24.5	2.6
坚果	17.6	−0.7	1.8	粮食制品	38.6	13.5	1.6
粮食（谷物）	12.0	2.0	1.2	糖料及糖	38.2	15.2	1.6
药材	9.5	2.6	1.0	坚果	26.8	−8.7	1.1
花卉	4.9	4.7	0.5	饼粕	24.0	26.0	1.0
调味香料	4.4	−24.0	0.4	粮食（薯类）	20.5	31.5	0.9
植物油	4.4	37.1	0.4	干豆（不含大豆）	17.5	47.0	0.7
棉麻丝	4.3	147.2	0.4	蔬菜	9.6	−19.3	0.4
干豆（不含大豆）	3.4	−6.5	0.3	调味香料	3.1	−20.1	0.1
精油	3.2	−7.7	0.3	精油	2.8	−16.3	0.1
饼粕	3.1	−39.1	0.3	药材	2.4	57.1	0.1
粮食（薯类）	0.1	−12.0	0.0	花卉	2.3	−0.9	0.1
其他农产品	251.5	65.6	25.6	其他农产品	158.2	19.9	6.7

附表 12 2022 年各省（自治区、直辖市）农产品贸易情况

单位：亿美元、%

省份	出口额	同比增长	进口额	同比增长	贸易额	排序		
						出口额	进口额	贸易额
全国合计	982.6	16.5	2 360.6	7.4	3 343.2			
山　东	209.0	9.1	235.9	7.7	444.9	1	5	2
广　东	173.0	63.2	321.7	10.0	494.6	2	1	1
福　建	127.6	9.2	174.9	10.7	302.5	3	6	5
浙　江	58.3	10.2	144.5	16.7	202.8	4	7	7
江　苏	44.9	11.8	245.2	19.4	290.1	5	4	6
辽　宁	44.7	11.3	61.1	15.2	105.8	6	11	9
湖　北	34.9	28.1	15.5	45.3	50.4	7	20	15
上　海	27.3	22.7	314.0	0.0	341.4	8	2	3
河　南	27.3	23.5	15.6	10.6	42.9	9	19	17
云　南	27.1	−37.3	34.4	26.9	61.5	10	14	14
湖　南	26.9	15.0	45.4	2.8	72.3	11	13	12
广　西	22.0	21.3	67.9	−7.8	89.9	12	9	10
河　北	21.4	13.2	67.3	14.5	88.7	13	10	11
安　徽	17.6	11.9	53.5	−7.6	71.1	14	12	13
北　京	16.3	−0.1	293.1	−4.1	309.4	15	3	4
四　川	13.7	45.3	15.2	34.5	28.9	16	21	19
黑龙江	11.3	26.8	33.5	26.6	44.7	17	15	16
天　津	11.2	7.8	118.5	−0.6	129.7	18	8	8
内蒙古	10.5	20.1	12.8	11.8	23.3	19	22	21
吉　林	10.3	9.2	17.4	22.4	27.7	20	17	18
新　疆	10.2	32.8	7.6	52.2	17.8	21	24	23
贵　州	8.3	7.4	3.1	160.5	11.4	22	26	26
江　西	6.9	25.8	6.3	31.1	13.2	23	25	25
陕　西	6.2	12.5	10.4	21.4	16.7	24	23	24
海　南	6.1	2.7	17.1	75.8	23.2	25	18	22
甘　肃	3.7	25.4	1.7	−26.5	5.4	26	28	27
重　庆	2.0	16.6	22.9	−4.3	24.9	27	16	20
山　西	1.8	1.6	3.1	110.3	4.9	28	27	28
宁　夏	1.6	−26.5	0.6	41.9	2.2	29	29	29
青　海	0.3	−27.9	0.2	162.3	0.5	30	30	30
西　藏	0.1	2.4	0.0	−68.5	0.1	31	31	31

附表13 2022年中国主要农产品出口额前十位的省（自治区、直辖市）及所占比重

单位：亿美元，%

产品	前十位的省（自治区、直辖市）及其出口额										前十位合计		全国出口额合计
	1	2	3	4	5	6	7	8	9	10	出口额	所占比重	
水产品	福建	山东	广东	辽宁	浙江	海南	江苏	河北	广西	吉林			
	85.5	52.1	29.4	23.3	18.4	5.3	3.6	2.5	2.1	1.5	223.7	97.1	230.3
蔬菜	山东	河南	湖南	湖北	福建	云南	广东	江苏	广西	浙江			
	51.2	16.3	13.8	13.5	11.4	9.4	7.9	7.6	6.8	5.4	143.4	83.3	172.2
水果	山东	云南	福建	广东	广西	浙江	河北	湖南	陕西	北京			
	19.4	7.2	7.1	6.8	4.2	3.7	2.4	1.9	1.7	1.7	56.1	81.1	69.2
畜产品	广东	山东	浙江	江苏	辽宁	安徽	河北	河南	上海	湖北			
	13.7	13.0	6.5	5.3	4.0	3.2	2.9	2.4	2.1	2.0	55.1	86.0	64.1
饮品类	广东	福建	浙江	贵州	云南	安徽	湖北	山东	湖南	上海			
	13.0	7.6	7.3	6.6	2.6	2.6	2.4	2.1	1.6	1.5	47.1	88.3	53.4
粮食制品	广东	山东	福建	辽宁	江苏	安徽	浙江	上海	河北	河南			
	8.2	7.6	2.0	1.8	1.8	1.5	1.3	1.1	1.0	1.0	27.2	89.4	30.5
糖料及糖	广东	山东	福建	河北	江苏	吉林	上海	辽宁	黑龙江	浙江			
	8.6	4.8	2.9	2.2	1.4	1.0	0.8	0.7	0.7	0.6	23.6	92.0	25.6
坚果	山东	吉林	黑龙江	新疆	辽宁	河北	广东	内蒙古	天津	安徽			
	2.7	2.0	1.9	1.8	1.8	1.5	1.1	1.0	0.9	0.6	15.4	87.1	17.6
食用油籽	山东	内蒙古	辽宁	天津	安徽	吉林	甘肃	黑龙江	北京	浙江			
	7.5	5.0	1.0	0.6	0.5	0.4	0.4	0.3	0.3	0.3	16.2	93.7	17.3
粮食（谷物）	北京	辽宁	广东	安徽	天津	黑龙江	湖南	内蒙古	福建	山东			
	8.8	0.8	0.5	0.4	0.3	0.2	0.2	0.2	0.1	0.1	11.5	95.8	12.0

附表 14 2022 年中国主要农产品进口额前十位的省（自治区、直辖市）及所占比重

单位：亿美元，%

产　品	前十位的省（自治区、直辖市）及其进口额										前十位合计		全国进口额合计
	1	2	3	4	5	6	7	8	9	10	进口额	所占比重	
食用油籽	江苏	上海	山东	北京	河北	广西	福建	天津	广东	湖南			
	130.7	79.0	63.7	55.1	47.8	43.9	37.4	35.4	25.8	24.4	543.3	82.5	658.4
畜产品	上海	广东	山东	天津	江苏	福建	北京	浙江	安徽	湖南			
	97.5	87.8	61.9	46.0	35.7	30.7	27.5	26.7	19.0	9.9	442.6	85.9	515.5
水产品	山东	广东	福建	上海	浙江	北京	辽宁	天津	吉林	湖南			
	46.1	35.9	29.0	21.6	21.4	17.8	16.7	13.8	6.8	5.1	214.1	90.3	237.1
粮食（谷物）	北京	福建	广东	山东	江苏	云南	辽宁	海南	安徽	上海			
	105.1	28.5	26.8	6.3	4.6	3.9	3.4	2.6	2.4	2.2	185.6	94.4	196.6
水　果	广东	上海	浙江	云南	重庆	广西	山东	福建	辽宁	北京			
	59.2	27.8	18.1	9.4	7.1	6.7	5.3	4.7	4.2	2.4	145.0	92.4	156.9
食用植物油	江苏	上海	北京	天津	广东	安徽	福建	山东	浙江	四川			
	24.4	11.7	10.2	8.3	8.0	7.2	5.5	5.0	4.3	2.3	86.9	91.0	95.5
饮品类	上海	广东	浙江	福建	北京	山东	江苏	天津	海南	辽宁			
	29.7	16.3	8.3	4.2	4.2	3.2	2.5	1.5	0.9	0.8	71.6	93.7	76.4
棉麻丝	北京	山东	江苏	浙江	安徽	湖北	黑龙江	上海	天津	云南			
	30.4	12.8	7.9	3.1	1.2	1.0	1.0	0.6	0.4	0.3	58.7	97.6	60.2
粮食制品	广东	上海	福建	浙江	山东	北京	江苏	广西	黑龙江	安徽			
	7.2	6.3	6.2	5.2	2.9	2.6	2.4	2.1	1.0	0.6	36.6	94.9	38.6
糖料及糖	广东	北京	山东	福建	江苏	辽宁	上海	浙江	广西	云南			
	6.9	6.7	5.3	2.6	2.6	2.2	2.1	1.9	1.9	1.7	33.7	88.3	38.2

附表 15 2022 年中国农产品主要出口市场和进口来源地

单位：亿美元、%

排序	出口市场				进口来源地			
	国家（地区）	出口额	同比增长	所占比重	国家（地区）	进口额	同比增长	所占比重
1	中国香港	113.6	7.6	11.6	巴西	524.4	15.6	22.2
2	日本	106.0	3.2	10.8	美国	420.5	7.9	17.8
3	美国	102.5	37.8	10.4	泰国	125.9	6.1	5.3
4	韩国	62.2	17.2	6.3	新西兰	118.5	4.7	5.0
5	越南	56.0	2.9	5.7	澳大利亚	113.6	21.0	4.8
6	马来西亚	54.1	27.4	5.5	印度尼西亚	103.7	10.4	4.4
7	泰国	48.9	5.6	5.0	阿根廷	77.3	18.3	3.3
8	荷兰	29.8	35.6	3.0	加拿大	75.9	−12.9	3.2
9	印度尼西亚	28.3	13.3	2.9	俄罗斯	61.1	42.9	2.6
10	菲律宾	27.8	0.8	2.8	越南	60.7	50.3	2.6
11	英国	24.3	92.1	2.5	法国	55.3	−20.3	2.3
12	德国	24.2	20.9	2.5	智利	50.3	27.6	2.1
13	俄罗斯	23.9	43.1	2.4	荷兰	39.6	−0.5	1.7
14	中国台湾	22.0	2.9	2.2	印度	39.4	−6.7	1.7
15	西班牙	17.3	6.4	1.8	马来西亚	38.9	15.2	1.6
16	加拿大	16.9	32.9	1.7	厄瓜多尔	37.7	56.6	1.6
17	澳大利亚	14.9	35.0	1.5	乌拉圭	36.6	38.6	1.6
18	新加坡	14.5	19.8	1.5	乌克兰	29.8	−43.2	1.3
19	墨西哥	11.6	0.9	1.2	西班牙	28.1	−44.2	1.2
20	阿联酋	9.1	47.4	0.9	秘鲁	26.0	4.8	1.1
前 20 位合计		808.0		82.2		2 063.2		87.4